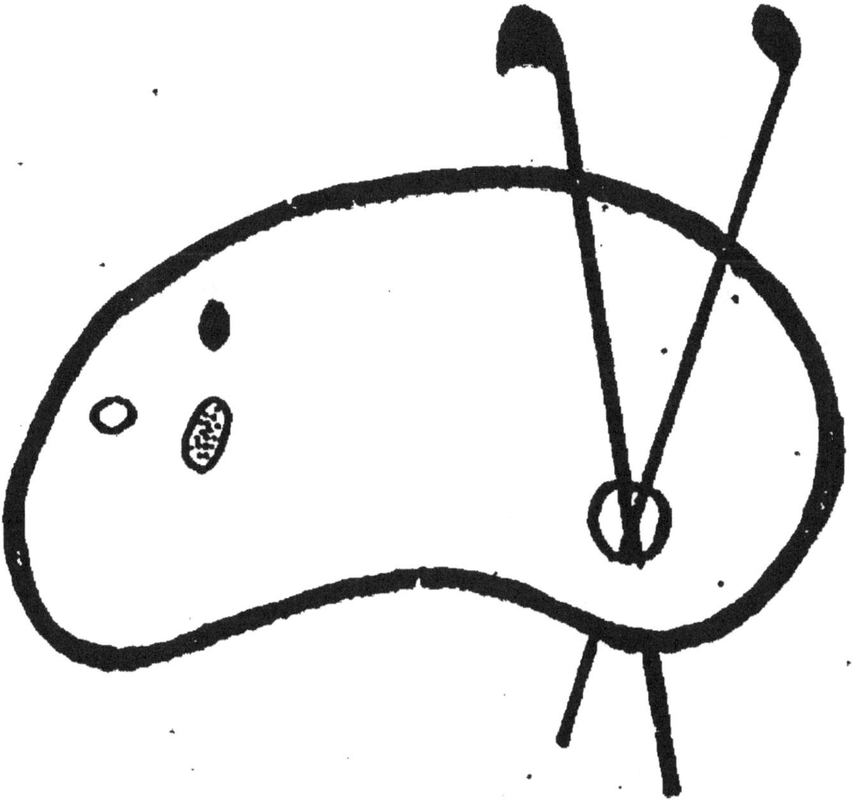

DEBUT D'UNE SERIE DE DOCUMENTS
EN COULEUR

LUCIEN DESLINIÈRES

(Le Maroc Socialiste)

PARIS (V*e*)

M. GIARD & E. BRIÈRE

LIBRAIRES-ÉDITEURS

16, Rue Soufflot et Rue Toullier, 12

1912

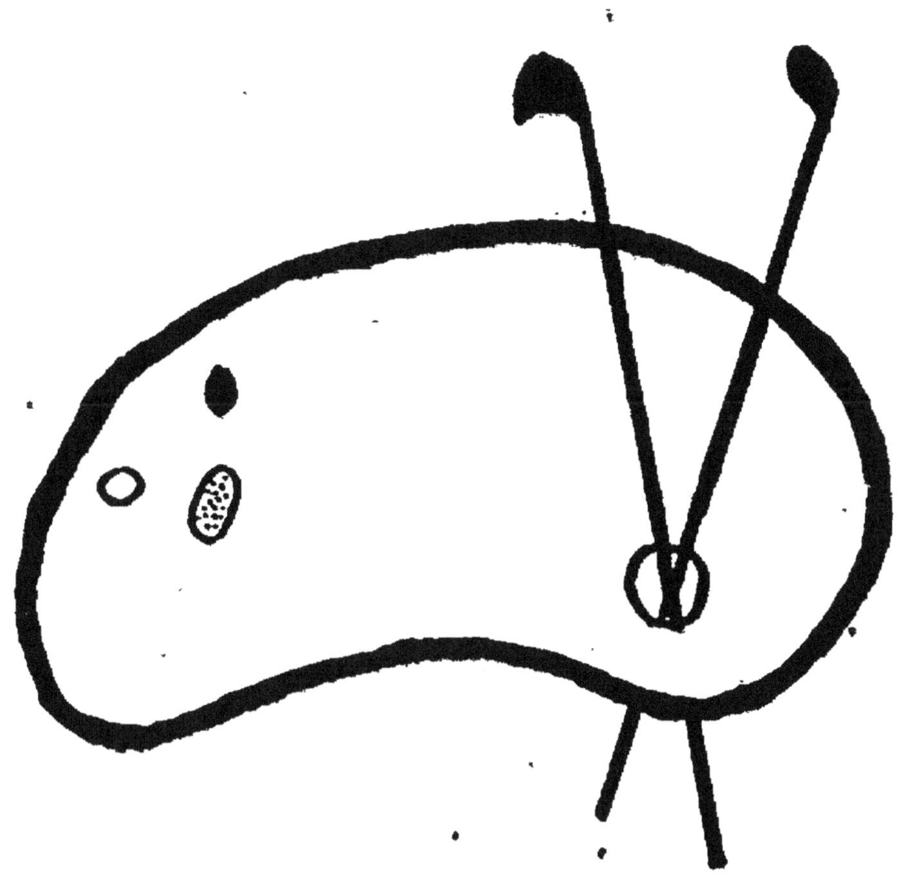

FIN D'UNE SERIE DE DOCUMENTS
EN COULEUR

Offert par l'auteur
à la Bibliothèque Nationale
Paris 20 janvier 1913

209 Boulevard Davout 62

Le Maroc

Socialiste

80ⁱj
297

LUCIEN DESLINIÈRES

Le Maroc Socialiste

PARIS (V*)

M. GIARD & E. BRIÈRE

LIBRAIRES-ÉDITEURS

16, Rue Soufflot et Rue Toullier, 12

1912

PRÉFACE

Ce livre était imprimé dès les premiers jours de février. En l'écrivant, j'avais accompli un devoir de conscience; mais connaissant bien l'état d'esprit de certains socialistes, j'avais prévu (pages 10, 331 et 332) que mon projet se heurterait à des résistances sérieuses.

Pourtant, avant de faire paraître l'ouvrage, je me décidai à en communiquer les bonnes feuilles au Groupe socialiste parlementaire pour lui permettre, s'il le jugeait à propos, d'y puiser la matière d'une proposition de loi.

Le succès de ma tentative parut d'abord dépasser mes espérances. Le Groupe renvoya le projet à l'examen de sa Commission des colonies. Celle-ci se réunit: une vingtaine d'élus assistèrent à la séance. Quelques objections furent faites. J'y répondis à la satisfaction de leurs auteurs et aucune opposition ne se produisit. Ce fut donc à l'unanimité que la Commission décida de proposer au Groupe l'ordre du jour suivant:

Le Groupe socialiste parlementaire, après avoir pris connaissance du projet de colonisation socialiste au Maroc exposé par le citoyen Lucien Deslinières dans son ouvrage: *Le Maroc socialiste*, et entendu les explications verbales de son auteur,

Félicite chaleureusement le citoyen Deslinières de son étude si complète, si documentée, si lumineuse, qui honore la pensée socialiste.

Et, reconnaissant le haut intérêt du projet, non seulement pour la colonisation française au Maroc, mais aussi pour le socialisme international, adopte les conclusions du citoyen Deslinières et décide de déposer immédiatement à la Chambre une proposition de loi ainsi conçue, en lui donnant comme exposé des motifs l'ouvrage intégral du citoyen Deslinières :

ARTICLE PREMIER. — Une subvention de cent millions de francs, non remboursable ni productive d'intérêts, est accordée au gouvernement marocain sous l'affectation spéciale déterminée à l'article 2.

Elle lui sera versée en dix annuités de dix millions de francs chacune, de 1912 à 1921.

La première sera comprise dans les crédits extra-ordinaires à ouvrir au cours de l'exercice 1912 pour les dépenses du protectorat marocain.

Les autres seront comprises dans les dépenses ordinaires des budgets ultérieurs.

ART. 2. — Cette subvention sera affectée exclusivement à la mise en valeur par le gouvernement marocain, conformément à une entente à établir avec lui, par voie de régie directe et autonome, de la région du Maroc délimitée ainsi qu'il suit :

Au nord par la zone d'influence espagnole — ou, si elle n'est pas maintenue par le thalweg de l'oued longitude ouest; à l'est par ce méridien jusqu'à sa rencontre avec l'oued Bou-Fekran en amont de Meknès ; au sud, d'abord par une ligne conventionnelle partant de ce point sur l'oued Bou-Fekran et allant, en suivant, autant que possible, les lignes de crêtes jusqu'à Zouina ou Zouira sur l'oued Bou-Regreg ; ensuite par le thalweg de l'oued Bou-Regreg jusqu'à son embouchure ; à l'ouest par l'Océan Atlantique.

ART. 3. — La mise en valeur de la région ainsi déterminée ne comprendra ni les travaux de construction des chemins de fer d'intérêt général qui la traverseront, ni les travaux d'amélioration des ports, les uns et les autres devant être compris dans un programme d'ensemble et exécutés dans des conditions à fixer. Elle comprendra tous les autres travaux d'irrigation, de drainage, de viabilité, de défrichement, d'exploitation agricole et minière, ainsi que l'exploitation des moyens de transport et de communication, la vente et l'achat des produits, etc.

ART. 4. — La régie s'appliquera à toutes les terres domaniales, forêts, cours d'eau, étangs, lagunes, mines et minières comprises dans le périmètre indiqué à l'article 2, c'est-à-dire non seulement aux possessions effectives du gouvernement marocain, mais à tous les biens ne constituant pas des propriétés particulières, individuelles ou collectives.

Elle s'appliquera en outre, à l'exploitation de tous les biens dits *habous*, en tenant compte de la volonté des fondateurs, et dans des conditions à préciser par accord avec le gouvernement marocain.

Elle s'étendra enfin à toutes propriétés particulières qui pourront être acquises de gré à gré par la suite.

Art. 5. — L'administration de la régie sera exercée par un Conseil de dix régisseurs nommés par le gouvernement marocain sur la présentation du gouvernement français, et qui désigneront entre eux un directeur général.

L'accord à établir avec le gouvernement marocain fixera les conditions dans lesquelles les colons et les indigènes participeront par la suite à la nomination des régisseurs.

Art. 6. — Une Commission nommée par le gouvernement français aura le contrôle financier de la régie sans pouvoir s'immiscer dans l'administration.

Art. 7. — Les produits de l'exploitation seront employés à en couvrir les dépenses; le surplus sera affecté intégralement à des œuvres de solidarité sociale au profit des colons européens et des indigènes.

Art. 8 .— Le gouvernement marocain restera propriétaire du sol; il s'interdira, par convention expresse, d'en aliéner aucune partie.

Il s'interdira également de la façon la plus formelle tout prélèvement, à quelque titre que ce soit, sur les produits de la régie, lesquels resteront formellement et définitivement attribués à la collectivité des colons pour être affectés aux œuvres fixées par l'article 7.

Article 9. — Le directeur général de la régie exercera, dans les limites territoriales fixées par l'article 2, par délégation du représentant de la France auprès du gouvernement marocain, tous les pouvoirs d'administration et de contrôle attribués à ce dernier à l'égard des populations européenne et indigène.

Art. 10. — Les colons français seront armés. Ils formeront une milice coloniale dont l'organisation sera fixée par décret du gouvernement français.

Art. 11. — Le statut de la régie, réglant les clauses et conditions non prévues par la présente loi, sera établi sous la forme d'un accord avec le gouvernement marocain.

Au Groupe, le rapport de la Commission fut vivement combattu par Vaillant et non moins vivement défendu par Guesde. Une décision d'unanimité étant impossible, il fut résolu de laisser à chacun sa liberté.

La proposition recueillit en quelques jours

trente-quatre signatures, sans compter cinq ou six adhésions verbales de membres qu'une absence avait empêchés de signer et sans compter les signatures qu'on aurait pu obtenir parmi de nombreux membres non pressentis. La majorité du Groupe lui était donc acquise.

Mais les adversaires du projet n'avaient pas désarmé. Arguant de la nouveauté, de l'importance de la question soulevée et de l'attitude antérieure du Parti à l'égard de la politique coloniale, ils insistèrent pour que la discussion fût rouverte, ce qui fut accordé sans difficulté.

Jaurès combattit à fond la proposition qui lui paraissait présenter de graves dangers à raison des conflits possibles entre colons socialistes et indigènes, et dont la responsabilité retomberait sur le Parti.

Vaillant s'affirma hostile à toute colonisation et déclara que non seulement il ne s'associerait pas à la proposition, mais qu'il se croirait obligé, si elle était présentée, de la combattre à la tribune.

La perspective d'ajouter d'aussi profondes divisions à celles qui déchirent le Parti fit reculer les défenseurs du projet et, à la presque unanimité des voix, l'ordre du jour suivant fut adopté dans la séance du 8 mars:

Le Groupe, en présence des divergences qui se sont produites dans son sein, ne croit pas devoir engager le Parti sur une question de cette gravité.

Je suis plus peiné que surpris de ce résultat. Évidemment le Parti était mal préparé à la forme d'action que je lui proposais. Toute idée nouvelle est une semence qui a besoin de temps pour germer, croître et fructifier. Je livre la mienne au jugement de l'opinion publique. Mais si elle gagne sa cause devant ce tribunal suprême, sera-t-il temps encore de la réaliser?

LUCIEN DESLINIÈRES.

9 mars 1912.

LE MAROC SOCIALISTE

CHAPITRE PREMIER

Quel régime allons-nous donner au Maroc ?

Tout est à créer au Maroc. — Le régime politique et
militaire du protectorat est fixé d'avance. — Choix
du régime économique. — Individualisme ou socialisme. — Nécessité d'une expérimentation socialiste au Maroc. — Intérêt et difficultés du projet. —
Résistances à vaincre. — Arguments à leur opposer.

Le Maroc est à nous. Sous réserve des droits
des indigènes, de ceux de l'Espagne dans la zone
qui lui est accordée et des avantages économiques consentis à d'autres puissances, nous sommes libres de l'administrer par des méthodes de
notre choix.

Il s'agit de savoir quelles institutions nous
allons lui donner, car en ce pays, attardé dans
l'anarchie et la demi-barbarie du moyen-âge,
tout est à refaire, tout est à reprendre par le
pied. Les quelques intérêts européens qui ont
pu, jusqu'à ce jour, s'y implanter sous la protection des nations dont ils ressortissent, y végètent en plein arbitraire, sans régime défini.
Nous devons donner à la colonisation une organisation régulière et s'il ne faut pas songer à

modifier présentement l'état social des indigènes, nos protégés, il nous incombe, non seulement de ne les léser en rien en nous établissant à côté d'eux, mais de les faire bénéficier de notre voisinage.

Politiquement la question ne se pose pas; le pouvoir absolu du sultan, placé lui-même sous notre entière dépendance, doit continuer à s'exercer sur ses sujets et nul ne proposera, sans doute, de doter le Maroc d'une constitution républicaine. Les étrangers ne peuvent prétendre à aucun droit politique, et quant aux Français, il sera temps de régler les conditions de leur participation à la direction des affaires publiques lorsqu'ils formeront des peuplements d'une certaine importance.

Militairement, toute autorité doit être laissée au Gouvernement français, cela est bien évident.

C'est donc le régime économique de la colonisation française qu'il faut fixer, en même temps que ses rapports avec l'élément indigène, la situation des étrangers étant réglée par des traités internationaux.

Va-t-on livrer l'œuvre de la colonisation marocaine aux hasards des initiatives individuelles, ou la soumettre à une direction générale, l'accomplir méthodiquement d'après un plan bien élaboré ?

Va-t-on jeter en proie aux insatiables appétits du Capital les plus riches parties de cet immense domaine et créer du même coup, pour les mettre en valeur, un prolétariat misérable, ou va-t-on faire du territoire colonisable la propriété collective de tous les Français associés pour son exploitation, et leur assurer ainsi à tous le bien être et la sécurité ?

Va t-on importer au Maroc les institutions veillies, désuètes, en désaccord éclatant avec les nécessités des sociétés modernes, qui aboutissent chez nous aux abus monstrueux dont chacun est témoin et qui sont vouées, tout le monde le pressent, à une disparition prochaine; ou va-t-on y édifier, sur les bases scientifiques que fournit la doctrine socialiste, une société d'un type supérieur où la substitution du principe de solidarité au principe d'antagonisme multipliera le rendement de l'effort humain, et créera ainsi des conditions matérielles plus heureuses, avec un développement intellectuel sans cesse croissant et une élévation constante du niveau moral ?

La question est d'une importance suprême, non seulement pour le Maroc, mais pour l'humanité tout entière.

Si on laisse échapper cette occasion de contrôler par une expérience loyale la valeur pratique du socialisme, sans jeter la perturbation dans une société déjà organisée, sans menacer des situations acquises, où et quand la retrouvera-t-on ?

Or, le succès d'une telle expérience c'est la transformation sociale avancée de bon nombre d'années dans tous les pays et accompli pacifiquement, du consentement général, sans désordre, sans tâtonnements, sur des données vérifiées.

Les esprits éclairés sont presque unanimes à reconnaître que le régime actuel n'est plus supportable et qu'il exige de profondes modifications; la majorité d'entre eux ne ferait même pas d'opposition de principe au socialisme; mais elle recule devant l'inquiétante aventure de la transition. Et, sincèrement, ces appréhensions sont légitimes; les socialistes qui ne voient pas de sérieuses difficultés à l'établissement du nouvel état de choses se font de profondes illusions. Tout ne sera pas dit lorsque les résistances seront désarmées ou vaincues: la période organique sera semée d'écueils et il faudra, pour les éviter, des pilotes à la main ferme, à l'œil sûr.

C'est surtout parce qu'on a bien conscience des obstacles, presque invincibles, que rencontrerait une transformation de cette envergure dans une grande nation comme la France, que tant de gens, après un hommage platonique aux mérites du socialisme, le classent au rang des utopies. Or, au Maroc, il n'y a aucune transformation à accomplir puisque rien n'y existe encore. C'est sur une table rase qu'on est appelé à y édifier des institutions. De plus, on ne pourra, quels que soient les moyens d'action employés, conquérir que graduellement sur la nature ces vastes territoires où tout est à créer. L'œuvre de civilisation sera donc forcément modeste au début et par conséquent facile à diriger. Elle s'étendra et se perfectionnera peu à peu; lorsqu'elle aura atteint son apogée, elle aura fixé ses méthodes, réglementé son fonctionnement et sera en état de fournir un modèle d'organisation socialiste facilement adaptable à la métropole ou à tout autre pays.

L'intérêt du projet est donc immense; mais l'opinion, il faut l'avouer, y est mal préparée. Aucun précédent ne peut être invoqué en sa faveur et les nouveautés sont rarement bien accueillies.

Aussi rien ne doit être négligé pour y rallier les esprits impartiaux, non seulement parmi les adversaires du socialisme, mais dans ses rangs.

Aux premiers nous présenterons d'abord le tableau en raccourci de la société actuelle, nous nous efforcerons d'en faire ressortir les abus, sur lesquels on a tendance à se blaser à force de vivre au milieu d'eux, et surtout de bien montrer qu'ils sont de l'essence même du régime capitaliste et ne disparaîtront qu'avec lui. Nous exposerons les principes généraux du socialisme et les conséquences heureuses de son application. Cette première partie, ayant été traitée déjà dans d'autres ouvrages, sera forcément résumée dans celui-ci.

Nous étudierons ensuite l'œuvre accomplie en Algérie et en Tunisie, et sans chercher à la diminuer, nous en signalerons les défauts et les lacunes. Puis, prenant cette œuvre comme terme de comparaison, nous établirons la supériorité éclatante des résultats qu'on pourrait obtenir au Maroc de la colonisation à base socialiste.

Nous aurons enfin à prouver — et ce sera facile — que le régime socialiste ne serait incompatible au Maroc ni avec les engagements pris par la France envers les puissances signataires de l'acte d'Algésiras, ni avec le respect des droits des indigènes.

Aux socialistes, trop exclusivement cantonnés, jusqu'à présent, sur le terrain de la critique et de l'opposition, et peu orientés dans le sens des réalisations possibles, nous aurons à faire admettre que le socialisme devant commencer à entrer en application dans une seule nation, le Maroc peut convenir aussi bien qu'une autre; que si l'action et la lutte du Prolétariat ont été adoptées comme moyen d'exproprier politiquement et économiquement la bourgeoisie, de supprimer ensuite les classes et d'organiser la production et la répartition sur la base du collectivisme, cette organisation, qui est notre seul but, peut être *a fortiori* réalisée dans un pays où les classes n'existent pas et où par conséquent toute la besogne préliminaire se trouve accomplie.

Nous aurons également à rassurer les interprétateurs trop étroits de la parole marxiste, toujours enclins à trouver un caractère utopique à tout projet d'application, en leur expliquant que le socialisme est autre chose enfin qu'un thème à d'éternelles et stériles dissertations, qu'il devra se réaliser un jour, qu'une décision du Congrès National de 1902 l'a même déclaré réalisable « dès aujourd'hui » et qu'il n'y a rien de commun entre une tentative faite pour mettre en pratique ses conclusions, ses formules, ses principes incontestés, et les créations vraiment utopiques des Fourier et des Cabet.

Puisse ce modeste ouvrage suffire à cette double tâche.

CHAPITRE II

Déplorables résultats du régime capitaliste.

Prospérité de surface et misère profonde. — Chiffres et opinions. — Le paupérisme augmente à Paris et à Londres. — Misère des pêcheurs de Cancale. Infimes salaires des ouvrières en lingerie de Paris. — Au Creusot et à Roubaix. — Aveu de M. Paul Bourget. — La mauvaise organisation sociale fait naître la misère au sein de l'abondance. — La concentration des richesses démontrée par les statistiques récentes. — Origine des haines sociales. — Progrès de l'esprit de révolte et de violence. — Ouvriers contre patrons. — Ouvriers contre ouvriers. — Menaces de l'avenir. — Les émeutes de la Champagne et du Nord. — On ne veut rien comprendre. — Conséquence de l'anarchie commerciale. — Les crises économiques. — Ce qu'on a imaginé pour les conjurer. — Insécurité de la vie. — Alcoolisme, criminalité, prostitution, dépopulation. — La corruption est partout. — Fraudes alimentaires. — Escroqueries légales dans les Bourses. — Favoritisme, vol, concussion. — La fin d'un régime.

Les apparences de prospérité que présentent de nos jours les nations les plus avancées en civilisation recouvrent de profonds abîmes de misère, et la progression rapide du mouvement commercial et de la fortune publique ne peut satisfaire que les esprits superficiels.

C'est que Jean-Baptiste Say avait raison d'écrire que la richesse et le paupérisme croissent sur deux lignes parallèles: de ce flot d'or qui coule et s'enfle sans cesse, le Prolétariat ne recueille aucune part; tout va grossir les fortunes existantes. Lui reste dénué; il n'arrive pas à la possession des capitaux mobiliers ou immobiliers; il continue à vivre péniblement au jour le jour d'un salaire souvent insuffisant, sans garantie d'existence, sous la menace de la famine dès que la maladie ou le chômage vient tarir ses maigres ressources, sans joie dans le présent, sans espérance dans l'avenir.

Cette situation, d'une réalité si frappante pour quiconque prend simplement la peine de regarder autour de soi, est cependant niée par les apologistes du régime capitaliste qui semblent avoir des yeux pour ne point voir. Il faut donc, une fois de plus, en faire la preuve et cela est de la plus haute importance, car la détermination précise de ce point essentiel tranche sans appel le débat engagé entre les partisans du *statu quo* économique et ceux de la transformation sociale.

Le gouffre de la misère est insondable; nulle statistique n'en peut mesurer l'étendue ni la profondeur. Il faut donc se contenter de données fragmentaires; mais de leur nombre et de leur concordance se dégage une force probante irrésistible.

Taine, dans *Les Origines de la France Contemporaine*, évaluait, en 1887, à 2,470,000 le nombre des « indigents vérifiés, inscrits, secourus, ou qui devraient l'être » dans la France entière. Combien de pauvres honteux faudrait-il ajouter à ce chiffre ! ......

M. Paul Leroy-Beaulieu, dans son *Essai sur la Répartition des Richesses*, va d'ailleurs beaucoup plus loin puisque, rien que dans la catégorie des propriétaires, il compte 3 millions d'indigents, incapables de payer leurs impôts.

M. J. Novicow qui, pas plus que MM. Taine et Leroy-Beaulieu, n'est un des nôtres, écrit dans *Le Problème de la Misère et les Phénomènes économiques naturels:* « De dix habitants de notre globe, neuf ne mangent jamais à leur faim.... la misère n'est pas supportable. Après la maladie, c'est le mal le plus cruel du genre humain ».

Le nombre des pauvres augmente partout. Voici, d'après l'*Annuaire Statistique* de la Ville de Paris, le nombre des personnes secourues par l'Assistance Publique:

En 1861	90.287
— 1886	133.640
— 1906	168.063

Il est vrai que la population de Paris a augmenté aussi dans la même période. Elle était:

En 1861 de 1.696.141	habitants	
— 1886	2.260.945	—
— 1906	2.763.393	—

Mais l'augmentation du nombre des pauvres reste proportionnellement plus forte. Elle était:

En 1861 de 5,32	pour 100 habitants		
— 1886 — 5,91	—	—	
— 1906 — 6,08	—	—	

Il n'y a pas à attribuer cette élévation à une plus grande générosité de l'Assistance Publique. Ce serait une erreur. Pour être admis aux secours il faut remplir des conditions de domicile, de fortune, d'âge, d'invalidité bien déterminées et qui n'ont pas varié jusqu'en 1907, année où l'entrée en vigueur de la loi du 14 juillet 1905 sur l'assistance obligatoire aux vieillards est venue les modifier.

Et comment en serait-il à Paris autrement qu'à Londres, alors que les mêmes causes produisent partout les mêmes effets ? Or, à Londres, une enquête approfondie, minutieuse, prolongée a été faite sur le paupérisme par l'économiste Charles Booth assisté de cinq collaborateurs dévoués et ses résultats ont jeté la consternation dans l'orgueilleuse Angleterre. Plus récemment l'économiste Seeboom Rowntree a fait une enquête analogue dans une ville de population moyenne, York, qu'il a suivie maison par maison, famille par famille, homme par homme. Le *Temps*, du 23 décembre 1901, résume ainsi les conclusions de ce travail:

« Dans les cités industrielles de l'Angleterre, un dixième au moins de la population totale vit dans l'horreur constante de la famine. Ces gens ne peuvent littéralement pas manger à leur faim, car ils ne gagnent pas assez. En outre, un tiers (vous lisez bien: *un tiers*) de la population totale des villes est, par sa faute ou par celle du chômage, dans un état de misère absolu, gagnant juste de quoi manger et se loger, mais ne disposant jamais d'un sou pour un autre besoin. Tel est l'état de la population des villes en Angleterre.... Or sur 100 Anglais, 77 vivent dans les cités et 23 seulement à la campagne. »

La situation s'est-elle améliorée depuis ? Nullement; le même journal constate, dans son numéro du 27 février 1911, d'après la statistique de la Commission de l'Assistance Publique à Londres, que le paupérisme est de plus en plus inquiétant et qu'en 1908 le nombre exact des assistés permanents ou temporaires s'est élevé à 1,709,436 personnes.

Le 17 décembre 1911, le ministre Lloyd George faisait cette déclaration:

« En cette ville, qui est le siège d'un Gouvernement qui dirige les existences de millions et de milions d'être humains, aux confins du monde, nous avons, à deux pas du trône, à deux pas du Parlement, la pauvreté, la misère, la saleté qui soulèvent le cœur. »

Lors des grandes grèves anglaises d'août 1911, un correspondant du *Temps* a constaté par lui-même la profonde misère des ouvriers des docks de Londres et qualifié ce qu'ils gagnent de « salaires de famine »; et, en effet, il cite des jeunes filles qui gagnent 8 à 10 sous par jour ! (numéro du 16 août 1911).

Continuons nos emprunts au *Temps*, journal peu suspect d'exagération en faveur de la classe ouvrière et intéressant pour la précision de sa documentation:

Le 3 mars 1911, son envoyé à la grève des pêcheurs de Cancale, rend compte qu'il a été entouré « par une multitude de femmes qui criaient toutes à la fois: Mais voyez notre misère ! On ne mange pas à sa faim; dites-le ! »

Il faut citer textuellement une autre information du *Temps* du 24 février 1908:

L'Office du Travail vient de procéder à une enquête sur le travail à domicile dans l'industrie de la lingerie. Les résultats en sont navrants. 510 ouvrières, travaillant chez elles à confectionner des articles de lingerie : chemises, faux-cols, linge pour femmes ou enfants, linge de ménage, etc., ont été interrogées par les inspecteurs du travail et ont répondu à un questionnaire détaillé. Sur ces 510 ouvrières questionnées, 217 ont fait connaître leur gain à l'heure, en travail courant, et voici ce qui résulte de leurs réponses :

```
Gagnant moins de 5 centimes par heure . .    4
   —      de  5 à 10    —        —     . .   51
   —      de 11 à 15    —        —     . .   54
   —      de 16 à 20    —        —     . .   45
   —      de 21 à 25    —        —     . .   32
   —      de 26 à 30    —        —     . .   14
   —      de 31 à 35    —        —     . .    7
   —      de 36 à 40    —        —     . .    6
   —      plus de 40    —        —     . .    4
```

Ainsi, sur ces 217 ouvrières, le tableau qui précède montre que 109, soit 60 0/0, gagnent moins de trois sous par heure, et que 186, soit 83 0/0, gagnent moins de cinq sous.

Et encore ce tableau renseigne-t-il mal sur les ouvrières irrégulières de la lingerie : femmes âgées, malades, très chargées de famille, celles qui demandent du travail aux œuvres d'assistance, bref les plus misérables. Ces malheureuses ouvrières ne savent pas leur gain annuel, et encore moins leur gain quotidien. Or, ce sont précisément celles auxquelles une heure de travail rapporte le moins. De sorte que les chiffres désolants qu'on a lus plus haut sont encore inférieurs à la réalité, et que la proportion des infortunées qui gagnent moins de deux sous par heure est supérieure à celle résultant du tableau.

Voici maintenant pour 366 ouvrières, une autre statistique indiquant le gain annuel net de l'ouvrière faisant exclusivement de la lingerie à domicile. Ce gain net est obtenu en défalquant du gain brut les charges et notamment le prix du fil et les frais de transport pour la livraison de l'ouvrage :

GAIN ANNUEL NET

Inférieur à 150 fr........	35	ouvrières
De 151 à 200 fr.........	17	—
De 201 à 250 fr.........	41	—
De 251 à 300 fr.........	47	—
De 301 à 350 fr.........	47	—
De 351 à 400 fr.........	31	—
De 401 à 450 fr.........	32	—
De 451 à 500 fr.........	13	—
De 501 à 600 fr.........	45	—
De 601 à 700 fr.........	20	—
De 701 à 800 fr.........	12	—
De 801 à 900 fr.........	12	—
De 901 à 1.000 fr........	4	—
Supérieur à 1.000 fr......	10	—

Il résulte de là que 60 0/0 de ces ouvrières gagnent moins de 400 francs par an, à peu près 1 franc par jour. Les ouvrières qui font du linge de ménage sont parmi celles qui gagnent le moins ; les lingères pour femmes et enfants figurent dans les catégories où les salaires sont moins misérables.

Dans un autre journal, non moins conservateur, le *Figaro*, M. Jules Huret a publié sur la misère dans les centres ouvriers du Creusot et de Roubaix, des articles qu'on ne peut lire que les larmes aux yeux tant la détresse des malheureux travailleurs y est décrite en termes poignants.

L'un des plus insensibles de nos écrivains, M. Paul Bourget, a lui-même laissé percer son émotion, dans une page d'*Outre-Mer*, où il décrit la triste vie d'une partie des ouvriers de New-York, qu'il montre se nourrissant « de rogatons qui dégoûteraient un chien affamé ». Parlant des salaires de ces pauvres gens, qui, dit-il ont été diminués de moitié et peuvent diminuer encore, il écrit: « Les chiffres donnés par les partisans de la Révolution deviennent affreusement exacts ».

Une monographie complète de la misère ne peut entrer dans le cadre de cet ouvrage; mais ces quelques faits, groupés au hasard, ne sont-ils pas assez éloquents ? Ne révèlent-ils pas avec certitude un état général profondément douloureux ?

Une telle situation révolte la raison aussi bien que le cœur. On s'explique le dénûment d'une partie de la population à l'époque déjà lointaine où l'industrie et l'agriculture étaient dans l'enfance, où la terre, ravagée sans cesse par les guerres, laissée en friche ou mal cultivée, était impuissante à pourvoir à l'alimentation des hommes; mais aujourd'hui, au sein d'une paix rarement troublée, avec les moyens de production perfectionnés que la science a découverts, peut-on admettre que le droit à l'existence, si souvent proclamé par les penseurs, soit encore un vain mot ! La responsabilité de cette cruelle anomalie n'est-elle pas imputable entièrement à notre mauvaise organisation sociale ? Comment la disculper quand on constate qu'elle trouve moyen de faire sortir la misère de la surabondance aussi bien que de la disette, comme cela s'est produit il y a quelques années dans le Midi viticole !

Mais si la classe ouvrière est réduite à une telle pauvreté, où vont donc les richesses créées par son travail ? Les économistes bourgeois nous montrent avec orgueil le constant accroissement de la fortune publique. Qui donc la détient ?

Le *Bulletin de Statistique du Ministère des Finances* va nous l'apprendre. Ouvrons son numéro de novembre 1910. Il contient, d'après les déclarations de successions, le montant des fortunes que possédaient les personnes décédées en 1909. Le passif a été déduit, et c'est l'actif net qui figure au tableau ci-dessous où les fortunes déclarées sont rangées en treize séries graduées, et qui est la copie textuelle du document officiel.

La première colonne indique la série, la

deuxième le nombre des fortunes et la troisième le montant total des fortunes de la série:

De	1 à	500 fr.	103.438	26.959.975 fr.
De	501 à	2 000 fr.	101 178	129.938.197 fr.
De	2.001 à	10.000 fr.	110.427	543.254.169 fr.
De	10.001 à	50.000 fr.	48.755	1.026.513.206 fr.
De	50.001 à	100.000 fr.	7.692	529.556.416 fr.
De	100.001 à	250.000 fr.	4.822	758.742 785 fr.
De	250.001 à	500.000 fr.	1.720	605.655.516 fr.
De	500.001 à	1 million	810	554.400.567 fr.
De	1 mil. à	2 millions	373	512.169.766 fr.
De	2 mil. à	5 millions	145	425.610.867 fr.
De	5 mil. à	10 millions	46	303.298.020 fr.
De	10 mil. à	50 millions	10	179.937.986 fr.
Au-dessus de	50 millions		2	144.398.896 fr.
Totaux			379.418	5.740.436.366 fr.

Ainsi donc, le nombre des successions déclarées, en 1909, s'est élevé à 370,418, représentant un total de plus de 5 milliards 740 millions de francs.

Il faudrait augmenter ces chiffres des dissimulations fréquentes faites par les héritiers pour éviter le paiement des droits; mais comme il n'y a aucune raison pour croire qu'elles ne sont pas proportionnelles au montant des fortunes, les calculs ci-après n'en seront pas modifiés.

Empruntons maintenant à la *Statistique sanitaire de la France* de 1911 le chiffre des décès en cette même année 1909. Il s'élève à 755,442. Mais ce chiffre ne peut pas être comparé à celui des successions déclarées, car les mineurs non orphelins ne possèdent habituellement rien, même quand leurs parents sont riches. C'est donc le chiffre des décédés majeurs qu'il faudrait avoir. La *Statistique sanitaire* ne le fournit pas exactement, car sa classification embrasse les décédés de 20 à 39 ans. Mais on peut faire usage de ses chiffres car les décédés de 20 à 21 ans qui y sont compris peuvent faire compensation avec le nombre des mineurs décédés orphelins, c'est-à-dire possédant ou pouvant posséder un actif. Voici donc les chiffres de la *Statistique sanitaire* :

Décédés de 20 à 39 ans...	88.672
De 40 à 59 ans..........	136.842
De 60 ans et au-dessus..	368.744
Total...........	594.258

Si on déduit de ce chiffre celui des successions déclarées, qui est de 379,418, la différence, soit 214,840, représente les successions non déclarées, c'est-à-dire les successions sans actif; 214,840 forment 36 pour 100 de 594,258, total des décès.

Revenant à notre tableau des fortunes, nous observons qu'on peut le subdiviser en trois catégories :

La première, composée des deux premières séries, c'est-à-dire comprenant les fortunes au-dessous de 2,000 francs, peut être considérée comme représentant la classe pauvre.

La deuxième, composée de la troisième et de la quatrième séries, comprenant les fortunes de

2,000 à 50,000 francs, peut être considérée comme représentant la classe moyenne.

La troisième, composée des neuf autres séries, comprenant les fortunes au-dessus de 50,000 francs, peut être considérée comme représentant la classe riche.

En admettant ces bases, nous voyons qu'en 1909, sur les décès ayant donné lieu à des déclarations de succession :

La classe pauvre comprenait 204,046 personnes possédant en tout 156,808,172 francs ;

La classe moyenne comprenait 159,182 personnes possédant en tout 1,569,707,375 francs ;

La classe riche comprenait 15,620 personnes possédant en tout 4,013,770,819 francs.

Si l'on calcule le tant pour cent que représentent les chiffres qui précèdent dans le total des personnes décédées d'une part, et de l'autre dans le total des successions déclarées et si l'on tient compte des décès sans actif successoral, on arrive aux résultats suivants qui indiquent non seulement la proportion des fortunes des décédés en 1909, mais sensiblement celle des fortunes de la France, car les différences d'une année à l'autre sont peu importantes :

36 pour cent ne possèdent rien ;

34 pour cent possèdent 3 pour 100 de la fortune générale environ ;

27 pour cent possèdent 27 pour 100 de la fortune générale environ ;

3 pour 100 possèdent 70 pour 100 de la fortune générale environ.

Ainsi, en réunissant la première et la deux'ème lignes, qui constituent à elles deux l'ensemble de la classe pauvre, on voit que celle-ci comprend 70 pour 100 de pauvres ne possédant à eux tous que 3 pour 100 de la fortune générale.

Il est curieux de remarquer que les chiffres afférents à la classe riche sont exactement inverses: son effectif ne s'élève qu'à 3 pour 100; mais elle détient 70 pour 100 de la fortune générale.

Il est également intéressant de noter que la classe moyenne représente 27 pour 100 de la population et qu'elle possède exactement 27 pour 100 de la fortune générale. Dans l'ensemble, elle a donc juste sa part, ni plus ni moins.

Mais que dire du contraste monstrueux de la classe riche et de la classe pauvre ! A 70 pour 100 de malheureux ne réunissant que 3 pour 100 de la fortune publique, s'oppose une minorité privilégiée de 3 pour 100 qui détient 70 pour 100 de la même fortune !

Quoique 24 fois moins nombreux, les riches possèdent 24 fois plus environ que les pauvres !

Et on ose nier la concentration des fortunes ! On ose soutenir que la richesse va se disséminant de plus en plus ! On ose contester que, dans la société actuelle le prolétariat soit odieusement spolié !

Voilà la réponse des chiffres, des chiffres officiels !

Ainsi, au poids si lourd par lui-même de la misère ouvrière, vient s'ajouter la continuelle exaspération du contact de l'opulence capitaliste. Dans les grandes villes particulièrement, les deux classes se côtoient, et si les heureux de la vie passent, rapides et distraits, sans voir du fond de leurs automobiles mollement capitonnées, les déshérités qui se traînent dans la poussière ou la boue, de quels regards ceux-ci peuvent-ils contempler ce luxe insolent qu'ils ont créé, qu'ils entretiennent et auquel ils n'ont nulle part ! Quelles pensées de haine, d'envie et de colère doivent fermenter dans ces cerveaux aigris et quel terrain bien préparé y trouvent les excitations à la violence !

Aussi, l'esprit de révolte fait en eux des progrès effrayants, et la quiétude de nos privilégiés deviendrait de l'épouvante s'ils pouvaient les mesurer. Elle est loin, la résignation passive de jadis; il est loin cet instinct d'obéissance servile qui courbait le prolétaire devant son patron, considéré par lui comme un bienfaiteur ! On obéit encore, parce que la nécessité le commande, mais d'un cœur plein d'arrière-pensées, et aux efforts de l'employeur pour accélérer le travail, on oppose une résistance sourde pour le ralentir, parfois même pour l'exécuter mal, à l'insu des surveillants. Le mauvais vouloir est général, et aucune concession ne peut le désarmer. Un farouche besoin de ne plus recevoir d'ordres, de secouer le joug du capital gronde au fond des consciences et à la moindre occasion, il se traduit soit par des grèves, soit par des actes de sabotage dont les modalités sont infinies, depuis la simple *grève perlée* jusqu'à l'obstruction des aiguilles de chemin de fer !

Ah ! s'il est difficile d'amener un travailleur d'intelligence moyenne à la perception complète de la doctrine socialiste, il n'est pas besoin de beaucoup insister pour le décider à la grève et au sabotage. Sans entraînement, du jour au lendemain, tel ignorant, tel attardé resté en dehors de tout mouvement d'organisation devient un saboteur émérite. C'est que pour comprendre le socialisme, il faut un effort d'étude et de raison, tandis que l'acte de destruction aveugle répond aux obscurs instincts de la sauvagerie primitive, couverts d'un vernis de civilisation mais non abolis.

Il est cependant quelque chose de plus triste encore que cette lutte, à armes empoisonnées de l'ouvrier contre le patron, c'est la lutte de l'ouvrier contre l'ouvrier. Hélas ! entre ces frères d'oppression que la solidarité devrait unir, les haines creusent des abîmes. Divisés en *rouges* et en *jaunes*, ils s'insultent, se battent, se tuent ! L'inoffensif *picketing* des trade unions anglaises est devenu la *chasse aux renards*, et la *chaussette à clous*, la *machine à bosseler* et le *citoyen Browning* deviennent des moyens de persuasion d'un usage courant entre travailleurs.

Mais si lamentable que soit la situation présente, elle n'est rien à côté des menaces de l'avenir. Pas d'illusion, en effet: la lutte de classes prend un caractère de plus en plus violent: les grèves sont plus nombreuses et plus étendues, les actes de sabotage plus fréquents et plus graves. Le mépris de la légalité, l'habitude de recourir à la force dans les conflits se répandent partout. Et cela s'explique: depuis que la République a failli à ses promesses, le peuple a perdu tout idéal. Le scepticisme, cette carie de l'âme, comme disait Victor Hugo, a remplacé la foi naïve et touchante qui seule a rendu possibles les grands élans de rénovation humaine. On n'a plus confiance en personne, on ne croit plus au dévouement désintéressé, on avilit les actions les plus nobles en leur prêtant des mobiles de bassesse et de cupidité. Du moment où la loi est impuissante, où ceux qui sont chargés de l'amender ou de l'appliquer restent sourds aux appels de la souffrance, chacun n'a qu'à se faire justice soi-même, dernier recours des désespérés.

Ainsi s'expliquent les émeutes qui ont marqué le printemps et l'été de 1911, à l'occasion de la délimitation de la Champagne et du renchérissement de la vie. Quand on relit l'histoire de la Révolution française, on se demande comment les troubles précurseurs de ce grand drame n'ont pu arracher les classes privilégiées à leur optimisme souriant et les déterminer aux sacrifices nécessaires. Or, nous voyons aujourd'hui dans la bourgeoisie dominante, même aveuglement, même insouciance frivole. Effarée un moment, elle s'est rassurée bien vite, à la façon de l'autruche qui cache sa tête, en rapetissant la portée de ces manifestations si tragiquement significatives. Pourtant les scènes de destruction, de pillage, d'incendie, d'agression, de meurtre se sont multipliées et renouvelées; mais on a feint de ne pas les voir; on s'est hâté de jeter sur elles le voile de l'oubli. Devant les tribunaux, les émeutiers de la Champagne ont pris figure de bons garçons qui voulaient s'amuser, et trois mois après les agitations qui ont remué vingt départements dans la crise de la vie chère, le ministre de l'Agriculture déclarait qu'on avait beaucoup exagéré l'importance du mouvement. De fait, aujourd'hui, personne ne pense plus à ces événements anciens. Et cependant le mal n'est pas guéri; rien n'a été fait pour en détruire les germes; il couve et tôt ou tard il se manifestera de nouveau avec violence.

L'absence de toute organisation d'ensemble engendre un désordre, une confusion inexprimables. Chacun agit au hasard, dans le sens de son intérêt immédiat et sans se préoccuper le moins du monde de l'intérêt général.

Dans un pays dont les récoltes ont été inférieures aux besoins de la consommation, le commerce ne se fait aucun scrupule d'envoyer à l'étranger une partie du stock national insuffisant, sauf à en faire revenir ensuite une quantité plus forte. La marchandise, inutilement grevée des frais de transport, du bénéfice des intermédiaires et souvent de droits de douane, enchérit notablement, au grand dommage des consommateurs; mais ce mouvement commercial factice a laissé des profits dans de nombreuses poches et le but capitaliste est atteint.

Exemples : la Russie, dont une grande partie est en proie à la famine, s'efforce d'assurer le libre passage dans les détroits des vaisseaux qui exporteront son blé du bassin de la mer Noire; en même temps elle dépense des sommes énormes en achats de grains à l'étranger pour empêcher ses moujicks de mourir de faim. Dans l'Indo-Chine, que la famine menace également, il a fallu interdire l'exportation du riz, dont la rareté avait fait monter le prix de 2 piastres 40 à 5 piastres 20 et qu'à ce prix rémunérateur ses détenteurs se hâtaient de vendre. En France même, alors que presque partout les cultivateurs se demandent comment ils pourront nourrir leur bétail, après la sécheresse de l'été, on a dû interdire l'exportation des fourrages.

Il est actuellement démontré par l'expérience que périodiquement, tous les dix ans environ, après une période d'activité intensive, il se produit un engorgement dans la production. Le travail se ralentit, le chômage devient meurtrier pour les travailleurs. Au ministère du Commerce on a nommé une Commission spéciale pour observer la situation économique et signaler les symptômes précurseurs des crises, comme on signale les perturbations atmosphériques ou les crues des rivières. Or, en ce moment, cette Commission annonce qu'une crise va se produire dans quelques années: il paraît que nous sommes actuellement dans une période de prospérité exceptionnelle; on s'en aperçoit aux plus-values du rendement des impôts; mais les travailleurs ne s'en aperçoivent qu'aux tiraillements de leurs estomacs où la cherté de la vie fait le vide. Eh bien, la Commission des crises a découvert un remède infaillible pour atténuer les maux de celle qui se prépare: c'est de diminuer dès à présent les grands travaux publics, afin d'en réserver une partie pour la période de dépression !

Il serait peut-être plus rationnel de préparer au contraire une grande augmentation des travaux publics. Mais pour cela, il faudrait de l'argent et nous envoyons tout le nôtre dans les pays étrangers, ce qui fait gagner de magnifiques commissions à nos établissements de crédit. Quant aux ressources du budget, n'en parlons pas: avec quatre milliards et demi de dépenses annuelles, nous ne trouvons pas moyen de parer aux nécesités les plus urgentes et chaque fois qu'une création d'une indiscutable utilité est réclamée, le ministre des Finances répond invariablement : pas d'argent !

Ces alternatives d'hyperactivité et de marasme, qui caractérisent la production en régime capitaliste ont pour effet de jeter partout l'insécurité. Les industriels, les commerçants en souffrent, certes; beaucoup d'entre eux, les plus faibles, succombent même dans la crise; mais dans l'ensemble ils y résistent mieux que l'ouvrier. Elles ne se traduisent pour eux que par une diminution ou au plus une interruption totale des bénéfices; ils en sont quittes pour vivre sur leurs réserves en attendant des temps meilleurs. Mais le prolétaire, lui, ne possède rien et c'est sur lui que retombe pourtant le plus lourd du fardeau. Qu'il s'agisse d'une crise générale ou simplement d'un ralentissement des commandes dans un établissement particulier, la première mesure que prend le patron est de mettre son personnel en chômage un ou plusieurs jours de la semaine. Pourtant les estomacs ne chôment pas, eux, et si le gain journalier suffit à peine à assurer leur alimentation quand le travail est normal, que deviendra l'ouvrier, que deviendront sa femme et ses enfants, quand il diminuera ? De cela le patron n'a cure. Et, en effet, il n'est pas engagé à occuper ses ouvriers six jours par semaine. C'est à eux de s'arranger. Comment ? A cette question redoutable, nul n'est chargé de répondre. Chacun doit se suffire; celui qui ne peut pas vivre meurt; voilà tout.

Comment être surpris si une telle société montre tant de plaies hideuses ? L'ouvrier, démoralisé, se met à boire; par effet direct ou par hérédité l'alcool crée des criminels ou des dégénérés. La criminalité qui se développe avec une si effroyable rapidité chez les jeunes gens, a d'ailleurs d'autres causes; l'adolescent sorti de l'école ne trouve plus d'ateliers pour le recueillir; en l'absence des parents qui travaillent, il déserte la triste maison paternelle et va chercher des distractions dans la rue où il devient la proie de vice. La prostitution, née, elle aussi, de la misère, lui fournira des moyens d'existence en attendant pis.

Autre conséquence de l'insécurité de la vie : l'abaissement de la natalité. La France est menacée dans sa situation de grande puissance parce que sa population a cessé de s'accroître.

La corruption se propage dans toutes les couches sociales; la soif du gain étouffe tout scrupule chez le commerçant et l'industriel qui ne reculent devant rien pour accroître leur bénéfice; pourvu que la marchandise ait assez d'apparence pour être vendue, peu importe que sa qualité réelle soit tout à fait inférieure; peu importe, si elle sert à l'alimentation, qu'elle soit pour le consommateur un poison lent ou rapide. Récemment, à Berlin, une centaine de pauvres diables, pensionnaires pour la plupart des asiles de nuit, sont morts presque subitement; beaucoup d'autres ont été gravement malades; on crut à une épidémie et la terreur commençait à envahir la population; mais on découvrit que ces malheureux avaient été simplement empoisonnés, l'industriel qui fabrique leur grossière eau-de-vie ayant cru devoir, dans un but de lucre, bien entendu, y mêler de l'alcool méthylique qui est un toxique violent. Comment les mesures de contrôle et de répression les plus sévères pourraient-elles avoir raison des mille artifices de la fraude ? Le nombre des surveillants est limité, celui des fraudeurs est infini.

Pénétrez dans ces coupe-gorge qui s'appellent

les Bourses des valeurs et des marchandises : l'unique préoccupation de chacun y est de forger les combinaisons les plus ingénieuses pour faire passer dans sa poche l'argent du voisin. Tous les moyens sont bons pour atteindre un but si louable : majoration artificielle des cours, fausses nouvelles pouvant influencer le marché, réclames mensongères pour tromper le naïf gogo, accaparement des produits, etc.

Dans les sphères gouvernementales et administratives, le favoritisme règne avec une tranquille impudeur. Il est absolument acquis dans l'esprit des employés et fonctionnaires et de tous ceux qui aspirent à le devenir, que le mérite lorsqu'on veut obtenir un emploi ou de l'avancement, est un bagage tout à fait superflu : le succès dépend exclusivement des influences dont on pourra disposer.

Comment, dans de telles conditions, les affaires publiques pourraient-elles être bien dirigées ? Partout c'est l'incurie, le désordre, le gaspillage le plus effréné. Mais tout cela est le côté bénin du mal. Le côté grave c'est que l'Etat est partout volé : un jour c'est un liquidateur qui réalise à son profit personnel les biens qui lui sont confiés; une autre fois c'est un chef de service qui puise tranquillement dans sa caisse. L'Etat achète-t-il de gré à gré ? Les pots de vin touchés par ses agents lui font tout payer un prix exorbitant; procède-t-il par adjudication ? Le même résultat est obtenu par les ententes entre soumissionnaires. Et si d'aventure l'adjudication a été sincère, si de forts rabais ont été obtenus, l'entrepreneur se rattrape par des malfaçons dont les contrôleurs, bien payés, feignent de ne pas s'apercevoir.

Ce tableau est-il poussé au noir ? Hélas ! il suffit, pour se convaincre du contraire, de parcourir les gazettes : les scandales se succèdent à jet continu ; chaque jour apporte le sien et le lecteur, qui en est friand, s'étonne lorsqu'il ne trouve pas dans son journal sa pâture habituelle. A quoi bon citer des faits, faire des énumérations ? Cet état de choses n'est-il pas de notoriété publique ? Les adversaires du socialisme sont obligés de le reconnaître et l'un d'eux, M. Emmanuel Brousse, député progressiste, qui a souvent le courage de dire tout haut ce que d'autres n'osent avouer, écrit dans l'*Indépendant des Pyrénées-Orientales* du 15 novembre 1911 : « En réalité, l'anarchie est partout et la responsabilité nulle part. Nos grands services publics, empoisonnés par la politique et le favoritisme, sabotés de haut en bas, sont en pleine décomposition. C'est une société, un régime qui se meurt ».

Oui, le régime capitaliste se meurt ! Mais qu'on ne se fasse pas d'illusion ; il peut encore durer longtemps parce que les neuf dixièmes des électeurs ne savent pas par quoi le remplacer. Seule une propagande socialiste intensifiée et transportée du domaine de la critique, de la théorie pures sur le terrain de la réalisation et de ses conséquences, pourra arracher l'opinion publi-

que à des hésitations bien explicables aujour-
d'hui.

En attendant, est-ce ce régime odieux et mori-
bond qu'on va instaurer dans un pays neuf
comme le Maroc, lorsque l'occasion serait si
belle d'y établir une société meilleure ?

CHAPITRE III

Supériorité du Socialisme.

But réel du socialisme. — Transformations et améliorations qu'il effectuera. — Surabondance dans la production ; équité dans la répartition. — Garantie du droit à l'existence. — Progrès matériels et moraux. — Les critiques soulevées par la gestion de l'Etat actuel ne sauraient atteindre l'Etat socialiste. — Simplifications et assainissement que réaliserait le socialisme. — Personne ne refuserait sa part du travail social. — Les libertés étendues et non restreintes. — Etablissement d'un ordre stable.

On n'a dans le grand public, et même dans le public renseigné, qu'une idée fort vague des principes et du but du socialisme — et c'est beaucoup la faute des socialistes dont les uns se renferment trop exclusivement dans des formules critiques et négatives ou purement théoriques, tandis que les autres dispersent leur action à tous les vents de l'actualité. A force de voir le socialisme se mêler à tout, on finit par ne plus savoir où il commence et où il finit; pour bien des gens le rachat de l'Ouest et le projet de coopératives municipales de M. Caillaux sont du socialisme, l'antipatriotisme et le sabotage en sont aussi.

Et cependant, le socialisme est devenu quelque chose de très précis: il tient tout entier dans la définition adoptée par les Partis socialistes du monde entier: socialisation des moyens de production et d'échange, c'est-à-dire transformation de la société capitaliste en société collectiviste.

Le socialisme est donc la reprise par la Nation de tous les moyens de production et d'échange: sol, bâtiments, outillage, voies ferrées et autres moyens de transport, capitaux, marchandises, qui sont aujourd'hui des propriétés particulières et leur exploitation en commun par la Nation elle-même, au profit de l'universalité de ses membres.

C'est à dessein que nous avons écrit: la reprise de *tous* les moyens de production... Si la Nation n'en prenait qu'une partie, ce ne serait pas du socialisme, car le socialisme est caractérisé par une organisation d'ensemble du travail producteur, industriel et agricole, et de la répartition des produits.

Ainsi, en régime socialiste, plus de commerce, plus d'industrie privés; la Nation produit et livre directement au consommateur. Donc suppression de tous les intermédiaires qui pullulent aujourd'hui.

Les petits ateliers sont remplacés par de vastes usines spécialisées; les petits magasins sont remplacés par de grands entrepôts qui, n'ayant pas de concurrents, n'ont plus besoin de faire de publicité; d'où économie de personnel et sensible réduction de frais.

Comme le travail est réglé tous les ans sur la consommation, il n'y a plus de chômage.

La suppression du marché libre, des valeurs mobilières, de la propriété foncière entraîne celle du monde de la Banque, de la Bourse et des hommes d'affaires.

La solidarité sociale couvrant chacun des pertes accidentelles et pourvoyant à tous les besoins de ceux qui ne peuvent travailler, fait disparaître le personnel des assurances et de l'assistance publique et privée.

L'auteur de ce livre a établi dans un précédent ouvrage: *L'application du Système collectiviste*, en se basant sur les chiffres officiels, que l'avènement du socialisme permettrait de reporter sur le travail producteur environ six millions et demi d'intermédiaires, d'inutiles et d'oisifs, soit quarante pour cent de la population active.

Et comme le travail industriel et agricole se ferait partout avec les méthodes, les procédés et l'outillage les plus perfectionnés, comme tout le sol actuellement en friche pourrait être mis en rapport, la quantité des choses utiles à la vie pourrait être accrue dans des proportions presque illimitées.

Dans cette abondance, rien ne deviendrait plus facile que de garantir, non plus en paroles, mais effectivement, à tout membre du corps social, de sa naissance à sa mort, le minimum nécessaire à son existence, à charge par lui, cependant, de fournir son travail dans la période de validité, moyennant un surcroît de produits proportionnel à ses services.

Et même après cette large répartition, la production restant très supérieure aux besoins de la consommation et de l'exportation, il deviendrait nécessaire de diminuer la durée du travail.

On la conserverait néanmoins assez longue pour pouvoir exécuter le plus vaste programme de travaux d'amélioration du sol, des transports et des conditions de la vie, d'aménagement des forces naturelles, d'hygiène, d'embellissement, d'agrément, etc., que l'esprit puisse concevoir. La nature, domptée et asservie, mettrait au service de l'homme sa mystérieuse et infinie puissance créatrice.

La Nation, manufacturant elle-même ses produits alimentaires, ne les livrerait à la consommation qu'à l'état de pureté absolue. Elle supprimerait l'alcoolisme en supprimant l'alcool.

L'amélioration des conditions du travail et de la vie régénèrerait la race épuisée par le surmenage et la mauvaise hygiène. La natalité se relèverait rapidement quand l'existence de chaque nouveau-né serait assurée par la Nation.

La prostitution disparaîtrait avec la misère.

La criminalité se réduirait à quelques cas passionnels, raréfiés d'ailleurs par le rétablissement de l'équilibre nerveux et de la sécurité de l'existence.

L'homme deviendrait meilleur parce que l'occasion de faire le mal ne se présenterait plus: les fraudes commerciale, les spéculations malpropres, les accaparements, les coalitions de producteurs contre l'intérêt général ne pourraient plus s'exercer.

La redoutable armée des irréguliers, des déclassés, des malfaiteurs de toute sorte, qui vit en marge de la société et la menace sans cesse, n'existerait plus lorsque chacun aurait sa place au soleil de la solidarité.

Quand on oppose à ce tableau merveilleux les résultats, moins séduisants, il faut le reconnaître, de la gestion de l'Etat actuel, dans les services administratifs et dans les branches de la production qu'il dirige lui-même, on méconnaît les conditions dans lesquelles sera placé l'Etat socialiste.

D'abord la prétendue complication qu'on paraît redouter ne se produira pas, l'ensemble de la production et de la répartition étant divisé en services autonomes dont chacun ne sera pas plus difficile à diriger qu'un des grands trusts américains, ou qu'une grande compagnie de chemins de fer, ou encore qu'une administration nationale des postes, des télégraphes et des téléphones.

La direction des grands services publics de production sera même plus facile que ne l'est de nos jours celle des trusts: chaque chef n'aura qu'à produire; il n'aura pas à se préoccuper d'écouler, ce qui est le grand souci de nos producteurs capitalistes. Les transports, tous effectués pour le compte de la Nation, seront gratuits, ce qui évitera des recherches et des calculs laborieux pour l'application des tarifs actuels, véritables casse-tête chinois. Partout la même simplification sera introduite.

Puis, il n'y aura aucun favoritisme possible. A quoi bon employer des recommandations politiques pour obtenir un emploi alors que chacun aura droit au travail ? Quant à l'avancement, il sera donné sous le triple contrôle des supérieurs, des égaux et des corps élus. Aucun abus ne pourra se produire.

Enfin, l'Etat ne pourra plus être volé, par la raison toute simple qu'il n'achètera plus rien aux particuliers et ne les chargera plus d'aucune entreprise. Quand un service aura besoin de travaux, de matériaux ou de marchandises, il les demandera à d'autres services, et ces derniers les lui livreront sur un simple jeu d'écritures, sans qu'il y ait d'argent à donner ou à recevoir, c'est-à-dire sans malversations possibles.

On prétend encore que, sous un régime si débonnaire, les ouvriers ne voudront plus travailler. Quelle absurdité ! Mais c'est aujourd'hui, qu'ils se refusent au travail, parce qu'ils ne retirent d'une dure journée qu'un maigre salaire et qu'ils savent que le surplus va grossir les fortunes de la classe capitaliste, parce qu'ils savent aussi que plus ils abrègeront par leur ardeur maladroite le durée des travaux qu'ils exécutent, plus ils se prépareront de jours de chômage.

En régime socialiste, le travail sera court, bien rétribué, peu fatigant puisque les machines feront presque tout l'effort; l'ouvrier saura qu'il travaille non pour engraisser des parasites, mais au profit de la collectivité des producteurs. S'il refuse de travailler sans excuse légitime, il ne recevra aucune part des produits; s'il montre au contraire du courage, de l'intelligence, du dévouement, il en sera toujours récompensé. En quoi donc le stimulant lui fera-t-il défaut ?

Quand les adversaires du Socialisme sont à bout d'arguments, ils prétendent que ses avantages seront payés de la supression de toute liberté. C'est complètement faux; sauf la liberté du commerce et de l'industrie, c'est-à-dire la liberté d'exploiter son prochain, toutes les autres seront étendues. L'homme sera d'autant plus libre de contrainte que son droit au travail l'affranchira de toute dépendance.

On voit actuellement le socialisme en lutte contre le régime d'iniquité qu'il aspire à remplacer. Une telle lutte ne peut être exempte d'excès, de violences. Les éléments humains qui y prennent part ne sont pas parfaits, il y a des tempéraments enclins à dépasser le but, les résistances entêtées provoquent les exaspérations. Quand a-t-on vu de grands changements sociaux s'effectuer dans la douceur ? Si on allait, d'ailleurs, au fond des choses, on reconnaîtrait que les socialistes conscients ne cherchent jamais à jeter le trouble, qu'au contraire leur action s'exerce toujours dans le sens de la pondération. Mais en tout cas, quand le Socialisme sera entré dans son fonctionnement normal, rien ne persistera de ces agitations passagères. L'ordre le plus absolu succédera à l'anarchie capitaliste, le calme aux soubresauts, la méthode à la confusion; l'équilibre social aujourd'hui précaire comme celui d'une pyramide posée sur sa pointe, deviendra stable comme la même pyramide retournée et placée sur la base; et cette base si large et si solide sera l'harmonie des intérêts, la satisfaction donnée à tous les besoins légitimes.

Bref, aucune objection ne peut entamer la doctrine socialiste, aucun problème n'est laissé par elle sans solution. Un seul reproche peut lui être adressé, celui de n'avoir pas encore fait ses preuves. C'est pourquoi aucun esprit impartial et soucieux de préparer un avenir meilleur ne devrait se refuser à expérimenter au Maroc l'organisation socialiste.

CHAPITRE IV

Résultats de la colonisation à base capitaliste en Algérie et en Tunisie.

L'œuvre de la France en Algérie et Tunisie est incomplète. — C'est la faute du régime capitaliste et non celle des colons et des administrateurs. — Action concentrée pour la conquête militaire ; action anarchique pour la conquête économique. — Ceux qui vont dans les nouvelles colonies. — Résultats de la colonisation d'après un ancien directeur de l'Agriculture au Gouvernement général de l'Algérie. — L'opinion du maréchal de Mac-Mahon sur l'initiative individuelle. — La grande propriété et le prolétariat en Tunisie. — Les grandes concessions en Algérie sous l'Empire ; elles n'ont pas peuplé le pays. — La colonisation officielle n'a pas fait beaucoup mieux depuis 1871. — Les colons abandonnent la terre. — Il n'y a en Algérie que 20.764 propriétaires ruraux français. — Ce résultat nous a coûté 4 milliards. — Le commerce et les mines ; leur rôle économique. — Impuissance colonisatrice reconnue par M. Leroy-Beaulieu. — Son opinion pessimiste sur le Maroc. — Le socialisme fera mieux.

L'Algérie et la Tunisie sont l'orgueil de la France. On se base constamment sur les résultats qu'y a produits notre civilisation, notre activité et nos capitaux pour démontrer, à l'encontre d'un préjugé ancien et répandu, que nous

sommes un peuple doué à un degré éminent
d'aptitudes colonisatrices.

Rabaisser une telle œuvre serait une mauvaise
action. Rien n'est d'ailleurs plus vain, rien n'est
plus contraire à l'esprit de la doctrine socialiste
que de se répandre en stériles récriminations
contre les faits accomplis à des époques antérieures. Chaque phase historique a eu sa raison d'être
et n'a existé que parce qu'elle répondait à des
nécessités du moment. Tel a été le cas de la domination religieuse et féodale au moyen âge,
et plus tard de la monarchie absolue. C'est pourquoi le socialisme ne jette pas l'anathème au
passé. Il vient à son heure et sa prétention n'est
autre que d'apporter sa pierre à l'édifice du progrès élevé par l'effort des générations accumulées.

Respect donc à l'œuvre de la France dans
l'Afrique du Nord. Elle est incomplète; mais qui
le nie ? Nous occupons le pays moins fortement
que les Romains, dont les ruines imposantes
jonchent partout son sol. Seulement il ne faut
pas oublier que l'occupation romaine a duré
plusieurs siècles, tandis que la nôtre, commencée en 1830 vient seulement de recevoir son cou-
ronnement par le traité du 4 novembre 1911 qui
nous livre le Maroc.

Ce n'est pas manquer de justice envers nos
courageux colons, envers des administrateurs
dont certains ont été remarquables, que de mettre en lumière les imperfections, les lacunes de
la nouvelle organisation qu'ils ont créée, car

d'une part, on ne peut pas dire d'eux, comme Bonaparte de l'armée d'Italie, qu'il n'ont rien fait puisqu'il leur reste à faire, et d'autre part, notre but est précisément de prouver que s'ils n'ont pas fait plus et mieux, ce n'est pas leur faute à eux, c'est celle des institutions, c'est celle de l'odieux régime capitaliste lui-même.

La thèse sur laquelle repose l'idée fondamentale de ce livre est que la colonisation d'un pays neuf est une œuvre d'ensemble qui ne peut être menée à bien sans une méthode, une coordination des efforts, une direction générale, que cette œuvre d'intérêt collectif ne peut être bien accomplie que par la collectivité, et que l'action des initiatives individuelles, dont le but est l'intérêt particulier, dont les moyens sont presque toujours insuffisants, ne peut donner que l'incohérence et la stagnation.

Admirons ici l'une des plus belles contradictions du régime capitaliste:

S'agit-il de faire la conquête militaire d'un pays ? L'armée qui en est chargée obéit tout entière à la volonté d'un chef. Ce dernier a conçu son plan de campagne; il donne des ordres pour l'exécuter. Personne ne les discute: officiers et soldats marchent comme un seul homme, sous le joug d'une discipline de fer, vers l'objectif assigné. C'est, dans sa forme la plus absolue, la centralisation des efforts. Et qui oserait soutenir qu'il en peut être autrement, que chaque soldat doit être laissé libre d'agir selon son inspiration propre ?

Cependant la conquête militaire est achevée; il s'agit maintenant d'une œuvre infiniment plus longue, plus complexe, plus difficile: la conquête économique. Aussitôt la méthode change. De l'autorité sans limite d'un seul, on tombe brusquement dans la plus pure anarchie. Le pays est ouvert. Y vienne qui voudra et que chacun se débrouille à son gré pour y vivre.

Et qui y vient ? En général les éléments les moins recommandables du pays conquérant ou des pays voisins. A côté de caractères aventureux, mais restés intacts, résolus à travailler honnêtement, qui sont l'exception, on voit arriver une foule de déclassés, de déchets sociaux, faillis, repris de justice, brûlés dans leur pays natal et attirés par l'espoir, non de se régénérer dans un milieu nouveau, mais d'y trouver une vie plus large avec le moins de travail possible.

Aussi quel est le rêve de tous ces irréguliers ? A défaut d'une sinécure administrative que la plupart ne sont pas en état d'obtenir, c'est d'ouvrir un débit de boissons dont ils seront toujours le meilleur client, et de se créer une existence facile où l'absinthe et la manille tiendront la plus large place. S'ils ont une femme ou une fille agréable et d'humeur accommodante, le commerce n'en marchera que mieux.

Ainsi s'explique la boutade du père Bugeaud, qui connaissait bien ce monde interlope: « En Algérie, tous les honnêtes gens y viennent par terre. »

Il est vrai qu'à la suite de ces mercantis de bas

étage arrivent des éléments plus sérieux, attirés par les concessions gratuites ou à bon marché, séduits par des espérances de fortune. Mais ceux-là ne tardent pas à se heurter à des difficultés, beaucoup plus grandes dans des pays neufs, où tout est à créer, que dans la métropole: les ardeurs et la sécheresse de l'été, le sirocco, les sauterelles détruisent ou réduisent souvent les récoltes; le manque de chemins, l'organisation insuffisante du commerce, la cherté du crédit rendent très difficile au cultivateur l'écoulement avantageux des fruits qu'il a pu arracher à une nature avare. La plupart renoncent à la terre, cherchent un emploi ou se livrent au commerce, quand ils ne se décident pas tout simplement à revenir en France.

Le tableau est-il trop assombri ? Nullement, et c'est un document officiel qui en fournit la preuve. M. de Peyerimhof, directeur de l'Agriculture au Gouvernement général de l'Algérie, a, dans un long et substantiel rapport au gouverneur général, résumé les constatations et conclusions d'une vaste enquête administrative sur la colonisation en Algérie et en Tunisie. L'analyse de cet important travail est publiée dans le *Bulletin du Comité de l'Afrique française* de février 1907 (*Renseignements coloniaux, p. 22 et suivantes*).

M. de Peyerimhof, bien placé pour juger et qui ne peut se montrer bien sévère pour une œuvre qui est en partie la sienne, établit une comparaison entre la Tunisie, où la colonisation a été absolument livrée aux initiatives individuelles, et l'Algérie où elle a été l'objet d'encouragements officiels, où elle a été attirée systématiquement par le Gouvernement qui a fait en sa faveur des sacrifices considérables.

La conclusion de M. de Peyerimhof est que la colonisation officielle est très supérieure à la colonisation libre, sans que ses résultats soient bien brillants par eux-mêmes.

A l'appui de sa thèse, il invoque l'opinion du maréchal de Mac-Mahon qui fut, comme on sait, gouverneur de l'Algérie, et qui écrivait vers la fin de l'empire: « Il faut reconnaître d'une façon générale que, jusqu'à ce jour, l'initiative individuelle, à laquelle il a été laissé une liberté entière, n'a produit, sous le rapport du peuplement et de la colonisation, que des résultats à peu près nuls ».

Voilà une déclaration que nos économistes officiels auront quelque peine à digérer. Ils n'accuseront pourtant pas le héros de Malakoff et de Magenta d'avoir été un adepte des détestables doctrines collectivistes. M. de Peyerimhof la confirme d'ailleurs, en ajoutant: « Il en a toujours été de même depuis ».

En Tunisie la non participation des autorités françaises à l'œuvre de peuplement a justifié d'ailleurs ces appréciations. Elle a abouti à la constitution de la grande propriété capitaliste, qui exploite sans peupler. Les 630,000 hectares de terre livrés au 31 décembre 1904, à la colonisation française, d'après la statistique citée par M. de Peyerimhof, sont aux mains de 1,734 propriétaires seulement, ce qui fait une moyenne de 370 hectares par tête. Mais pour mettre ces propriétés en valeur, on a recours à la main-d'œuvre française ? Pas le moins du monde : « sous ces 1,734 grands propriétaires, grandit un prolétariat sicilien » écrit, en commentant le rapport de M. de Peyerimhof, M. Robert de Caix, rédacteur du *Bulletin du Comité de l'Afrique française.*

Ce n'est pas seulement en Tunisie, c'est partout que la grande propriété a manifesté son caractère d'exploitation brutale, sa préoccupation exclusive de retirer les bénéfices les plus gros avec un minimum de sacrifices, son indifférence complète pour l'avenir du pays, auquel elle arrache ses richesses les plus facilement accessibles pour le laisser appauvri et non peuplé.

« Tel puissant vignoble de la Mitidja, écrit M. de Peyerimhof, qui donne plus de cent mille francs de salaires aux indigènes, ne fait pas vivre plus de deux familles françaises. »

L'Empire avait voulu essayer, sur les hauts plateaux de la région de Constantine et de Sétif, du système des grandes concessions. M. de Peyerimhof va nous en montrer les résultats: « La Compagnie genevoise de Colonisation suisse, écrit-il, s'était engagée à créer et peupler dix villages de cinquante feux. Elle n'a réussi à en établir que sept sur lesquels deux sont pratiquement vides de colons et comptent ensemble 19 Français, tandis que les cinq autres en comptent 233. Sur son magnifique domaine de 14,744 hectares, c'est à peine s'il vit une population de 100 Français: les deux tiers des terres sont données en location ou en métayage aux indigènes. »

Voilà bien le système capitaliste pris sur le vif et agissant selon la logique de son principe: on reçoit gratuitement par la faveur du prince, un immense domaine. Pourquoi s'embarrasser d'y amener des Français, pourquoi y faire des dépenses et s'exposer à des pertes ? N'est-il pas plus simple de toucher des redevances des indigènes en leur laissant le soin de l'exploiter ? Le bénéfice étant le seul but du capitalisme, ce but est atteint ainsi de la façon la plus directe et la plus sûre. L'intérêt général seul est sacrifié.

La Compagnie algérienne a du reste poussé plus loin que la Compagnie genevoise la perfection de cette méthode qui est de la plus pure essence du capitalisme. Toujours d'après M. de Peyerimhof, elle a reçu une énorme concession de 90,000 hectares qui s'étend sur les communes de l'Oued-Zenati, du Kroubs et des Ouled Rahmoun. Elle y avait bâti, en tout et pour tout, deux villages destinés à la petite colonisation. Mais elle a trouvé cet effort exagéré et au lieu de rétrocéder une partie de ses terres comme elle s'y était engagée, elle a jugé plus avantageux de les exploiter elle-même. L'un de ses villages a donc disparu et a été remplacé par une vaste ferme.

L'autre village n'a été sauvé du même désastre que parce que l'Administration lui a affecté douze concessions nouvelles. De la sorte il compte actuellement 33 Français.

Ainsi voilà de riches sociétés capitalistes qui se sont fait octroyer d'immenses territoires à la condition expresse d'en ouvrir une partie aux petits colons français, c'est-à-dire de contribuer à l'occupation effective et nécessaire du sol algérien, de développer le pays économiquement, d'y faire œuvre civilisatrice, en un mot; elles foulent aux pieds les conditions onéreuses du contrat pour en exécuter seulement les conditions avantageuses. Elles se bornent à y toucher des fermages; et de qui? Des indigènes qui, avant notre domination, étaient propriétaires de ces mêmes terres qu'ils cultivaient pour leur compte. Aujourd'hui, réduits à la condition de fermiers et de khammès (métayers), ils doivent apprécier hautement nos bienfaits.

Quelle honte pour la France que des faits de cette nature ! Après avoir vaincu les Arabes et les Kabyles, nous devions leur tendre une main secourable, nous faire leurs éducateurs, nous montrer toujours pour eux justes et paternels. Un tel rôle, digne d'un grand pays, eût légitimé notre conquête. Les grands concessionaires capitalistes se sont bornés à s'enrichir de leurs dépouilles.

Voyons maintenant ce qu'a donné la colonisation officielle d'après le rapport de M. de Peyerimhof qui, quoique favorable à cette méthode, en parle impartialement.

De 1871 à 1895, la colonisation officielle a installé, sur des concessions gratuites ou payantes, dans des centres créés par elle et pourvus d'eaux, de chemins, de bâtiments publics, 13,301 familles françaises. Mais il faut immédiatement remarquer que 7,646 d'entre elles habitaient déjà l'Algérie; elles n'en ont donc pas augmenté la population.

Sur les 5,655 familles françaises de France, qui constituaient un gain pour l'Algérie, 4,899 seulement remplirent les conditions nécessaires pour obtenir leur titre de propriété définitif.

Et 756 autres s'empressèrent de vendre quand le titre définitif leur eut été délivré.

En 1902, un recensement constata que 2,133 familles étaient restées en possession de leurs concessions.

De leur côté, les familles algériennes ne s'étaient pas montrées moins empressées à battre monnaie avec leur titre. Dans l'ensemble le déchet a été de 61,02 pour 100. Et en constatant ce résultat, M. de Peyerimhof ajoute tristement : « Ce déchet semble condamner la colonisation officielle comme ne réalisant qu'une œuvre instable ».

Et cette expérience malheureuse a coûté, de 1871 à 1895, la coquette somme de 81,177,341 francs, soit environ 40,000 francs par famille fixée ! ......

Autre fait cité par M. de Peyerimhof : « En

1885 et 1886, le Gouvernement général de l'Algérie aliène près de 30,000 hectares. Deux ans après, M. Tirman est obligé de reconnaître que, sur ces propriétés importantes, c'est à peine s'il s'est installé 150 Français; la plus grande partie des acquéreurs ont loué aux indigènes, et beaucoup n'attendent, pour leur revendre, que l'expiration du délai légal ».

Après avoir constaté qu'il n'y avait en Algérie, en 1901, pas plus de 250,000 Français d'origine, soit environ le tiers de la population européenne totale, M. de Peyerimhof ajoute : « Cette situation ne tend pas à se modifier à l'avantage de notre race; bien au contraire ».

En effet, la proportion de Français se livrant à l'agriculture en Algérie est plutôt en décroissance. M. Paul Leroy-Beaulieu le constate dans une étude qu'il publie dans la *Revue des Deux-Mondes* du 1er janvier 1908, sous le titre: *La France dans l'Afrique du Nord*. Voici, d'après lui, les chiffres de la population agricole européenne, empruntés d'ailleurs à la *Statistique générale de l'Algérie:*

1887	206.908	habitants.
1898	206.904	—
1904	201.032	—

En 1909, la *Statistique générale* indique le chiffre de 213,756; il y aurait donc un léger relèvement; mais en 1901, elle ne portait que 189,164. Ces écarts doivent tenir à un mauvais recensement, et on n'exagère certainement rien en disant qu'à peu de chose près la population agricole européenne de l'Algérie reste stationnaire.

Mais ce chiffre de 213,756 qui nous est présenté pour 1909, contient une forte proportion d'étrangers. Les Français d'origine n'y entrent que pour 109,677. Encore l'expression: Français d'origine s'applique-t-elle aux Français nés en Algérie de parents français. Bien inférieur est évidemment le nombre des Français qui ont quitté la France pour s'établir en Algérie !

Poussons plus loin l'analyse de ces chiffres: les 109,677 Français d'origine comprennent les personnes des deux sexes et de tout âge. Quant aux chefs de famille français qui sont actuellement propriétaires algériens, ils sont seulement 20,764.

20,764 ! .... Ne croit-on pas rêver en lisant un pareil chiffre !

Quoi, dans cette Algérie, arrosée du sang de nos soldats, et de la sueur de plusieurs générations de colons dont beaucoup ont, à l'origine, payé de leur vie une lutte contre la fièvre plus dangereuse que les balles arabes, dans cette Algérie qui nous a coûté — c'est M. Leroy-Beaulieu qui le dit — environ 4 milliards, défalcation faite des recettes, sur cette terre essentiellement agricole qui fut le grenier de Rome et où l'industrie n'occupe qu'une place insignifiante, l'œuvre de la France, depuis près d'un siècle, se réduit à ce résultat humiliant de n'y avoir fixé que vingt mille propriétaires !

Quelle condamnation plus écrasante pourrait-on porter contre le régime capitaliste !

On peut évidemment alléguer le développement du mouvement commercial qui, à l'importation et à l'exportation, atteint à peu près un milliard, l'accroissement du rendement des mines qui, d'après les constatations de M. Cochery, rapporteur du budget pour l'exercice 1909, a atteint, en 1907, la somme de 37,217,000 francs, le mouvement des ports et encore d'autres indices de prospérité économique. Mais ce sont plutôt là des apparences que des réalités. Le commerce ne produit rien par lui-même. La richesse qu'il peut donner aux uns est prise dans la poche des autres et ne constitue aucun avantage pour le corps social. L'exploitation des mines appauvrit le pays en lui enlevant des valeurs qui y existaient; elle n'y laisse que de maigres salaires dont la plus grande partie va aux indigènes et aux étrangers; quant aux bénéfices ils vont à des actionnaires lointains, qui souvent même ne sont pas Français, et ils sont dépensés en dehors de l'Algérie qu'ils ne reviennent pas fertiliser selon le rôle que les économistes officiels attribuent aux profits capitalistes en général.

La vraie force d'une colonie comme l'Algérie est dans l'intensité de son peuplement en éléments français; sa vraie richesse est dans son agriculture; et nous venons de voir, qu'à ce double point de vue, la colonisation capitaliste a fait faillite.

Mais ne pourrait-on faire mieux, en régime capitaliste, par quelque autre moyen ? M. de Peyerimhof ne paraît pas le croire, car s'il reconnaît la médiocrité des résultats de la colonisation officielle, il constate aussi « l'échec de tous les autres moyens de peuplement ».

M Leroy-Beaulieu n'est pas plus enthousiaste ; il signale avec quelque mélancolie qu'il n'existe, en Tunisie, que 32, 453 Français d'origine, hommes, femmes et enfants, dont un tiers est formé des fonctionnaires et de leur famille.

Aussi cet apologiste opiniâtre du régime actuel est obligé d'avouer l'impuissance de ce régime au point de vue colonisateur ; et son découragement est tel qu'il déconseille l'occupation du Maroc. « Si le Maroc se peuplait d'Européens, écrit-il, il y viendrait 4 Espagnols sur 5 et peut-être 9 sur 10 ».

« Le Maroc, ajoute-t-il, ne peut être pour nous une colonie de peuplement ; encore moins une colonie d'exploitation puisqu'on se résigne par avance à ce que nous n'y jouirions de privilège d'aucune sorte, ni au point de vue douanier, ni à celui des concessions ou de l'exécution des travaux publics.... Nous serions les gardes impayés du Maroc ; nous aurions des responsabilités sans compensations. »

La Convention franco-allemande a bien, effectivement, justifié les appréhensions anticipées de M. Leroy-Beaulieu qui écrivait, trois ans avant sa conclusion : « Nous ne jouirons au Maroc de privilège d'aucune sorte et serons placés sur le pied de l'égalité avec toutes les puissances signataires de l'Acte d'Algésiras ». Faut-il en conclure que nous avons fait une mauvaise affaire? Non, car là où l'anarchie capitaliste n'aboutit à rien de satisfaisant, l'organisation socialiste triomphera de toutes les difficultés, écrasera toutes les concurrences. On en verra la preuve plus loin.

CHAPITRE V

Résultats de la colonisation à base capitaliste en Algérie et en Tunisie *(suite)*.

Dévastation du sol arable par les agents atmosphériques aidés par l'homme. — Ce qu'on faisait jadis pour s'y opposer. — On ne fait plus rien aujourd'hui. — Incurie de l'Administration et des colons. — Nécessité de l'aménagement des eaux. — Un projet de solution. — Travaux de retenue des eaux en montagne. — Plantation rémunératrice qu'ils permettraient. — Irrigations d'hiver en plaine ; leurs heureuses conséquences. — Emploi de l'engrais vert ; ses avantages. — Expérience proposée mais non tentée. — Néant absolu de l'œuvre française en matière de défense et d'amélioration du sol.

Continuons cet impartial bilan des résultats de la colonisation capitaliste dans l'Afrique du Nord.

Ce qui frappe tout d'abord le Français nouvellement débarqué en Algérie ou en Tunisie, surtout le Français du centre ou du nord, c'est l'aspect d'aridité et de tristesse du pays, particulièrement en été.

Sur le littoral, sur les premiers contreforts des montagnes, on aperçoit une végétation qui, en Kabylie et sur la côte Est, notamment, est parfois vigoureuse et drue. Mais à mesure qu'on s'éloigne de la mer, on la voit se raréfier, se réfugier dans les fonds de vallée, devenir rabougrie.

Sur les plateaux c'est la terre nue, et parfois aussi loin que puisse s'étendre le regard, il n'aperçoit pas un arbre !

Vienne une des ces pluies diluviennes si fréquentes en hiver, l'eau affouille profondément cette terre laissée sans défense, creuse dans tous les coteaux des rigoles qui deviennent des ravins et vont s'élargissant sans cesse; partout la terre arable emportée par les torrents va se perdre dans la mer, laissant derrière elle le roc vif où rien ne poussera plus, transformant les contrées fertiles en affreux déserts.

Cette dévastation du sol, cette dépossession de l'homme par la nature n'est pas un fait spécial à certaines régions. Elle s'étend à l'Algérie entière. Et non seulement on ne fait rien pour la combattre, mais la colonisation individuelle, où chacun satisfait son besoin du moment sans ménager l'avenir, accélère, par une destruction inconsciente de la végétation, l'œuvre destructrice des agents atmosphériques.

Dans leur livre, *L'Algérie agricole*, MM. le docteur Trabut et R. Marès signalent cette situation en ces termes :

« Quand les massifs montagneux boisés se sont trouvés aux prises avec une population pastorale dense, les arbres n'ont pu persister, les chèvres détruisant les jeunes sujets et empêchant toute reproduction, les hommes s'attaquant aux arbres faits pour en tirer du bois d'œuvre ou du combustible. Cette destruction s'est accentuée depuis notre occupation par suite de l'accroissement de la population et de la création de centres importants consommant du bois pris à la forêt la plus proche, en dehors de tout contrôle.

« Les colons fixés depuis longtemps dans ce pays commencent à s'alarmer; ils se souviennent des anciens boisements touffus, retenant une terre noire, perméable à l'eau, sur ces flancs escarpés qu'ils voient maintenant nus et se couvrant de ravines plus profondes après chaque pluie; de ces ravines, en hiver, s'élancent des eaux bourbeuses et dévastatrices, inondant la plaine qu'elles ébrèchent et gagnant trop rapidement la mer pour y verser un tribut bien inutile d'éléments liquides et de matières fertilisantes. »

Ainsi, de l'aveu de M. le docteur Trabut, vieil algérien, spécialiste autorisé en matière agricole, auteur de travaux justement estimés, et de M. Marès, inspecteur de l'agriculture, les Français ont continué et intensifié, en Algérie, l'œuvre dévastatrice des Vandales et des Arabes !

Pour achever de mettre en lumière le rôle de notre civilisation capitaliste, il faut opposer à la description de l'état actuel du pays celle de son état ancien. Les mêmes auteurs vont nous la fournir :

« Les recherches archéologiques poursuivies en Algérie et en Tunisie ont démontré que, sous les civilisations anciennes, les eaux que nous voyons si sauvages aujourd'hui, étaient domp-

tées par d'innombrables travaux hydrauliques
qui se succédaient depuis les ravineaux des montagnes jusqu'aux plaines sillonnées de canaux.

.... « En montagne, les ravins étaient garnis
de terrasses de retenue étagées en paliers ; l'eau
était répartie sur de grandes surfaces qu'elle
imbibait, des sources nombreuses étaient ainsi
alimentées. A leur entrée en plaine, les oueds
trouvaient des barrages réservoirs et distribu-
teurs qui les menaient dans les canaux d'irrigation. »

On chercherait vainement dans l'Algérie entière des travaux analogues à ceux qui viennent
d'être décrits. L'incurie des colons n'a d'égale
que celle de l'Administration, et, sauf de très
rares travaux de protection contre les érosions
qui menacent les routes ou les ouvrages d'art,
rien n'y est fait pour s'opposer aux forces de
destruction de la nature.

Seules, quelques tribus du Sud tunisien, région
où la chute d'eau annuelle ne dépasse pas 20
centimètres par an et où la moindre goutte d'eau
a sa valeur, ont conservé les traditions de leurs
ancêtres. Leurs travaux de retenue sont cités,
comme une rareté intéressante, dans le *Bulletin
agricole de l'Algérie et de la Tunisie* du 15 mai
1907.

MM. Trabut et Marès citent cependant un colon français — un seul ! — qui s'est montré
aussi intelligent que les Arabes à demi-sauva-
ges : « Un colon de la région de Tunis, écrivent-

ils dans l'*Algérie agricole*, a organisé sur une propriété de 220 hectares des barrages avec déversoirs latéraux en assez grand nombre pour ne laisser écouler aucune quantité des eaux pluviales.... 1,012,000 mètres cubes ont été ainsi captés.... Une centaine de petits barrages, des trous, quelques sillons et fossés ont suffi pour retenir les eaux ».

Cet exemple isolé ne fait que mieux ressortir la négligence générale, et la démonstration expérimentale du peu d'efforts et de sacrifices nécessaires à la retenue des eaux pluviales rend plus inexcusables les colons qui s'y refusent, et l'Administration qui ne leur montre pas la voie.

On voit que la question de la défense du sol contre la désagrégation que lui font subir les eaux pluviales se lie à celle de l'utilisation de ces eaux pour favoriser la végétation.

« C'est à se procurer l'eau pendant la période de sécheresse, écrit M. Victor Demontès, dans son livre *Le Peuple algérien*, que réside presque tout le problème économique dans l'Afrique du Nord. Là où l'eau est abondante, la terre triple de valeur et la population peut avoir une forte densité. Partout où la pratique de l'irrigation est possible, soit à cause de barrages sur les cours d'eau, soit par suite de l'existence d'une nappe aquifère abondante et peu profonde, le succès de la colonisation est assuré. »

Cette situation, le Gouvernement général de l'Algérie ne peut l'ignorer. Elle lui est signalée par toutes les autorités agronomiques et par les représentants des populations intéressées.

L'auteur de ce livre, ancien colon algérien resté profondément attaché à ce pays comme tous ceux qui y ont vécu, a lui-même, au Congrès de l'Afrique du Nord tenu à Paris du 6 au 10 octobre 1908, présenté et soutenu une proposition qui pose bien le problème sur son véritable terrain et en met en évidence les divers aspects. A ce titre, il est intéressant de la reproduire ici telle qu'elle a été publiée dans le compte rendu officiel des travaux du Congrès :

Le Problème de l'Eau en Algérie

Communication de M. Lucien DESLINIÈRES
Publiciste
Ancien Agriculteur algérien

Ce n'est pas méconnaître la valeur de l'œuvre acomplie par la civilisation française en Algérie que de constater qu'il lui reste beaucoup à faire.

L'agriculture, dont cependant l'importance économique est prépondérante, est encore dans un état d'infériorité que nul ne songe à contester. Il est juste, d'ailleurs, de reconnaître que nos cultivateurs européens et indigènes ónt à lutter contre d'exceptionnelles difficultés climatériques qui, trop souvent, leur font perdre le fruit de leurs efforts. Ce n'est pas une raison suffisante pour renoncer à tout progrès ; c'en est une, au contraire, pour redoubler d'énergie dans la recherche des moyens de vaincre les éléments hostiles.

Cette recherche donnera évidemment un maximum de résultats utiles, si elle néglige les causes secondaires d'insuccès agricole pour s'attacher à la cause principale : l'insuffisance de l'eau. Et comme on ne voit guère qu'il soit au pouvoir de la science d'augmenter la quantité de pluie qui tombe en Algérie, le problème se réduit à tirer tout le parti possible de celle que le ciel nous envoie. Il est rassurant de remarquer, au surplus, que, dans une notable fraction du territoire algérien, elle serait suffisante pour assurer des rendements considérables, si elle était absorbée par le sol en totalité ou même en grande partie. Mais, par suite de l'étendue des surfaces en pente et de l'absence de végétation qu'elles présentent le plus ordinairement, les pluies, d'ailleurs diluviennes à certaines époques et nulles à certaines autres, glissent sur la terre sans y pénétrer, en entraînent les parties les plus meubles, et vont former, dans les ravins et les vallées, des torrents boueux qui causent parfois de grands ravages avant d'aller se perdre dans la mer.

Comment retenir les eaux pluviales ? Comment les faire pénétrer dans le sol et le sous-sol, pour y augmenter les nappes aquifères où s'alimentent les sources, et y créer une réserve d'humidité susceptible d'atténuer l'effet de la sécheresse estivale ? Tel est bien le *problème de l'eau* que les organisateurs du Congrès de l'Afrique du Nord ont, avec juste raison, inscrit dans leur programme d'études.

Les idées que je vais exposer sur cette question ne me sont pas personnelles. Je me bornerai à faire la synthèse des opinions émises par les savants, les agronomes, les praticiens les plus autorisés, et à en dégager une conclusion.

Théoriquement, le problème est en grande partie résolu. Mais il ne suffit pas que la science apporte l'indication d'un procédé pour qu'il entre immédiatement dans le domaine de l'application. Il faut, préalablement, par des expériences pratiques, en vérifier la valeur et s'assurer qu'il n'entraînera pas des dépenses disproportionnées à ses avantages.

Ce sont ces expériences que je propose de faire en ce qui concerne les solutions du problème de l'eau. Il serait excessif d'affirmer que rien, jusqu'à ce jour, n'a été tenté dans ce sens. Mais, à ma connaissance particulière, du moins, aucune expérience n'a été poursuivie avec une persévérance assez grande, un esprit assez méthodique, des vues d'ensemble assez précises et assez complètes pour conduire au but désiré.

I. — UN ÉTABLISSEMENT AGRICOLE A CRÉER

Je demande au Congrès de l'Afrique du Nord de vouloir bien adopter un projet de résolution, invitant M. le Gouverneur Général de l'Algérie à créer un établissement agricole qui aurait à sa disposition une vallée entière, y compris tous les vallons et ravins qui y écoulent leurs eaux, jusqu'à la ligne de faîte qui en forme la limite.

Cette vallée devrait avoir une superficie de 4 à 500 hectares environ, dont 150 à 200 en plaine ou terre labourable légèrement ondulée.

Si une partie de la vallée était la propriété d'Européens, il faudrait s'assurer préalablement leur adhésion à l'expérience, qui, en leur imposant des obligations insignifiantes, augmenterait sensiblement la valeur de leur domaine. En cas de résistance et de mauvais vouloir systématique, on pourrait recourir à l'expropriation.

S'il y existait des indigènes, ce serait une occasion d'étudier par quels moyens amiables on pourrait parvenir à les intéresser à une tentative dont, plus tard, l'application en grand ne serait guère possible s'ils s'y refusaient obstinément.

En combinant la persuasion et la demi-contrainte de l'autorité administrative, en leur fournissant gratuitement les jeunes arbres à planter sur leurs terres, en convertissant en travaux agricoles leurs prestations, au besoin en rétribuant leur travail, on arriverait vraisemblablement à obtenir leur concours. La pression qu'on exercerait sur eux serait, d'ailleurs, légitime, car si notre législation actuelle n'autorise pas le propriétaire du fonds inférieur à exiger du propriétaire du fonds supérieur qu'il fasse les travaux de retenue nécessaires pour empêcher les eaux pluviales de s'épancher torrentueusement à travers ses terres, il n'y aurait rien d'excessif, surtout en Algérie, à considérer ces travaux comme d'utilité publique et à les rendre obligatoires.

L'expérience proposée devant s'appliquer surtout au territoire jouissant du climat méditerranéen, la vallée qui en serait le champ devrait être située au nord de la ligne Souk-Aras-Sétif-Boghari-Tiaret-Saïda-Tlemcen qui, selon M. Rivière (1), forme la lisière des hauts plateaux soumis au climat steppien ou désertique.

Pour être tout à fait concluante, l'expérience devrait être placée dans des conditions de pluviométrie moyennes. Il est évident que sur les bords de la mer, dans la région Fort-National-Bougie-Djidjelli, où il tombe de 1.100 à 1.200 millimètres de pluie par an, on réussirait facilement à reboiser les coteaux et à obtenir dans les plaines de plantureuses récoltes. Mais il resterait à prouver que le même résultat serait possible dans les régions où il ne tombe que 2 ou 300 millimètres d'eau. Le champ d'expérience étant choisi, il y au-

---

(1) *Refroidissement nocturne de l'air et du sol algérien*, 1900, p. 71.

rait lieu d'y construire les bâtiments nécessaires et, pour ne pas perdre de temps, d'y créer immédiatement une pépinière des arbres dont il sera parlé plus loin.

II. — TRAVAUX EN MONTAGNE

Les travaux en montagne comprendraient :

a) Des barrages en travers des ravins ;

b) des fossés horizontaux sur les pentes ;

c) Des plantations en aval des fossés.

a) BARRAGES. — De tout temps, on a employé les barrages échelonnés en travers des ravins pour empêcher l'érosion des terres. Les propriétaires soigneux, et l'Administration des ponts et chaussées elle-même, les emploient encore de nos jours. Il est facile de comprendre, en effet, que ces barrages, en brisant la violence des eaux, les obligent à déposer les éléments terreux qu'elles tiennent en suspension, et, au lieu de dénuder les terres, elles les reconstituent par le colmatage.

Le Gouverneur Général de l'Algérie ayant prescrit, à la date du 23 janvier 1896, sur tout le territoire de la colonie, la recherche et la description des travaux hydrauliques anciens, de nombreux et intéressants mémoires ont été envoyés par les maires, les administra'eurs des communes mixtes et les officiers commandant en territoire militaire. Ces mémoires ont été rassemblés par M. Stéphane Gsell et publiés. On y voit, qu'à l'époque romaine et même à des époques antérieures, des travaux considérables avaient été exécutés pour utiliser, dans l'intérêt de la culture, les eaux pluviales et fluviales. Dans plusieurs mémoires, on signale des barrages en pierres sèches en travers des ravins. Tout permet de croire qu'ils existaient à peu près partout.

Dans les rares vallons où ils ont été entretenus ou reconstruits depuis longtemps, chaque barrage a formé une terrasse plantée d'arbres fruitiers dont la végétation opulente contraste avec l'aridité des alentours. Les indigènes y trouvent les plus précieuses ressources.

« Dans les ravins par lesquels les eaux pluviales descendent à la mer sous forme de torrents, disent MM. Rivière et Lecq (1), on peut établir, de distance en distance, des barrages, ou cavaliers, construits en pierres sèches, ou même simplement au moyen de mottes, de palmiers nains, de souches quelconques. L'eau vient accumuler en avant des branchages, du sable, des pierres, du terreau, et le fond du ravin se trouve ainsi, petit à petit, colmaté, relevé, et en partie nivelé.

« Ces barrages peuvent aussi être faits au moyen de piquets de saules, de rhizomes de bambous, de roseaux, etc., plantés au travers du lit du ravin. A l'automne on accumule, en amont, des herbes sèches, contre lesquelles les eaux apportent des débris de végétaux de toutes sortes et de la terre. L'année suivante, on augmente la largeur du barrage en plantant de chaque côté de nouveaux piquets ou de nouvelles souches de roseaux.

« En exécutant ces travaux sur toute la longueur du ravin, de 50 mètres en 50 mètres, ou à plus ou moins grande distance, selon la déclivité du ter-

---

(1) *Manuel pratique de l'Agriculteur algérien*, 1900, p. 621.

rain, on arrive à combler, en partie, la dépression en la garnissant de terre végétale susceptible d'être cultivée.

« ... Grâce à ce système, les eaux de pluie perdent leur caractère torrentueux et dégradant, et les terres, retenues par les barrages successifs, constituent un revêtement spongieux qui absorbe les pluies au fur et à mesure de leur chute. Il n'y a plus ruissellement à la surface ; mais ces eaux, retenues par les terres, donnent, en aval, naissance à des sources à débit plus ou moins constant et utilisable. Ainsi on arrive non seulement à gagner des terrains fertiles, mais, en outre, ceux-ci forment un véritable filtre-réservoir grâce auquel on peut disposer d'une certaine quantité d'eau pendant la saison estivale. »

Ajoutons que, dès le premier apport terreux derrière le barrage, on peut commencer à y planter des éclats d'oliviers ou de figuiers qui prendront racine et consolideront le barrage. Les plantations d'oliviers ou de caroubiers pourront ensuite être étendues à toute la terrasse, au fur et à mesure qu'elle s'augmentera en largeur et en épaisseur. Les arbres qui croîtront ainsi dans les fonds des ravins seront toujours les plus vigoureux.

b) Fossés horizontaux. — M. E. Châtellain, maire de Jemmapes, conseiller général, a, sous le titre *Fossés horizontaux*, publié une très intéressante étude sur la retenue des eaux en forêts et en pays agricoles. Il préconise la création de fossés horizontaux d'une largeur et d'une profondeur d'un mètre, établis de distance en distance sur les terrains en pente. L'eau pluviale, arrêtée par ces fossés, s'y accumule et s'infiltre peu à peu dans le sol, pour aller partiellement sortir en aval sous forme de sources. De plus, les détritus végétaux se déposent dans ces fossés, dont ils fertilisent les bords.

L'établissement de tels fossés est peu coûteux, car il n'y a pas à se préoccuper de passer au travers des obstacles qu'on peut rencontrer : on s'arrête devant eux et on recommence le fossé derrière, des solutions de continuité ne présentant aucun inconvénient. M. Châtellain évalue la dépense à 40 centimes le mètre linéaire, soit 80 francs pour un hectare pourvu de deux fossés à 50 mètres de distance. Il va de soi que, pour augmenter la capacité de retenue du fossé, on rejette la terre en aval, de façon à former un cavalier solide et bien horizontal.

L'idée de M. Châtellain a recueilli de nombreuses approbations. On ne voit guère les objections qui peuvent y être faites.

Quand la pente du terrain n'est pas trop forte, on peut d'ailleurs faire le travail plus économiquement en employant la charrue. MM. Rivière et Lecq (1) recommandent de faire passer au fond du fossé une charrue fouilleuse qui rompt le sol en le laissant en place et facilite l'absorption de l'eau.

Il est facile de comprendre qu'en combinant l'usage des barrages avec celui des fossés horizontaux, on arrêtera complètement la descente rapide des eaux pluviales, on supprimera les crues et on emmagasinera dans le sol une quantité d'eau considérable.

____

(1) Ouvrage cité, p. 623.

Dans les régions algériennes où la pluie atteint 600 millimètres, ce qui est à peu près la moyenne, il tombe chaque année 6.000 mètres cubes d'eau par hectare. On peut se figurer le parti qu'en tirerait l'agriculture, si une pareille quantité d'eau était utilisée.

c) PLANTATIONS. — Entre les fossés, dans un sol devenu suffisamment humide pour que la végétation résiste aux chaleurs de l'été, il y aurait lieu de faire des plantations d'arbres.

Sauf en quelques points particulièrement abrupts, il ne serait pas nécessaire de recourir aux essences forestières, dont le rendement est toujours très faible. L'Algérie a l'heureuse chance de posséder des arbres fruitiers extrêmement robustes, capables de braver les rigueurs de son climat, surtout lorsqu'on amène un peu d'humidité à leurs racines, et qui, tout en rendant les mêmes services que les essences forestières au point de vue de la retenue des eaux, du rafraîchissement de la température et de la régularisation des sources, sont susceptibles de faire produire aux terrains de montagne des revenus plus considérables que ceux des plaines affectées à la culture ordinaire.

Citons, en première ligne, l'olivier, le caroubier, le figuier et le cactus inerme.

Les uns et les autres s'accommodent de tous les sols et végètent parfaitement dans le Tell algérien, même sur les coteaux les plus arides. Mais leur croissance est plus rapide et leur fructification plus abondante dans les sols profonds où leurs puissantes racines trouvent un peu d'humidité. Il ne paraît pas douteux qu'ils réussissent très bien dans tous les vallons pourvus de fossés horizontaux.

Il n'y a pas à s'étendre longuement sur les mérites de l'olivier qui sont suffisamment connus. Si sa culture est peu rémunératrice dans le midi de la France, elle l'est au contraire beaucoup en Kabylie qui, à la chaleur de sa latitude, réunit un climat relativement humide. Les mêmes conditions se retrouveraient dans les zones plus sèches du Tell, si on y creusait des fossés horizontaux.

En Kabylie un olivier adulte donne de 5 à 8 quintaux d'olives qui se vendent de 6 à 12 francs le quintal. Il y a de 80 à 100 arbres par hectare. Il convient d'ajouter que les bonnes récoltes n'existent que tous les deux ans.

Le caroubier, moins connu, présente peut-être des avantages plus grands encore. L'arbre adulte donne, en Kabylie, de 5 à 10 quintaux de siliques vendues de 6 à 10 francs le quintal. Desséchées et graines mises à part, elles renferment 40 0/0 de leur poids de sucre, de sorte qu'un quintal de caroubes sèches donne 20 litres d'alcool, de mauvais goût il est vrai, mais propre aux usages industriels.

Les caroubes entrent dans la consommation des indigènes ; elles constituent pour tous les bestiaux l'aliment par excellence : les chevaux, ânes et mulets y trouvent presque l'équivalent de l'orge et de l'avoine ; elles réussissent admirablement dans l'engraissement des bovidés et la nourriture des vaches laitières. Le caroubier semble avoir été donné à l'Algérie pour tenir lieu des pâturages d'été qui y font absolument défaut. Suffisamment multiplié, et surtout associé au cactus inerme, il résoudrait la question du bétail, qui reste toujours l'écueil de l'agriculture.

Tout le monde connaît le figuier de Barbarie ou cactus. Mais beaucoup ignorent que son fruit et ses raquettes constituent pour le bétail un aliment sain et rafraîchissant, sinon très substantiel, d'autant plus précieux qu'il arrive à une saison où les troupeaux ne trouvent pas une tige de chaume sur la terre calcinée. Il ne faut pas exagérer, d'ailleurs, l'insuffisance de sa valeur alimentaire puisque, d'après des analyses, elle ne serait guère, pour les raquettes, inférieure à celle de la carotte et serait supérieure pour les fruits. On sait que le nombre de ses dards épineux en rend la cueillette et la préparation très difficiles, mais on ne sait guère qu'il existe une variété dépourvue de piquants, dont l'utilisation est, par conséquent, exempte de ce grave inconvénient. Le cactus végète avec vigueur et produit facilement vingt mille quintaux à l'hectare.

Un mélange en proportions convenables de caroubes et de raquettes ou de fruits du cactus inerme assurerait l'entretien en parfait état du troupeau, qui dépérit et se décime dans les mois d'août et septembre de chaque année, et permettrait de l'accroître en nombre, en poids et en qualité dans une mesure très importante. Quel bienfait inestimable serait pour les indigènes et les colons, la multiplication de ces végétaux !

Le figuier ordinaire fournit aux Kabyles l'un des principaux éléments de leur nourriture. Il rendrait les mêmes services aux indigènes des régions où il est moins commun, si on l'y faisait croître. Les qualités supérieures sont assurées d'un débouché rémunérateur en Europe et les qualités inférieures trouvent toujours acheteur pour la fabrication de l'alcool.

Couvrir de plantations de ces quatre arbres remarquables, grâce à l'établissement préalable de barrages et de fossés horizontaux, tous les coteaux dont la dénudation croissante afflige le regard à perte de vue, dans la plupart des paysages algériens, arrêter les érosions qui, en certains endroits, ont emporté la terre jusqu'au roc vif et menacent des prolonger jusqu'au littoral méditerranéen les tristes hamadas sahariennes, faire sourdre des fontaines dans ces ravines desséchées, faire renaître dans ces mornes solitudes, non seulement la vie, mais l'abondance, la richesse, n'est-ce pas la plus belle œuvre dont puisse s'enorgueillir un pays civilisateur? Nous verrons plus loin comment il serait possible de généraliser les résultats obtenus. On ne peut guère en contester la réalisation dans le champ d'expériences que je propose de créer.

III. — TRAVAUX EN PLAINE

Dans la plupart des vallées où auront été exécutés les travaux qui viennent d'être décrits, le cours d'eau principal, ordinairement à sec à partir de juin ou juillet, deviendra permanent et pourra être employé aux irrigations d'été. Si intéressant que soit ce résultat, ce n'est pas de ce côté qu'il y aura lieu de pousser l'expérience. On est fixé depuis longtemps, en effet, sur les avantages de l'irrigation d'été, pratiquée sur tous les points de l'Algérie par les indigènes et les colons, surtout dans la culture maraîchère. D'ailleurs, même en admettant une notable augmentation de la quantité d'eau qui peut être consacrée aux irrigations d'été, elle ne pourra arroser qu'une faible partie du territoire de culture.

Au contraire, en hiver, le débit des cours d'eau est toujours beaucoup plus considérable et, à cette saison, il est possible d'irriguer de vastes surfaces.

L'irrigation d'hiver n'est encore pas entrée dans la pratique de l'agriculture algérienne, et c'est pourquoi il est nécessaire d'en démontrer la valeur par l'expérience. MM. Rivière et Lecq n'hésitent pas à la recommander.

« Les irrigations d'été, écrivent-ils (1), sont à la fois limitées par les faibles quantités d'eau qui coulent dans les rivières pendant l'été et par la nature même des cultures possibles à cette saison. Les irrigations d'hiver pourraient, à notre avis, rendre de plus grands services, car elles permettraient de féconder de plus grandes surfaces, les eaux qui coulent en hiver dans les cours d'eau étant bien plus considérables qu'en été. C'est ainsi que le Chéliff, qui va jusqu'à débiter 1,450 mètres cubes en hiver, ne donne plus que 1,500 litres à l'étiage. Les irrigations d'hiver, utilisant une partie de ces eaux, permettraient, en incorporant au sol la quantité d'eau nécessaire pour assurer la venue des céréales, de suppléer à l'insuffisance des chutes pluviales.

« A notre avis, le problème de l'aménagement des eaux en Algérie doit donc être envisagé, non

---

(1) *Manuel pratique de l'Agriculteur algérien*, p. 620.

seulement, comme on l'a fait jusqu'à présent, au point de vue des irrigations d'été par l'utilisation des eaux d'étiage, mais plutôt au point de vue des irrigations d'hiver, d'une application plus générale. »

Ainsi, voilà un premier résultat utile des irrigations d'hiver qu'il n'est guère possible de contester : elles atténueront, dans une large mesure, les pertes énormes que causent aux récoltes les sécheresses de printemps ou l'insuffisance des pluies d'hiver. Mais en peut-on attendre davantage ?

On sait combien sont déplorables les conditions de la culture des céréales en Algérie; les colons comme les indigènes, sont obligés d'accorder à la terre une année de repos après chaque récolte, afin de lui permettre de se refaire une petite provision de ce précieux azote qu'ils ne peuvent lui restituer par le fumier de ferme, inexistant, ou les engrais chimiques, trop chers dans un pays de récolte incertaine. Tantôt la terre est livrée à elle-même durant cette année de repos: c'est le système le plus arriéré, celui de la jachère morte; tantôt elle reçoit quelques façons: c'est le système de la jachère labourée, en vigueur à Sidi-Bel-Abbès. Il est préférable au premier; mais sa supériorité est bien relative.

Le pourvoyeur ordinaire d'azote, c'est le fumier; mais, pour avoir du fumier, il faut du bétail, et, pour nourrir le bétail, il faut de l'herbe. Or, l'herbe manque. Comment sortir de ce cercle vicieux ?

On a tout naturellement songé aux légumineuses: luzerne, trèfle, sainfoin, vesce, lupin, etc., qui présentent cette particularité remarquable de fixer l'azote de l'atmosphère dans leurs feuilles, dans leurs tiges et dans leurs racines. Pendant que la tige et les feuilles consommées par le bétail servent à la production du fumier, les racines restées en terre y laissent de l'azote. Seulement, pour avoir des prairies artificielles de légumineuses, il faut ou un terrain très frais, des plus rares en Algérie, ou un terrain irrigué en été. La difficulté se déplace, mais elle n'est pas vaincue.

Si l'on pouvait trouver une légumineuse assez rustique pour supporter, sans le secours de l'irrigation, la sécheresse de nos étés dans les terrains ordinaires, le problème serait résolu. M. Paul Bourde avait cru un moment qu'un sainfoin indigène, nommé *sulla*, remplissait ces conditions. L'expérience n'a pas justifié son espoir et la question reste ouverte.

Eh bien, l'irrigation d'hiver doit en apporter la clef. Tout d'abord, il est évident qu'elle ne peut suppléer à l'irrigation d'été et entretenir la végétation pendant les mois chauds. Elle peut seulement assurer et augmenter notablement la croissance de l'herbe au printemps. Il faut nous contenter de ce résultat, dont les conséquences peuvent être grandes ainsi qu'on va le voir.

Cette végétation printanière, faut-il la livrer sur place à la dent du bétail ou, ce qui revient au même, la lui faire consommer sous forme de fourrage ? On le peut, mais ce serait enlever beaucoup d'azote à une terre qui en est dépourvue. La quantité d'azote que fixent dans le sol les racines des légumineuses est, naturellement, proportionnelle au développement du système radiculaire de ces plantes. La première année, il est encore très minime; ce n'est qu'après plusieurs années de végétation normale qu'il devient considérable. Si donc on fait pâturer ou couper une jeune prairie pour la labourer ensuite, on ne bénéficiera que d'une quantité d'azote tout à fait insigniflante.

Le résultat serait tout différent si on enfouissait par le labourage l'herbe recouvrant le sol au moment où elle atteint une assez grande hauteur. Depuis longtemps, l'*engrais vert* a fait ses preuves et est entré dans la pratique de l'agriculture française. M. Georges Ville, notamment, en a constaté les effets et a donné au procédé, qui existait avant lui, le nom de *sidération*.

D'après ce savant, la quantité d'azote ainsi restituée à la terre peut s'élever à 2 ou 300 kilogrammes par hectare. Il résulte d'expériences faites par lui que l'emploi de la sidération a élevé le rendement d'un champ de blé de 34 hectolitres 80 à 44 hectolitres 80, en même temps que le poids de l'hectolitre passait de 83 à 85 kilogrammes et que celui de la paille s'accroissait de 25 pour 100 (1).

Un propriétaire de l'arrondissement de Meaux, le vicomte d'Avène, écrit à ce sujet: (2)

« Il faut reconnaître que, si la question des engrais verts fait chaque année de nouveaux progrès, c'est qu'en réalité, aucun ne fume la terre plus économiquement et ne donne des récoltes plus abondantes.

« ... Avec l'enfouissement des engrais verts, il n'y a plus de terres stériles.

« ... La sidération est surtout une source de for-

______

(1) *Journal d'Agriculture pratique* du 18 mars 1886, p. 355.
(2) *La Sidération*, p. 2.

lune pour les terres de médiocre qualité, privées de prairies naturelles, où l'entretien du bétail est très onéreux et donne de maigres produits. C'est là surtout que la sidération s'impose. »

C'est, on le remarquera, exactement le cas de l'Algérie.

Les bons résultats de la sidération ne sont contestés par personne. Certains agronomes se sont seulement demandé si, au point de vue pratique, il n'était pas plus intéressant de faire consommer l'herbe que de l'enfouir. L'étude de ce côté de la question semble bien démontrer, en effet, qu'ils ont raison en général; mais l'avantage est de peu d'importance et, d'ailleurs, il ne peut être obtenu que si l'on dispose d'un bétail suffisant pour utiliser intégralement l'herbe produite. Ce n'est pas le cas en Algérie, où, d'autre part, la préoccupation primordiale doit être de fournir de l'azote au sol. On peut donc négliger l'objection.

Dans la plus grande partie des terres algériennes, la sidération est impossible sans l'irrigation d'hiver: lorsque l'herbe a atteint quelques centimètres, elle est presque toujours desséchée par le soleil et par le sirocco. Si, au contraire, des irrigations d'hiver, aussi tardives que possible, ont emmagasiné dans le sol une grande quantité d'humidité, on doit compter obtenir au printemps une végétation assez forte pour que son enfouissement soit très profitable.

Il s'agirait donc d'appliquer le système de la jachère labourée avec irrigations d'hiver et semis de légumineuses à enfouir au printemps. La vesce, le lupin, le trèfle incarnat conviennent pour cet usage.

Il est inutile d'envisager en ce moment la possibilité d'un assolement supérieur; cependant, il n'est pas interdit d'espérer que, dans des terres constamment améliorées par l'irrigation d'hiver et la sidération, on pourra, à un moment donné, et en bien des cas tout au moins, faire de l'agriculture plus scientifique.

Enfin, l'irrigation d'hiver permettra peut-être l'emploi fructueux des phosphates naturels, si abondants en Algérie, mais très peu assimilables dans la plupart des terrains, s'ils ne sont pas préalablement convertis en superphosphates; elle pourra, en outre, assurer la complète assimilation des superphosphates, qui ont besoin d'une certaine quantité d'eau pour être dissous et absorbés. Des expériences méthodiques pousuivies dans ce sens, présenteraient le plus grand intérêt.

CONCLUSION

Il est bien difficile de se refuser à croire que les quatre ou cinq cents hectares de plaine et de montagne, mis en culture par les procédés qui viennent d'être décrits, ne constitueront pas, au bout de quelques années, un splendide domaine qui sera le joyau de la colonie, un oasis de fraîcheur dont la création, dans un milieu aride et stérile, sera la manifestation tangible du pouvoir sur la nature de l'homme guidé par la science.

Il s'agit de savoir d'abord si une telle création rémunérera les capitaux qui y auront été consacrés, ensuite, si elle aura des conséquences utiles au point de vue général.

Bien qu'il s'agisse avant tout de faire des expériences, c'est-à-dire de rechercher les meilleurs procédés culturaux, — ce qui est tout différent de l'agriculture courante où l'on prend soin de n'engager une dépense que si l'on se croit assuré d'une rémunération, — et que, dans ces conditions, les frais de création soient exceptionnellement élevés, il paraît certain qu'au bout d'une dizaine d'années environ, le nouvel établissement couvrira très largement l'intérêt et même l'amortissement du capital engagé. Mais ce n'est pas à ce point de vue étroit qu'il convient d'envisager la question.

Une fois la preuve faite de la valeur des méthodes employées, leur usage se généraliserait de lui-même, par la publicité qui serait donnée aux expériences et à leurs résultats.

La meilleure publicité, d'ailleurs, serait la vue directe du domaine. Et, pour la rendre plus effec-

tive dans toutes les parties de l'Algérie, le gouvernement général pourrait ordonner la création de
plusieurs champs de démonstration analogues. Les
colons et les indigènes seraient vivement frappés
de la merveilleuse transformation accomplie ;
sous la pression et avec les encouragements du
gouvernement général qui pourrait leur accorder
des primes, des dispenses d'impôts, des plants de
jeunes arbres, etc., ils s'efforceraient de suivre
l'exemple.

Il ne semble pas qu'on puisse rien faire de plus
utile pour la prospérité de l'Algérie.

Cette communication reçut du Congrès de
l'Afrique du Nord l'accueil le plus favorable. A
l'unanimité elle fut adoptée et transmise à M. le
Gouverneur général de l'Algérie, ainsi qu'à M. le
Résident général en Tunisie. Inutile d'ajouter
qu'aucune suite ne fut donnée à l'idée.

En résumé, l'œuvre française de protection et
de reconstitution du sol algérien est absolument
nulle. Nous allons voir ce qu'elle a été au point
de vue de l'utilisation de l'eau pour l'agriculture.

CHAPITRE VI

Résultats de la colonisation à base capitaliste en Algérie et en Tunisie (*suite*).

L'irrigation. — Les grands barrages. — Leur sort malheureux. — Une histoire incroyable quoique vraie. — Insuffisance des travaux d'hydraulique agricole. — Plan à exécuter dans le cours d'un siècle. — L'argent manque pour les œuvres utiles. — Tout serait facile en régime socialiste. — Dans le Sud algérien. — L'élevage du mouton lié à la question de l'eau. — On n'a rien fait pour le développer. — Diminution du troupeau ovin et du troupeau bovin. — Terres cultivées et terres inutilisées. — Faible rendement des cultures. — La moitié des oliviers ne sont pas en rapport. — L'exploitation des forêts domaniales. — Recettes et dépenses. — Un franc par hectare de revenu. — Les trois quarts des chênes-liège ne sont pas en rapport. — Le coton, la betterave, faciles à produire, difficiles à écouler en régime capitaliste. — Même écueil pour les autres cultures industrielles.— Fluctuations désastreuses et inévitables des cours. — Supériorité du régime socialiste. — La France ne reçoit d'Algérie que le dixième des oranges qu'elle consomme. — Lenteurs du progrès agricole. — Le *Dry farming* rencontre des résistances. — Ce qu'on ferait en régime socialiste. — Le régime capitaliste ne fait rien et ne peut pas faire grand'chose pour l'agriculture. — Les prairies et l'ensilage des fourrages. — La transformation des phosphates. — Le vignoble ; danger de son extension. — Concentration capitaliste. — Débouchés considérables assurés aux produits de l'agriculture algérienne en France et à l'étranger. — Quelques constatations

du rapport de M. Cochery. — Situation des indigènes. — Amélioration insuffisante de leur condition.
— Leur misère. — Spoliations et vexations dont
ils sont victimes. — Leur mécontentement. —
Emeutes et exodes. — Les méfaits du régime capitaliste. — Conclusion.

Ainsi qu'on l'a vu au chapitre précédent, l'irrigation d'été, qui serait particulièrement précieuse, est limitée par la faible quantité d'eau dont
on dispose en cette saison. Aussi se préoccupe-
t-on vivement, depuis plusieurs années, de l'irrigation d'hiver et de printemps qui peut, dans la
plupart des cas, assurer et augmenter les récoltes
de fourrages et de céréales. Sur les résultats
qu'elle doit donner, toutes les autorités agronomiques sont d'accord.

Dans l'application, rien, absolument rien n'a
été fait.

Seule l'irrigation d'été a fait l'objet de travaux dans quelques régions favorisées. Mais
alors que les anciens se contentaient de créations modestes, qui d'ailleurs atteignaient parfaitement le but, nos ingénieurs en mal de dé-
corations et d'avancement ont voulu faire grand.
On verra plus loin quel succès ils ont obtenu.

« On a beaucoup dépensé, disent MM. Trabut
et Marès, dans le livre déjà cité, pour édifier de
grands réservoirs. Peut-être eût-il été plus pratique de commencer par de simples prises d'eau
en rivière qui, dans la vallée du Chélif, notamment, auraient donné déjà des résultats impor-

tants. Ces prises d'eau se font sans frais quand elles sont directes. Souvent elles ne peuvent avoir un grand débit qu'en hiver; mais avec deux irrigations dans la période des pluies, on peut obtenir d'importantes récoltes. »

Donc nos ingénieurs ont créé de magnifiques barrages; mais comme ils n'avaient pas pris préalablement la précaution de retenir les eaux torrentueuses dans les ravins par les procédés plus haut indiqués, il est arrivé que les barrages ont été emportés ou que les réservoirs qu'ils formaient se sont envasés.

Le barrage du Sig, achevé en 1883, a été détruit deux ans plus tard; celui de l'Habra, terminé en 1871, a eu presque immédiatement des fissures qui se sont élargies pendant plusieurs années sans parvenir à attirer sur elles la sollicitude de l'Administration. Si bien que, dans la nuit du 14 au 15 décembre 1881, le barrage s'est effondré, ravageant toute la vallée et faisant de nombreuses victimes. L'un et l'autre ont été reconstruits d'ailleurs.

Pour être moins tragique, l'histoire du barrage du Haut-Chélif, à 25 kilomètres en amont d'Orléansville, n'en est pas moins instructive.

Cet ouvrage qui forme la plus importante prise d'eau en rivière d'Algérie, a coûté 2 millions 402,000 francs. Il peut arroser 2,400 hectares sur la rive gauche du fleuve et 7,700 hectares sur sa rive droite.

Or, bons lecteurs qui pouvez avoir encore

quelques illusions sur le régime capitaliste, savourez bien cet extrait du livre de MM. Trabut et Marès (page 94) : « Sur 1,500 litres à la seconde que peut fournir l'une des rigoles d'arrosage, 400 seulement sont souscrits par les usagers; *les 1,100 autres retournent inutilisés au Chélif* ».

Ainsi c'est pour renvoyer l'eau au Chélif qu'on a dépensé deux millions et demi afin d'en élever le niveau !.... Pourrait-on le croire sans l'affirmation de deux auteurs sérieux ! Et cependant le fait s'explique fort bien : Puisque nous vivons en régime capitaliste et que tout travail a pour but la réalisation d'un profit, l'Administration a établi le prix de revient de l'eau et a tenu à se faire payer au moins l'intérêt du capital immobilisé. Elle a donc imposé aux futurs arrosants des redevances *perpétuelles* de 60 à 80 francs par hectare. Plutôt que de grever leurs héritages d'une charge aussi lourde, sans pouvoir s'en débarrasser jamais, beaucoup de propriétaires ont préféré ne pas arroser. Et voilà comme quoi l'eau retourne à la rivière.... où il aurait été plus simple de la laisser.

Etait-il exagéré de dire que l'histoire était instructive ?

Il y a quelques années, on estimait que le quart des terres irrigables d'Algérie étaient irriguées. On ne considérait alors comme irrigables que celles auxquelles on pouvait appliquer l'irrigation d'été. Si on avait voulu comprendre celles où l'irrigation d'hiver serait possible, la proportion irriguée n'eût certainement pas été du vingtième. Depuis, le service de l'hydraulique agricole, récemment créé, a fait quelques travaux relativement peu importants; mais aucune statistique récapitulative ne permet de connaître le nombre d'hectares ainsi acquis à l'irrigation ni la surface restant à irriguer.

Il est juste de mentionner actuellement le forage d'assez nombreux puits artésiens dans les oasis du Sud, notamment dans la vallée de l'oued Rhir, dont les sources naturelles diminuaient en restreignant graduellement les cultures. Cette œuvre est bonne; mais les moyens d'action lui ont manqué et les services rendus sont trop inférieurs aux besoins.

Ce n'est pas que le Gouvernement général de l'Algérie n'ait pas songé à aborder en face le problème de l'eau. Un vaste plan a été dressé en 1890, dit M. Ch. de Galland, dans les *Petits Cahiers algériens;* l'exécution en coûterait 60 millions. Mais comme en régime capitaliste l'argent, moteur de toute activité, fait toujours défaut pour les œuvres utiles, on n'y consacre que 600,000 francs par an environ; de sorte qu'on peut, comme le faisait observer M. Burdeau, en prévoir l'achèvement dans un siècle !....

Arrêtons-nous un instant à analyser cette situation paradoxale : la France envoie chaque année des milliards à l'étranger pour y créer des chemins de fer, des ports, etc....., et elle ne

trouve pas 60 millions pour arroser son sol algérien. Comment cela peut-il s'expliquer ?

Toujours par les principes fondamentaux du
régime capitaliste, où l'on ne réalise aucune
opération si l'on n'y doit trouver un profit sous
forme de revenus ou de dividendes, et surtout si
les intermédiaires ne touchent pas de fortes commissions. Les États, les Villes, les Compagnies
étrangères qui ont besoin de nos fonds ne manquent pas de témoigner leur reconnaissance son-
nante aux grands établissements de crédit à qui
elles s'adressent pour se les procurer, et c'est
pourquoi ceux-ci drainent l'épargne nationale
sans se préoccuper des risques qu'elle va courir,
ni de la gêne que son exode pourra causer au
pays. Aucune considération d'intérêt général ne
peut se présenter à leur esprit; c'est leur intérêt particulier immédiat qu'ils ont exclusivement en vue.

Mais, dira-t-on, l'Algérie pourrait, elle aussi,
payer aux requins de la haute finance le tribut
sans lequel on ne peut rien en obtenir. Elle pourrait même se passer de leur concours et s'adresser directement au public. C'est parfaitement
vrai. Mais après avoir emprunté il faut pouvoir
payer l'intérêt des capitaux reçus. Et pour cela
un accroissement des revenus est nécessaire. Il
faudrait donc que les travaux d'hydraulique
agricole et de préservation du sol à entreprendre eussent pour conséquence immédiate une
plus-value dans les recettes du budget. Or, tel
n'est pas le cas, évidemment. Si de tels travaux

présentent au plus haut degré le caractère d'utilité publique, s'ils doivent avoir pour effet certain d'accroître considérablement la production agricole algérienne, on ne peut rien en attendre au point de vue fiscal, sinon dans un avenir assez éloigné. Nous avons vu qu'à exiger des arrosants des redevances trop fortes on les met dans l'impossibilité de prendre l'eau. Si on la leur donne gratuitement on augmentera leur revenu, mais non celui du trésor public; et voilà pourquoi le problème est insoluble.

En régime socialiste, l'Algérie, propriétaire de tout son sol, trouverait dans l'augmentation de sa productivité des ressources suffisantes pour payer les intérêts des emprunts qu'au début elle pourrait contracter. Mais l'organisation du travail producteur, supprimant les intermédiaires et le chômage, mettrait toujours à sa disposition la main-d'œuvre nécessaire pour exécuter rapidement les plus vastes programmes de travaux d'amélioration du sol, et c'est pourquoi elle pourrait entreprendre même ceux dont le rendement effectif serait lointain.

Mais revenons à notre examen de la situation actuelle :

Il existe dans le Sud de l'Algérie quarante millions d'hectares de terres arides, calcinées par le soleil et desséchées par les vents, où l'on ne trouve des arbres que dans les replis du terrain. Une partie de cet immense territoire forme la région des Hauts-Plateaux, l'autre le Sahara algérien. Pourtant l'herbe y pousse presque partout après les pluies d'hiver, et sur divers points, certaines variétés rustiques persistent toute l'année. C'est le pays du mouton. Des millions d'animaux de l'espèce ovine y sont conduits par des Arabes pasteurs; l'hiver ils descendent vers le Sahara; l'été ils remontent sur les plateaux. On pourrait tripler et quadrupler leur nombre. L'herbe ne manquerait pas ; seule l'eau fait défaut dans beaucoup de districts. Mais, presque partout, il est facile d'en avoir soit en forant des puits artésiens ou des puits ordinaires, soit en captant des sources, soit en retenant les eaux de pluie dans des réservoirs nommés *r'dirs*.

Par les soins du Gouvernement général, une étude complète, avec cartes et descriptions détaillées a été faite des pâturages et des ressources en eau. Elle a été publiée en un énorme et superbe volume, édité avec grand luxe, en 1893, sous le titre: *Le Pays du Mouton*. C'est un travail consciencieux où l'on trouve tous les éléments de la question. Il montre le triste état dans lequel l'incurie arabe et l'incurie administrative combinées ont laissé les points d'eau sans lesquels les meilleurs pâturages sont inutilisables: les puits n'ont ni margelles, ni couvertures, ni coffrages; ils sont envahis par les sables et les détritus; il faudrait les reconstruire avec des auges en maçonnerie.

Les sources, souillées par les déjections des animaux, deviennent autant de foyers de propagation des épizooties; il faudrait les capter et y établir des abreuvoirs.

Les r'dirs, dépressions de terrain où un barrage de terre arrête et accumule les eaux pluviales, étant à ciel ouvert, sont taris par l'intense évaporation d'été au moment où les troupeaux auraient le plus besoin de s'y désaltérer. Les animaux y entrent pour boire, les troublent, les souillent et en corrompent l'eau que le soleil n'a pas absorbée. Il faudrait les approfondir, les couvrir par des voûtes abritées elles-mêmes par des plantations d'arbres, établies en aval des abreuvoirs où l'eau ne s'écoulerait qu'au fur et à mesure des besoins.

Il faudrait enfin créer des puits ordinaires, des puits artésiens ou des r'dirs partout où la possibilité en serait reconnue.

Voilà un beau programme, bien digne de la sollicitude d'une administration soucieuse de ses devoirs. Son exécution mettrait en valeur d'immenses régions désertiques impropres à toute culture et où le mouton seul peut trouver sa subsistance.

On n'a rien fait, ou pour ainsi dire rien; et au lieu d'augmenter, le troupeau ovin de l'Algérin ne fait que décroître. Après avoir atteint 15 millions de têtes il y a environ quarante ans, d'après les *Petits Cahiers Algériens* déjà cités, et être tombé, à la suite d'exceptionnelles sécheresses, à moins de huit millions, il s'est un peu relevé et était en 1909 de 9,066,916 têtes. Il y a donc sensible recul.

Cette décroissance du troupeau ovin de l'Algérie a été constatée, au Congrès de l'Afrique du

Nord d'octobre 1908, par trois orateurs, tous très compétents, qui ont traité cette question: MM. Bounhiol, docteur ès sciences, professeur à l'Ecole supérieure des Sciences d'Alger, Weil-Schweitzer, négociant à Constantine, et Treille, ancien sénateur de Constantine, et le Président du Congrès a résumé les vues échangées dans cet ordre du jour qui constate bien qu'aucune mesure sérieuse et efficace n'a été prise dans l'intérêt de l'élevage du mouton :

« Le Congrès, frappé de l'insuffisance relative du cheptel ovin de l'Afrique du Nord et de la possibilité comme de l'intérêt qu'il y aurait d'entretenir un troupeau plus important ;

« Emet le vœu que le gouvernement fasse un effort sérieux et méthodique notamment en vue de l'aménagement des points d'eau, ainsi que des abris et réserves d'hiver, de l'interdiction de l'abatage des brebis pleines et de la sélection des reproducteurs. »

Il est piquant de remarquer que le Président du Congrès qui a rédigé cet ordre du jour et pris acte de l'inanité de l'œuvre de l'administration n'était autre que M. de Peyerimhoff, ancien directeur de l'Agriculture au gouvernement général de l'Algérie !... M. de Peyerimhoff avait donc conscience de ce qu'il y aurait eu à faire; ce n'est pas par ignorance, mais par impuissance qu'il ne l'a pas accompli; impuissance due au défaut de ressources résultant des gaspillages de la société capitaliste, et de sa mauvaise organisation.

Ajoutons que l'élevage du mouton, pratiqué exclusivement par des Arabes nomades, est resté à l'état de barbarie des temps primitifs. La reproduction est livrée aux caprices de la promiscuité ; rien n'est fait pour améliorer les races par la sélection et les croisements ; nul abri ne préserve les nouveaux-nés des intempéries.

Au fond, tout le monde se désint'resse de cette industrie pastorale qui ne peut pas devenir une entreprise capitaliste donnant des dividendes.

Pendant que nous en sommes aux moutons, signalons que le nombre des autres animaux domestiques ne s'accroît pas davantage :

Il y avait, en 1002, d'après la *Statistique générale*, 231,737 chevaux ou poulains ; il y en avait 233,243 en 1909. État stationnaire.

On comptait : 1,233,051 bœufs, vaches et veaux en 1890, 1,035,104 en 1900, 1,092,202 en 1909. Diminution sensible. Les six septièmes des bovins appartiennent aux indigènes. L'Algérie reste tributaire de l'étranger de 4 à 5,000 têtes de gros bétail ;

163,018 mulets et mules en 1900 ; 187,339 en 1909 ;

263,501 ânes en 1900 ; 278,250 en 1909 ;

Léger progrès sur ces deux catégories ; le mérite n'en revient qu'aux indigènes ;

81,174 porcs en 1900 ; 110,700 en 1909. Progrès plus sensible, dû à l'accroissement de la population européenne des villes.

Dans l'ensemble, stagnation avec tendance au

recul. Voilà, du côté des animaux domestiques, les résultats de la colonisation à base capitaliste.

Le néant de l'œuvre accomplie est signalée par M. Roger Marès, professeur départemental d'Agriculture à Alger, dans une communication au Congrès de l'Afrique du Nord d'octobre 1908, en ces termes qui, dans leur concision, sont une condamnation écrasante pour le régime : « En fait, tout reste à faire, en matière d'élevage en Algérie ».

Passons aux cultures :

Voici d'abord quelques chiffres extraits de la *Statistique générale de l'Algérie:*

Années	Surfaces possédées par les Européens en hectares	Surfaces cultivées en hectares
1901	1.508.558	758.547
1902	1.537.355	762,666
1903	1.571.332	740.043
1904	1.621.784	814.640

Comme on le voit, la surface possédée par des Européens s'accroît d'année en année, ce qui s'explique par l'attribution de concessions nouvelles et l'expropriation judiciaire des indigènes ; mais la proportion des terres effectivement cultivées se maintient aux environs de 50 pour 100. Le surplus, dit M. Victor Demontès, dans le *Peuple Algérien,* reste en jachère ou en friche. Que de terrain perdu pour la production !

La *Statistique générale* indique pour 1909 une surface cultivée par les Européens de 1,031,282 hectares ; mais elle ne porte pas la surface possédée.

La même *Statistique générale* nous donne les rendements pour 1909. Bornons-nous à en extraire les chiffres relatifs aux cultures européennes de blé :

Nature du blé	Surfaces ensemencées en hectares	Récoltes en quintaux
Blé tendre......	213.850	1.600.467
Blé dur........	232.186	1.689.966
Totaux....	446.036	3.290.433

Ce qui fait une moyenne d'un peu plus de 7 quintaux par hectare. Encore faut-il observer que l'année 1909 a été excellente ; le rendement pour 1911, non encore exactement connu, est sensiblement inférieur.

Une bonne culture ne devrait pas produire moins de 20 quintaux par hectare dans des terres médiocres. On voit par là les progrès restant à réaliser dans l'agriculture algérienne.

Même observation en ce qui concerne l'olivier dont la *Statistique générale* constate, en 1909, que 6,905,385 seulement sont en rapport sur 12,007,008 arbres existant dans la colonie.

Des arbres fruitiers aux forêts, la transition est facile.

On évalue à 3,250,000 hectares la superficie totale des forêts algériennes, dont une partie, il faut le déclarer, n'est que de la broussaille.

La statistique de l'Administration des forêts fixe à 2,144,000 hectares la surface des forêts domaniales, dont 570,000 hectares de pins d'Alep, 460,000 hectares de chênes verts et kermès, 240,000 hectares de chênes-liège, 100,000 hectares de thuyas, etc.

Or, toujours d'après les chiffres de l'Administration des forêts publiés par la *Statistique générale*, le produit brut de cet immense domaine s'est élevé, pour l'année 1908, à 5,918,822 francs.

Pour connaître le bénéfice net, il faut déduire de ce chiffre les dépenses du service forestier algérien pendant la même année. Nous le trouvons au Budget de l'Algérie; il s'élève à 3 millions 619,930 francs.

Le produit net des forêts domaniales a donc été, en 1908, de 2,299,892 francs, soit un revenu d'un peu plus d'un franc par hectare.

Il est vrai que sur les 5,918,822 francs de recettes brutes, le liège figure à lui seul pour 3,709,418 francs, c'est-à-dire environ pour les trois cinquièmes; et, comme il n'en existe que 240,000 hectares, on voit le peu que donnent les autres essences forestières.

Mais du moins, puisque les forêts de liège sont si précieuses, puisqu'elles donnent à l'État un revenu aussi important, on doit penser que l'Administration les a entourées de tous ses soins, qu'il n'en a laissé aucune parcelle sans la mettre en production. Or, que disent MM. Trabut et Marès, dans l'*Algérie agricole* déjà citée ?

« Les forêts algériennes actuelles donnent 70 à 90,000 quintaux de liège valant 4 à 6 millions de francs... quand la totalité sera mise en valeur, on peut prévoir 320,000 quintaux d'une valeur de 20 millions. »

Ce qui, à défaut d'indications de l'Administration intéressée, revient à dire que le quart environ des forêts de liège algériennes est exploité.

Et qu'on n'allègue pas la difficulté des débouchés, car MM. Trabut et Marès, auteurs tout à fait compétents, n'écrivent pas: *Si la totalité était mise en valeur*, mais: QUAND *la totalité sera mise en valeur*, ce qui en reconnaît la possibilité. Ils ajoutent d'ailleurs que le liège est un produit rare et que la France, avec l'Algérie et la Tunisie possède la moitié des chênes-liège du monde.

Voilà quel parti l'administration capitaliste sait tirer des richesses qui lui sont confiées !...

Ce serait de la part des adversaires du socialisme, une mauvaise plaisanterie de prétendre nous opposer ces faibles résultats en alléguant qu'ils sont précisément un exemple de l'administration de l'Etat. Rien de commun, en effet, entre l'Etat actuel qui se borne à traiter avec des particuliers auxquels il vend des coupes de bois ou concède des forêts moyennant redevances, et l'Etat socialiste qui exploitera par lui-même sans jamais recourir à des intermédiaires dont le concours est toujours trop coûteux. Il était nécessaire de répondre par avance à un argument qui, cent fois percé à jour, usé jusqu'à la corde, reste encore d'un usage courant sous la plume de contradicteurs mal pourvus de raisons meilleures.

Vers quelque branche de l'agriculture algérienne qu'on porte ses regards, on constate que le régime capitaliste oppose à son expansion des obstacles parfois insurmontables. Prenons quelques exemples :

Le coton réussit certainement très bien, sinon dans toute l'Algérie, du moins dans certaines parties. Il était cultivé avec succès par les indigènes avant l'occupation française. La culture en fut reprise sous l'Empire pendant la guerre de Sécession qui privait l'Europe du coton américain et faisait monter les cours. De 1858 à 1867 elle fut très florissante, tant à raison des hauts prix que d'une prime de 10 francs par hectare accordée aux producteurs de coton. Mais la prime fut supprimée, les cours tombèrent, le fret augmenta et la culture du coton disparut. L'élévation du fret fut une des principales causes de sa ruine. Que de fois la cupidité ou la mauvaise administration des compagnies de transport ont fait échouer des tentatives agricoles et industrielles intéressantes !

La culture du coton n'a été reprise en Algérie que depuis quelques années; elle y est encore insignifiante, mais aurait tendance à se développer rapidement puisque la production est passée de 12,000 kil. en 1906 à 38,000 kil. en 1907. Mais la grande difficulté, en régime capitaliste, n'est pas de produire, c'est d'écouler, et d'écouler à un prix rémunérateur. Qu'importe aux marchands de coton, qu'importe aux grands filateurs qu'un produit soit d'origine française ou étrangère ? sa qualité et son prix sont seuls à considérer. D'ailleurs, on a l'habitude des cotons américains et égytiens. Pourquoi s'embarrasser d'en utiliser une nouvelle sorte qui, au début, exigera peut-être quelques soins spéciaux ou quelques modifications aux procédés courants ? L'intérêt national serait d'encourager la culture du coton dans les colonies françaises et d'affranchir le pays de l'énorme tribut que fait peser sur lui l'importation de cette précieuse matière première. Mais l'intérêt de chaque industriel en particulier est d'avoir, pour le moins de dépense possible, de la marchandise de qualité éprouvée et dont la manipulation est familière à son personnel. Il a donc tout avantage à ne pas quitter ses fournisseurs habituels pour faire sur des produits nouveaux des essais dont les résultats sont incertains; il lui est, au surplus, tout à fait indifférent que son argent aille en Amérique, en Egypte ou en Algérie.

Voilà pourquoi le coton algérien trouve si difficilement preneur. Ce n'est que sur l'initiative d'un industriel, M. Dufêtre, qui assurait la vente des récoltes, que cette culture a pu être de nouveau tentée. Les colons, envers qui il avait pris des engagements fermes, marchaient en toute confiance. Par malheur, M. Dufêtre est mort, et voilà l'ère des difficultés rouverte. Aussi, le 17 novembre 1908, M. Jonnart, gouverneur de l'Algérie, écrivait à M. Esnault-Pelterie, président de l'Association cotonnière coloniale, pour lui faire part de la triste situation des cultivateurs de coton algérien, privés subitement de débouchés: « Le marché du Havre, disait M. Jonnart, abondamment alimenté, par les cotons américains, n'est guère favorable aux variétés égyptionnes cultivées dans notre colonie ».

N'est-il pas évident que la France socialiste organiserait immédiatement la production du coton dans ses vastes colonies et cesserait d'en acheter à l'étranger ?

C'est aussi notre détestable régime économique qui empêche en Algérie la culture de la betterave sucrière, bien qu'elle y végète dans les meilleures conditions: « Les analyses de betteraves à sucre obtenues en Algérie en terre sèche ou arrosée, écrit M. Rivière, directeur du Jardin d'essais d'Alger, dans sa brochure *Les cultures industrielles en Algérie*, ont montré que ces racines avaient une richesse à peu près égale à celles mises en œuvre dans les sucreries de la France. »

« L'Algérie, écrit un colon au *Bulletin agricole de l'Algérie et de la Tunisie*, le 15 février 1901, est, si l'on peut dire, un pays d'élection pour la betterave. Elle y trouve toutes les conditions favorables à sa croissance rapide, à son enrichissement en sucre, à sa bonne conservation... Il m'est arrivé de récolter, une seule fois il est vrai, plusieurs centaines de mille kilog. à l'hectare, c'est-à-dire trois fois autant, au moins, que les cultures les plus réussies de France... Jamais je n'ai obtenu moins de 85,000 kilog. à l'hectare... On peut laisser les racines en terre jusqu'à ce que la consommation s'en achève, vers le milieu de février. Leur conservation y est parfaite et elles continuent même à prendre du poids. »

Mais pour qu'un colon cultive la betterave sucrière, il faut qu'il ait à proximité de sa ferme une sucrerie ou une distillerie qui lui achète sa récolte. Et pour que ces établissements se créent, il faudrait qu'à l'avance ils fussent assurés d'une quantité de betteraves déterminée. En régime socialiste, où tout est organisé, rien de plus simple que d'assigner à la production de la betterave un territoire irrigué d'une superficie suffisante pour satisfaire aux besoins de la consommation, puis d'y installer en un point bien choisi une usine pour la transformation des produits. Aucune préoccupation à avoir, d'ailleurs, du côté de l'écoulement du sucre fabriqué : c'est lui et lui seul, s'il est en quantité suffisante, qui sera livré aux consommateurs dans les magasins nationaux. Si la qualité est, au début, un peu inférieure à celle des sucreries anciennes, si le prix de revient est un peu plus élevé, on avisera par la suite à perfectionner la fabrication, mais en dépit de toute concurrence, on n'en emploiera pas d'autre.

En régime capitaliste il est difficile de trouver un terrain irrigué et libre d'autres cultures assez vaste pour y récolter la quantité de betteraves indispensable à la fabrication; il est difficile ensuite de déterminer les colons à entreprendre cette culture nouvelle pour eux et dont ils ignorent les aléas; il est presque impossible de passer d'avance avec eux des traités leur garantissant la vente de leurs récoltes à un prix rémunérateur. Comment l'industriel fixerait-il des prix pour une période prolongée lorsqu'il ignore ceux que pratiqueront ses concurrents ? Que vaudraient, d'autre part, les engagements souscrits par les colons ? Quelle sanction aurait contre eux l'industriel si, trouvant une culture plus rémunératrice, ils l'abandonnaient avec son usine devenue inutile ? Et enfin, si, tous ces obstacles supposé écartés, l'industriel arrivait à fabriquer du sucre de bonne qualité et à un prix raisonnable, qui lui donnerait la certitude de le voir accepté par les consommateurs de préférence aux anciennes marques ? Comment résisterait-il aux sucreries métropolitaines si elles se coalisaient pour l'écraser par un abaissement momentané des cours ?

On conçoit que de telles causes d'insuccès découragent les initiatives les plus hardies et que l'industrie sucrière ne puisse pas s'établir en Algérie.

Des considérations analogues s'opposent à la création de toutes les autres industries agricoles et des cultures dont elles absorberaient les produits.

La ramie, cette ortie de Chine, dont la fibre

est si justement appréciée, pousse parfaitement bien en Algérie dans les terres fraîches et profondes, surtout si elles sont irriguées.Plus rustique, le sisal américain, précieux textile qui, au Mexique, a fait la fortune du Yucatan, pousse dans les sols les plus arides et les plus pauvres. Sa culture permettrait d'utiliser de vastes terrains laissés en friche. On l'a expérimentée sur le littoral algérien; elle y réussit à merveille.

Mais il faut pouvoir décortiquer sur place la tige de la ramie et défibrer la feuille du sisal. La question revient donc, comme pour la betterave, à la création d'usines et se heurte aux mêmes difficultés. Et voilà pourquoi on ne cultive en Algérie ni l'un ni l'autre de ces intéressants textiles.

Le tabac est une culture essentiellement algérienne. Les feuilles sont vendues après un simple séchage et leur prix élevé leur permet de supporter des frais de transport. Pourtant cette culture a traversé des crises décourageantes pour les colons qui s'y livrent. L'une des plus graves s'est produite en 1909. Le *Bulletin de l'Afrique française* de septembre 1909 qui la signale, dit qu'au marché des Issers du 16 août 1909, les cours sont tombés de 20 et 25 francs à 8 francs. Ailleurs ils ont été de 6 francs et même de 4 francs. Le *Bulletin de l'Afrique française* constate « la désillusion, le désappointement et la colère des planteurs ». Il nous apprend aussi la cause de la crise qui est la surproduction résultant de plantations exagérées et d'une année exceptionnellement favorable.

Comment éviter l'excès des plantations en régime capitaliste ? Chaque colon ignore ce que font les autres. Tantôt ils planteront trop, tantôt ils ne planteront pas assez. Et faute de régulateur, les cours s'affolent; leurs variations, bien plus fortes que les écarts de production, sèment la ruine chez les cultivateurs. L'agriculture devient un jeu de hasard et souvent la pauvreté naît de l'abondance.

Qu'on oppose par la pensée à ce désordre et à cette insécurité l'organisation socialiste si simple et si stable, qui règle les surfaces à planter sur les besoins de la consommation, corrige par des magasins de réserve les influences climatériques et assure ainsi la fixité des cours, d'autant plus facilement réalisable que l'État est le seul acheteur et le seul vendeur. Quel esprit raisonnables pourra donner la supériorité à l'anarchie actuelle ?

Partout le régime capitaliste montre son insuffisance. Dans son rapport, déjà cité, M. Cochery constate que l'Algérie pourvoit seulement au dixième de l'importation des oranges en France. Le dixième ! quand les conditions les plus favorables à la culture de l'oranger sont réunies en Algérie ! Mais l'établissement d'une orangerie nécessite une mise de fonds importante et il faut ensuite attendre les résultats plusieurs années. L'opération n'est pas à la portée des petites bourses. Et la France continue à rester tributaire de l'étranger.

Le progrès agricole ne se réalise qu'avec une

désolante lenteur chez des colons dont la plupart manquent de ressources pécuniaires et d'instruction. Beaucoup aussi sont des agriculteurs d'occasion n'ayant de leur nouveau métier qu'une connaissance tout à fait superficielle, sans aucune expérience. Très éprouvés d'ailleurs par les vicissitudes climatériques, qui sont excessives en Algérie, ils accueillent avec un scepticisme extrême les innovations qu'on leur recommande.

C'est ainsi que, dans la plus grande partie de l'Algérie, la culture des céréales en est encore à suivre la pratique indigène arriérée de la jachère morte, consistant à laisser la terre au repos une année sur deux. Le système évidemment préférable de la jachère labourée prévaut cependant dans quelques régions; mais la nouvelle méthode américaine du *dry farming,* dont la supériorité est incontestable, et qui s'applique on ne peut mieux au climat sec d'une partie de l'Algérie, rencontre des résistances générales; on se demande d'ailleurs pourquoi. Au lieu de retourner la terre en été et de l'exposer aux rayons brûlants du soleil, comme dans le système de la jachère labourée, le *dry farming* laboure profondément avant l'hiver pour permettre à la terre d'absorber beaucoup d'eau, et l'été il se borne à en ameublir la surface par des hersages répétés. Il est établi que ce procédé emmagasine dans la terre des réserves d'humidité considérables et accroît la récolte dans d'énormes proportions; il permet même de faire des récoltes dans des terres arides qui, par la culture ordinaire, ne produiraient absolument rien.

Le *dry farming,* très prôné par les publications agricoles et par les professeurs d'agriculture, a été l'objet d'expériences de la part de quelques colons plus avisés. L'un d'eux en rend compte dans la *Dépêche de Constantine* que reproduit le *Bulletin de l'Office du Gouvernement général de l'Algérie* en novembre 1911. Voici sa conclusion : « Si nos emblavures avaient été toutes dry farminisées, nos batteuses n'auraient pas tourné à vide cette année, car le sirocco n'aurait pas enlevé à l'Algérie, en juin dernier, 10 millions de quintaux de céréales, soit 200 millions de francs ».

On peut donc s'étonner qu'il ne se dessine pas plus rapidement, en Algérie, un courant de faveur pour la méthode américaine. Cependant il serait peut-être excessif de n'attribuer les hésitations des colons qu'à l'esprit de routine. En réalité, si les principes du *dry farming* sont fixés, si sa valeur est reconnue, il reste peut-être à préciser exactement les conditions de son introduction en Algérie. Et le même colon dont l'opinion vient d'être reproduite est le premier à le reconnaître. « Les questions se rattachant au *dry farming,* écrit-il, sont nombreuses et complexes. Malgré les travaux importants déjà effectués, bien des problèmes restent encore à résoudre, concernant surtout l'application particulière du principe à chaque pays. Les pouvoirs publics doivent organiser les recherches méthodiques et scientifiques, car les moyens limités de l'initiative privée risquent de produire le chaos. »

Ainsi, à chaque pas, on est appelé à constater l'impuissance de l'initiative privée et la nécessité de l'intervention des pouvoirs publics. Mais que peuvent les pouvoirs publics, en régime capitaliste ? Faire des études, donner des conseils, distribuer des encouragements. Leur rôle, évidemment se borne là. En régime socialiste au contraire, la terre étant propriété collective, sa culture étant réglée par l'autorité centrale, tout progrès accompli à l'étranger serait expérimenté aussitôt que signalé et appliqué aussitôt qu'expérimenté s'il était reconnu bon.

Si l'Algérie était socialiste, elle aurait, dans chacune de ses régions différentes entre elles par leurs conditions climatériques, des stations d'études et de recherches avec laboratoire, musée, bibliothèque, jardin d'essai et champs d'expériences où seraient centralisées toutes les publications agronomiques du monde entier, où des savants et des spécialistes feraient sans cesse les expériences nécessaires pour guider les praticiens, expériences sur les engrais, sur les espèces végétales et animales, sur les modes de culture; on y sélectionnerait les semences et les races, et tous les progrès scientifiquement reconnus entreraient immédiatement dans l'application. On ne mettrait en terre que des semences soigneusement triées; on ne ferait la reproduction des animaux domestiques qu'avec des sujets de premier choix; on transformerait sur place les phosphates fossiles en superphosphates qui n'auraient pas à supporter les doubles frais de transport à l'aller et au retour et les bénéfices scandaleux du trust des phosphatiers; on aurait depuis longtemps découvert et propagé parmi les légumineuses qui croissent spontanément dans les territoires de l'Afrique du Nord et celles qui réussissent sans arrosage dans l'Italie méridionale et à Malte, une plante susceptible d'entrer dans un assolement régulier et d'apporter aux terres épuisées l'azote qui leur fait toujours défaut; le caroubier, le cactus inerme, partout répandus sur le flanc des montagnes, fourniraient aux troupeaux d'abondantes ressources. Bref, au lieu de venir misérablement au dernier rang des nations civilisées, l'agriculture algérienne serait la première du monde.

Actuellement, son organisation scientifique est nulle. Elle ne dispose que de deux établissements d'enseignement: l'Ecole d'agriculture de Maison Carrée et l'Ecole pratique d'agriculture et de viticulture de Philippeville. L'une et l'autre sont ridiculement inférieures aux besoins de la colonie. Sur les programmes c'est quelque chose et dans la réalité ce n'est rien.

Le Jardin d'essai du Hamma, près Alger, s'est à l'origine beaucoup trop exclusivement occupé d'introduire en Algérie la flore des tropiques; devenu depuis un établissement privé, il n'a en vue que de réaliser des bénéfices et ne sert en rien l'intérêt général.

Ouvrons le budget de l'Algérie de 1911; nous n'y voyons pour les recherches agricoles que les crédits suivants:

Station agronomique d'Alger...	6,000 francs.
Service botanique (station centrale d'expériences agricoles, à Maison Carrée).............	23,000 —
Champs d'expériences et de démonstration	8,000 —

« La colonie, écrivent MM. Trabut et Marès, déjà cités, ne dispose point de ressources suffisantes pour créer de toutes pièces des réseaux d'établissements tels que ceux qui fonctionnent aux Etats-Unis... L'enseignement agricole est loin de répondre aux besoins de l'Algérie. »

Plus loin ils ajoutent: « Les résultats obtenus ne marquent que plus nettement ce qui reste à faire ».

Il serait injuste, on l'a déjà dit, d'imputer soit aux chefs, soit au personnel de l'administration algérienne la responsabilité entière de l'infériorité lamentable de l'agriculture dans notre colonie. Assurément ils n'ont pas assez stimulé, soutenu, dirigé ses efforts; loin d'avoir été des initiateurs, ils n'ont même pas su copier ce qui existait déjà dans les colonies anglaises, en Californie et ailleurs. Mais, d'une part, l'organisation même du régime capitaliste, qui restreint et gaspille les ressources, ne leur laissait que des crédits insuffisants pour les œuvres d'intérêt vital comme le développement de l'agriculture. D'autre part, ils n'étaient guère encouragés par les résultats du peu qu'ils ont tenté: les rares indications qu'ils ont fournies n'ont pas été suivies;

les quelques expériences heureuses qu'ils ont faites sont restées sans applications.

Tel a été le cas du sisal américain, ce textile du Mexique, auquel convient parfaitement le climat du littoral algérien, qui ne demande que 35 à 40 centimètres de pluie annuelle, qui s'accommode, disent MM. Trabut et Marès, de sols sableux, caillouteux et rocheux et dont la fibre a un débouché toujours assuré. Essayé à la station botanique de Rouïba, il y a réussi à souhait et y a pris, selon MM. Trabut et Marès, les mêmes proportions que dans son pays d'origine en donnant une fibre aussi abondante et d'aussi belle qualité. Les journaux et revues agricoles d'Algérie ont fait connaître partout ces résultats intéressants, mais aucun colon n'a planté de sisal. Et cela s'explique jusqu'à un certain point par la nécessité d'adjoindre aux plantations une usine de défibrage et par l'incertitude de trouver des débouchés.

C'est donc bien le régime lui-même, beaucoup plus que le personnel administratif, qu'il faut accuser de la lenteur des progrès accomplis.

Diverses publications agricoles renseignent les cultivateurs sur ce qui, dans les pays étrangers, peut les intéresser. A défaut d'expériences réelles faites en Algérie même, ce devrait être suffisant pour éveiller leur curiosité, les pousser à suivre les exemples qui leur sont proposés; on ne constate pas qu'ils le fassent.

Ainsi le *Bulletin de l'Office du Gouvernement général de l'Algérie* signale avec persistance les bons résultats obtenus par les cultivateurs australiens, depuis quelques années, au moyen de l'ensilage des fourrages verts. Cette méthode, peu recommandée en France, présente une réelle valeur dans les pays où les herbes fourragères, rudes ou coriaces, deviennent par la dessication, à peu près impropres à l'alimentation du bétail. L'ensilage les ramollit et les rend utilisables. L'ensilage conserve, en outre, aux plantes une partie des principes nutritifs que la dessication leur fait perdre. Les propriétaires australiens calculent qu'un hectare qui donne 3 tonnes 3/4 de foin sec, donne 12 tonnes d'ensilage. L'Algérie, dont les conditions climatériques et agricoles se rapprochent de celles de l'Australie, gagnerait donc à entrer dans cette voie. On ne voit pas qu'elle y songe.

A défaut de légumineuses pouvant supporter les sécheresses des steppes algériennes — on affirme pourtant qu'il en existe — on connaît des graminées d'une robustesse exceptionnelle. On cite notamment le *Rhodes grass*, graminée des déserts africains, qui, en Australie, résiste aux chaleurs torrides sans arrosage, monte à 1 mètre 50 centimètres et donne, chaque année, six coupes d'un foin excellent. Qui a songé à l'introduire en Algérie, dont elle ferait peut-être la fortune ?

Qui a songé à multiplier le précieux cactus inerme qui peut, en été, sauver les troupeaux affamés, dont les raquettes sont, disent MM. Rivière et Lecq, à peu près aussi nutritives que les carottes fourragères et qui poussent sans culture dans les sols les plus arides ?

Et dans un autre ordre d'idées, qui a songé à utiliser les pyrites, qui existent en Algérie, pour la fabrication de l'acide sulfurique, à se servir ensuite de cet acide pour transformer sur place ses phosphates naturels en superphosphates et à répandre à bon compte sur toutes ses cultures ces bienfaisants engrais qui, disent MM. Trabut et Marès, donnent pour les céréales « des résultats merveilleux, hâtent la végétation, durcissent la plante, évitent la crise, et doublent le rendement en grains, dans la Mitidja en particulier ? »

Ainsi, de quelque côté qu'on se tourne, on constate que notre déplorable organisation économique rétrécit les intelligences, engourdit les activités, paralyse les initiatives et prive presque complètement les hommes du fruit des magnifiques et incessantes conquêtes de la science.

On ne manquera pas d'invoquer, à la décharge du régime capitaliste, la prospérité et le développement du vignoble algérien.

Prospérité, dans l'ensemble, soit ; mais de combien d'expropriations de petits viticulteurs a-t-elle été payée ? Prospérité récente aussi, car il y a quelques années, la viticulture algérienne a traversé encore une de ces terribles crises au cours desquelles les marchandises et les propriétés subissent un avilissement qui cause bien des ruines ; prospérité précaire aussi, il faut bien le dire, car elle est à la merci de deux ou trois récoltes trop abondantes; d'ailleurs les bonnes années ont toujours pour conséquence un accroissement rapide des plantations et il viendra un moment, tôt ou tard, où la surproduction sera un fait normal et permanent. Quelle débâcle, alors, et comment trouvera-t-on moyen d'y mettre un terme ? Les viticulteurs du Midi de la France sentent le danger; alarmés de la progression rapide de la production algérienne, ils s'agitent en ce moment pour en obtenir la limitation par voie législative. Espoir chimérique. De quel droit, sous le régime actuel, prétendrait-on empêcher un propriétaire de planter de la vigne sur ses terres ? Seul le régime socialiste pourrait restreindre chaque culture aux besoins de la consommation et éviter ces alternatives de pléthore et de pénurie qui caractérisent l'anarchie économique d'aujourd'hui.

Les fluctuations exagérées des prix de vente, hors de proportion avec la variation des quantités, contrairement à la théorie de l'offre et de la demande, les crises de mévente qui reviennent périodiquement, avec les années de surabondance, secouent terriblement les petits viticulteurs. Combien succombent avant d'avoir pu éteindre la dette originelle ! Les immenses vignobles possédés actuellement par les grands établissements de crédit: Banque de l'Algérie, Crédit Foncier et Agricole d'Algérie, Compagnie Algérienne, sont constitués des dépouilles de ces malheureux. Seuls les gros capitalistes peuvent résister. Aussi, bien que les statistiques n'apportent à cet égard aucun renseignement précis, nul Algérien renseigné ne nie le mouvement de concentration qui se produit dans la propriété viticole. La petite colonisation reste stationnaire ou recule, malgré l'apport qu'elle reçoit chaque année des ventes domaniales, tandis que la grande propriété capitaliste s'étend de plus en plus.

On a vu par tout ce qui précède combien est incomplète la mise en valeur de l'Algérie, on a compris que sa production agricole pourrait être accrue dans des proportions énormes. Mais si elle prenait cette extension, trouverait-elle des débouchés ? Ce point mérite d'être examiné, car il est évident que si les débouchés manquaient il n'y aurait pas à chercher à produire davantage. Or les débouchés ne manquent pas: la France, où les produits algériens entrent en franchise, l'Angleterre, pays de libre échange, l'Allemagne dont les colonies sont lointaines et encore peu organisées, d'autres nations encore offrent à l'Algérie un marché considérable dont elle ne profite que dans une faible mesure.

La France ne produit pas assez de grains et de viande. Cette situation incroyable, dans un pays où le sol est si riche, le climat si favorable à l'agriculture, est due à l'absence d'organisation de la production en régime capitaliste; presque partout on pratique des méthodes agricoles surannées; sept millions d'hectares de terres cultivables sont laissés en friche. D'autre part, des droits protecteurs élevés rendent très difficile l'importation des grains et à peu près impossible celle de la viande de provenances étrangères. L'Algérie a donc là un vaste marché, et elle y envoie des produits, mais pas autant qu'elle devrait en envoyer.

L'importation française de céréales varie selon les récoltes; elle est faible les années d'abondance et très forte les années de déficit. Pour la viande, au contraire, le déficit est permanent et comme les droits sur le bétail et la viande étrangers sont à peu près prohibitifs, la rareté produit le renchérissement dont se plaint si justement la consommation. Quand les statisticiens constatent que l'Algérie et la Tunisie pourvoient à peu près seules aux besoins du marché français en ce qui concerne les bœufs et les moutons, cela ne veut pas dire qu'elles nous en envoient assez, cela prouve simplement que les autres pays ne peuvent pas en faire entrer; la France consommerait beaucoup plus de viande si elle en avait et si le prix en était un peu diminué. Il est à noter d'ailleurs que le troupeau ovin diminue en France d'année en année; raison de plus pour augmenter celui de l'Algérie.

En ce qui concerne les céréales, malgré la protection douanière, l'Algérie et la Tunisie n'ont fourni à la France, d'après le rapport de M. Alfred Picard, président de la Commission des valeurs en douane, que 33 pour 100 de son importation en 1910; or, en 1911, la proportion, qui n'est pas encore exactement connue, est certainement beaucoup plus faible.

A raison de l'extrême variation des quantités récoltées annuellement, soit en Algérie et Tunisie, soit en France, l'exportation des céréales algériennes et tunisiennes aurait absolument besoin d'un régulateur, c'est-à-dire des magasins de réserve dont il a été parlé plus haut. Mais une telle institution ne peut exister qu'en régime socialiste.

En augmentant considérablement la production du mouton, comme il serait si facile de le faire, et en opérant des sélections judicieuses, pour obtenir de meilleures qualités de laine, l'Algérie pourrait prendre une place sérieuse sur le marché français des laines où son chiffre d'affaires actuel est dérisoire. D'après la statistique officielle du commerce extérieur en 1910, la France a importé pour 658,900,000 francs de laines en masse; et dans ce chiffre énorme l'Algérie n'entre que pour 16,308,000 francs. Quelle marge il lui reste !

Elle aurait également pour le coton un débouché illimité: la France en a importé en 1910 pour 469,800,000 francs; la statistique du commerce n'attribue aucune part de cette quantité à l'Algérie: le peu qu'elle a récolté figure évidemment sous la rubrique: produits divers. Et cependant il est désormais établi que la culture du coton en Algérie est possible et rémunératrice. Sa production s'élève rapidement: de 45,000 kilogs en 1909 elle est passée à 150,000 kilogs en 1910, soit plus du triple ! Quelles ressources trouverait là une organisation socialiste !

La sériciculture n'existe pour ainsi dire plus en Algérie; et cependant, d'après une brochure officielle publiée en 1904 sous le titre : *Participation de l'Algérie et de la Tunisie au Ravitaillement de la France en produits agricoles,* « il est aujourd'hui parfaitement établi que le mûrier et le ver à soie peuvent l'un et l'autre parfaitement prospérer en Algérie » où la sériciculture « fut un moment en voie de prospérité ». Or, la France a importé en 1910 pour 346,300,000 francs de soie et de bourre de soie.

Même situation pour le lin dont la France a importé pour 82,400,000 francs en 1910, sans que la statistique fasse mention de la part contributive de l'Algérie qui est insignifiante. Pourtant, d'après la brochure qui vient d'être citée, le lin réussit très bien en Algérie, où sa culture est encouragée par des primes.

Et, pour en finir avec les textiles, disons que la même brochure signale la place à prendre par la ramie et le sisal américain qui sont à peine cultivés en Algérie quoiqu'ils y poussent à merveille.

La France a importé en 1910 pour 379,700,000 francs de graines et fruits oléagineux. Part de l'Algérie : 200,000 francs. Pas de commentaires, n'est-ce pas ?

Voici les chiffres afférents à quelques autres articles pour le commerce de 1910:

	Importations françaises	Part de l'Algérie
Peaux et Pelleteries brutes	206.900.000	6.756.000
Fruits de table.....	58.000.000	11.633.000
Légumes secs......	53.700.000	0
Huile d'olive	39.800.000	12.207.000
Tabac en feuilles..	31.200.000	2.136.000

On voit par ces chiffres les développements que pourrait prendre la production agricole algérienne sans avoir à craindre de manquer d'écoulement pour ses produits. Complétons-les par quelques indications sur les marchés étrangers.

L'Algérie exporte en Angleterre, Allemagne, Hollande, Belgique, Espagne, Autriche-Hongrie, Italie, Etats-Unis, etc., de nombreux produits agricoles consistant principalement en céréales, alfa, crin végétal, liège, caroubes, laines, essences de fleurs, peaux brutes, tabac, figues, écorces à tan. Voici quel a été, en 1910, le montant de ces exportations:

Angleterre	19.919.910	francs.
Allemagne	10.592.639	—
Pays-Bas	7.771.884	—
Belgique	10.375.116	—
Espagne	4.627.352	—
Autriche-Hongrie .	3.704.456	—
Italie	7.644.063	—
Etats-Unis	2.747.504	—

Ces chiffres ne représentent qu'une fraction infime du commerce d'importation de chacun de ces pays. Il est donc bien certain que si l'Algérie produisait en beaucoup plus grande quantité les marchandises qu'elle leur vend, elle y trouverait facilement acheteurs.

Il est, en résumé, surabondamment établi que la mise en valeur de l'Algérie ne serait pas entravée par des difficultés d'écoulement. Si donc elle reste aussi en retard, c'est la faute du régime capitaliste qui, n'ayant aucune organisation, livrant tout au hasard, ne sait pas tirer parti des richesses de notre belle colonie.

Personne ne nie, au surplus, que la gestion de l'Algérie ait été mauvaise et que les résultats obtenus soient très inférieurs à ce qu'ils auraient dû être. Mais il faut, pour déterminer les véritables causes de cette situation et en faire remonter la responsabilité au régime économique, être éclairé par les lumières spéciales de la critique socialiste. Le Socialisme est une science indispensable à acquérir pour pouvoir porter un jugement exact sur les phénomènes sociaux. Quiconque ne la possède pas, si puissant que soit par ailleurs son esprit, tâtonne dans les ténèbres sans trouver son chemin. Celui, au contraire, qui l'a acquise, voit tout, comprend tout et discerne clairement le but de l'effort humain, les nouvelles formes sociétaires qui se dessinent à ses yeux au milieu de la confusion actuelle.

Le rapporteur, à la Chambre, du budget de l'Algérie et de la Tunisie pour 1909, M. Cochery déjà cité, a vu et apprécié avec la science économique bourgeoise; il appartient d'ailleurs à ce personnel gouvernemental qui, ayant contribué à faire de l'Algérie ce qu'elle est, ne peut se montrer bien sévère ; ne sachant pas ce qu'on aurait pu faire de mieux avec le Socialisme, il se contente volontiers du peu qui a été fait. Cependant on trouve fréquemment dans son rapport des constatations qui en justifient mal l'optimisme général. Telles sont les suivantes :

« On n'aperçoit pas un accroissement sensible des superficies cultivées ni une augmentation continue de la valeur des produits agricoles exportés.

« Pendant la période comprise entre les années 1897 et 1906, le montant des importations a dépassé celui des exportations de près de 568,000,000 de francs, soit 56,800,000 en moyenne, annuellement. »

Arrêtons-nous un instant sur ces chiffres qui, M. Cochery le reconnaît lui-même, ne sont pas des indices de prospérité. Comment l'Algérie peut-elle s'enrichir, ou seulement vivre si elle dépense chaque année pour ses achats 56,800,000 francs de plus qu'elle ne reçoit pour ses ventes ? M. Cochery indique diverses ressources qui n'apparaissent pas sur la balance du commerce. Il les énumère en termes assez vagues, faute, dit-il, de statistiques précises. Sur une seule il est très net : c'est la subvention accordée chaque année par la France à l'Algérie, et qui s'élève, dit M.

Cochery, à la coquette somme de 83 millions, se décomposant ainsi :

Entretien du 19e corps d'armée...	55.000.000
Subvention aux territoires du Sud.	5.500.000
Pensions des retraités, légionnaires médaillés...............	4.500.000
Subvention aux chemins de fer.	18.000.000
Total égal....	83.000.000

Voilà le secret de la prospérité de l'Algérie ! Il faut avouer qu'on prospérerait à moins. Mais que le génie tutélaire de la France la préserve d'avoir beaucoup de colonies aussi prospères !

M. Cochery évalue la propriété immobilière en Algérie aux chiffres suivants :

Propriété agricole.........	794.520.927 fr.
— industrielle, outillage compris...	214.600.000 —
— urbaine	1.300.000.000 —
Total....	2.309.120.927 —

Ce n'est pas énorme si l'on songe que l'Algérie, d'après le calcul de M. Leroy-Beaulieu, nous a coûté 4 milliards. Mais ce serait encore assez beau si c'était bien net. Seulement il y a la dette hypothécaire !.... M. Cochery dit qu'on la « sait être considérable sans pouvoir la déterminer ». Considérable, elle l'est en effet; ceux qui ont vécu en Algérie n'y connaissent guère de propriétés exemptes d'inscriptions. Il est bien fâcheux que le total n'en soit pas fait. Ce revers de médaille serait intéressant à contempler.

De plus, quand M. Cochery considère le chiffre ci-dessus comme celui des « capitaux immobiliers créés par la colonisation », il oublie que les terres existaient et que la plupart étaient en rapport avant la conquête. Ce n'est donc pas là une valeur créée. Elle a été simplement accrue.

M. Cochery se déclare peu satisfait de l'état de l'industrie en Algérie: « A part quelques heureuses exceptions, malgré le bon marché du charbon, malgré la présence de la matière première, la grande industrie n'existe pas en dehors des exploitations minières ».

Beaucoup de personnes expliquent l'absence d'industrie en Algérie par le manque de charbon et de forces hydrauliques importantes. M. Cochery dissipe cette erreur en indiquant que le charbon y est bon marché, ce qu'explique facilement le bas prix du transport par mer, des houillières anglaises du littoral. L'industrie pourrait donc se développer en Algérie mieux qu'en certaines régions françaises. Si elle ne le fait pas, c'est évidemment parce que l'organisation capitaliste est mauvaise.

M. Cochery pourrait ajouter que l'existence de nappes pétrolifères susceptibles de remplacer le charbon comme combustible, a été constatée depuis longtemps en Algérie, notamment dans l'Ouarsenis. Mais quelques pauvres diables se sont ruinés à essayer de les atteindre en forant des puits. Et aucune société ne s'est créée pour mener à bien cette œuvre si intéressante, car quelle banque oserait prêter son concours à des concurrents du Syndicat français des pétroles à la tête duquel est le tout-puissant Rothschild ! C'est ainsi que le régime capitaliste encourage les initiatives individuelles!

La conclusion de M. Cochery ne diffère de la nôtre que par des nuances; elle laisse apparaître nettement l'insuffisance et la fragilité de l'œuvre accomplie :

« L'Algérie est une nouvelle France capable et en voie de devenir un pays ayant une vie économique propre, indépendante de celle de la métropole. Son capital, son travail, sa production se développent normalement. Mais elle aura encore besoin pendant de longues années de l'aide pécuniaire de la France. Si cette dernière lui retirait les subventions qu'elle lui accorde et qu'en toute équité elle lui doit pour une forte partie au point de vue militaire, l'Algérie serait à la merci des aléas climatériques et des variations de prix de trois ou quatre denrées alimentaires. Elle ne pourrait pas acquérir en France l'outillage manufacturé dont elle a besoin, sa prospérité économique se ralentirait; le résultat d'efforts accomplis pendant près de trois quarts de siècle avec une persévérance et une énergie qui font l'admiration des coloniaux de tous les pays serait gravement compromis. »

Et maintenant on ne peut clore ce chapitre sans dire quelques mots des indigènes. L'occupation française a-t-elle été pour eux un bien ou un mal ? Les deux opinions peuvent se soutenir et sont partiellement vraies.

Il est certain qu'avant 1830, sous la domination turque, les Arabes payaient des impôts assez lourds sans recevoir du gouvernement qui les encaissait le plus mince avantage. Non seulement il ne se faisait aucun travail d'utilité générale, mais l'ordre n'était pas maintenu: la police turque n'intervenait que pour razzier les douars qui n'acquittaient pas l'impôt; pour le reste elle les laissait entièrement libres. Alors l'état de guerre était permanent non seulement de tribu à tribu, mais de village à village, de famille à famille. On ne sortait jamais sans être armé. Dans cette anarchie, d'immenses espaces restaient en friche; la misère était extrême et quand la sécheresse était particulièrement forte, la famine décimait la population.

Aujourd'hui la situation est meilleure: les moyens de communication facilitent la vente des produits du sol; les travaux considérables exécutés par l'Administration et par les colons ont versé et versent chaque année, dans la population indigène, une masse importante de salaires. Nos sujets musulmans sont en général mieux vêtus, mieux nourris, mieux logés qu'avant la conquête. Leurs vies sont mieux protégées. Aussi leur nombre s'accroît. On ne peut donc dire qu'aucun progrès n'a été réalisé; mais combien il s'en faut qu'ils soient suffisants ! Combien la misère de l'ensemble de cette population reste grande ! Un tel sujet est, on le comprend, fertile en polémiques et l'injustice des partis dénature souvent la vérité dans les sens du mieux ou du pire. Cherchons-la donc dans un ouvrage scientifique écrit par un agronome distingué sur l'esprit de qui la politique n'a eu aucune influence : *Le Refroidissement nocturne en Algérie,* par M. Rivière, directeur du Jardin d'essai d'Alger.

« Au milieu de ces intempéries, la condition de l'Arabe, pour la majorité de cette population, est réellement fort dure, misérable même au dernier point, dans les Hauts-Plateaux notamment. On voit dans les trop longs hivers ces gens-là errer dans la neige ou sous la pluie glaciale, sans vêtement, pour ainsi dire, sauf des loques mouillées, sinon en glaçons, qui leur battent sur les cuisses, sans nourriture — pas assurée toutes les vingt-quatre heures. L'agglomération des humains et des bêtes, en promiscuité sous la tente ou dans le gourbi, permet seule de lutter contre le froid......

« ...... Aussi voit-on avec quelle avidité, au temps de la récolte des olives en Kabylie, en décembre, janvier, tous les indigènes, hommes, femmes et enfants se pressent autour du feu toléré par l'exploitant. Souvent, sinon toujours, le givre est aux arbres, la glace au ruisseau et la bise froide dans l'air. Alors tout ce monde de loqueteux soulève une simple chemise de calicot pour laisser passer entre elle et la peau la bienfaisante chaleur du foyer.

« ...... La légende du climat tue le sentiment humanitaire en France, elle ne se doute pas qu'elle a à sa portée des millions de ses sujets qui souffrent tous les hivers du froid et de la faim...... »

La situation des indigènes est donc d'autant plus pénible qu'ils ont pris à notre contact des besoins nouveaux et que leur misère est offusquée par la vue de l'opulence de certains Français. Aussi sont-ils bien loin d'être satisfaits de leurs nouveaux maîtres.

Encore si, dans leur existence quasi-indigente, on leur laissait la tranquillité ! Mais ces malheureux sont victimes de l'usure et des hommes de loi qui les dépouillent sans pitié et sans vergogne. Voici, à ce sujet, en quels termes s'exprimait M. Charles Marchal, ancien député d'Alger, au Congrès de l'Afrique du Nord d'octobre 1908, sans rencontrer aucun contradicteur :

« Ce fléau de la spoliation a sévi et il sévit encore fortement ; il résulte de l'*expropriation judiciaire*. Celle-là, dont on ne dit rien, est un monde d'iniquités et de ruines contre les indigènes. Messieurs, où sont les grands protecteurs des indigènes qui ont pris la défense des populations malheureuses, victimes de ces procédures d'usuriers ? En dix ans d'exercice, un seul tribunal a pu exproprier judiciairement, mais totalement, plus de 12,000 indigènes et 15,000 hectares, de quoi faire dix beaux villages français, et cela au profit d'usuriers sans surface, au profit du néant. Ces 15,000 hectares de terres, dont les familles propriétaires n'ont pas touché un sou, étaient expropriés par devant les tribunaux, parce que tel usurier ayant prêté d'infimes sommes à une vieille Mauresque, ou à un jeune Arabe inconscient, poursuivait la licitation du patrimoine commun — et l'obtenait même sans bourse délier, l'adjudication n'ayant attiré aucun concurrent et ne couvrant même pas les frais....

« Ainsi, des milliers et des milliers de familles sont entièrement spoliées sans compensation, sans payement si infime soit-il, et cela par des hommes de proie qui multiplient légalement ces rapines impunies, car cela se fait de par la loi, de par le fonctionnement quotidien et normal de notre législation de procédure dont ne parlent jamais les défenseurs patentés et brevetés du peuple indigène. Ainsi se multiplient ces spoliations en masse. Contre de pareils fléaux, toutes les forces arabophiles se taisent et toutes les puissances « économistes », ayant épuisé leur ardeur humanitaire contre la colonisation officielle ou contre les colons, gardent le silence. Et la plaie s'étend...... »

Dans de telles conditions, on serait surpris que les indigènes fussent heureux de leur sort et pleins de reconnaissance pour les Français. Le *Temps,* du 31 octobre 1911, déclare indubitable « qu'il règne dans la population musulmane un mécontentement général ». Ce mécontentement doit être en effet bien profond, car il s'est traduit il y a quelques années par les émeutes de Margueritte en Algérie et de Kasserine en Tunisie, où des colons français ont été massacrés, sans parler des troubles de Tunis en novembre 1911 qui paraissaient dus à des causes spéciales. Mais un autre symptôme, plus grave peut-être, montre l'étendue du mal : se sentant maîtrisés par notre force, désespérant d'améliorer leur sort par la révolte, les indigènes quittent l'Algérie !

« Il y a deux ans, dit le *Temps* du 31 octobre 1911, plusieurs milliers d'indigènes ont émigré de l'arrondissement de Sétif pour la Syrie ; cette année il en est parti douze cents de la région de Tlemcen. Chaque fois on a enrayé le mouvement d'une façon bien simple ; on a mis aux frontières un cordon de troupes qui a contraint les fuyards à rester en Algérie. Mais une mesure pareille n'est qu'un expédient momentané, et non pas une solution définitive. En effet, on annonce maintenant que l'émigration recommencerait dans l'arrondissement de Sidi-bel-Abbès. »

M. Gross, rédacteur de l'*Echo d'Oran*, a recherché les causes de cet exode des indigènes algériens ; il les a résumées en six articles qu'il faudrait citer en entier. Les indigènes, dit-il, en substance, sont ruinés par les manœuvres des spéculateurs éhontés, molestés et pressurés par l'Administration qui dispose contre eux de pouvoirs presque discrétionnaires ; le régime forestier surtout les affame : sous prétexte de protéger les arbres, on empêche les troupeaux de chercher leur pâture dans des broussailles sans valeur et on accable leurs maîtres d'amendes injustifiées ; les indigènes sont écrasés d'impôts, ayant à supporter la double charge des impôts européens et des impôts arabes, au point que certains doivent se résigner à mettre leurs troupeaux sous le nom de juifs, naturalisés français à ce titre; nos frais de procédure les ruinent.

M. Gross ajoute que la situation économique va en empirant, que « pour ce qui est de l'accaparement des terres, il est hors de doute que de scandaleuses spéculations se sont exercées sur divers points de l'Algérie ». Le crédit n'a pas été organisé pour les indigènes; nos banques leur sont fermées; ils sont donc obligés de s'adresser aux usuriers. Les sociétés de prévoyance pourraient suppléer les établissements financiers; mais elles n'ont pas reçu les subventions nécessaires pour jouer ce rôle. L'industrie européenne tue peu à peu les petites industries indigènes; à Tlemcen notamment, les tisserands, les tanneurs, les brodeurs ne peuvent plus vivre.

Reconnaissons à ces méfaits l'action délétère du régime capitaliste et constatons, pour conclure, qu'il n'a pas su mieux remplir les devoirs de la France envers ses sujets d'Algérie qu'accomplir en ce pays une œuvre de civilisation vraiment digne d'elle. Pour atteindre son but, qui est la recherche du profit individuel, il gaspille, stérilise, affame; et ce sont ses partisans eux-mêmes qui sont forcés de le reconnaître. Or, cette mauvaise besogne qui va si directement à l'encontre des intérêts de la France, puisqu'elle menace l'avenir de ses possessions dans l'Afrique du Nord en désaffectionnant la population indigène, on est en train de la reprendre au Maroc.

CHAPITRE VII

Ce qu'a fait le régime capitaliste au Maroc. — Ce qu'il peut y faire.

Les prises capitalistes au Maroc. — Consortium international des mines. — La spéculation sur les terrains : Oudjda, Tanger, Casablanca, Agadir. — Etat d'infériorité du commerce. — La contrebande des armes et la vente de l'alcool. — Les écumeurs du Maroc. — Comment se crée un village. — Pessimisme de M. Leroy-Beaulieu. — Comment on va exploiter les ports, les mines, les chemins de fer. — Développements probables du commerce. — Prospérité de façade. — On ne peuplera pas. — Densité de la population indigène. — Son humeur farouche ; son amour du pillage. — Les journées sanglantes de Casablanca. — Pillards de la frontière algérienne. — La misère crée le banditisme. — Difficultés de la pénétration pacifique. — Situation périlleuse des colons isolés. — Leur situation économique mauvaise. — Ils achèteront cher et vendront bon marché. — Ils cultiveront mal et ne prospéreront pas. — Il y a mieux à faire.

Le régime capitaliste était encore à son aurore à l'époque où la France s'installa en Algérie; aussi ne s'y caractérisa-t-il que plus tard par la concentration des fortunes et la constitution d'un prolétariat indigène et européen; encore subsiste-t-il, en dehors de ces deux classes, dont l'existence s'accuse de plus en plus, une petite bourgeoisie composée des propriétaires et commerçants qui se sont maintenus sans s'enrichir.

Dans la Tunisie que nous avons occupée plus tard, le régime capitaliste s'est établi franchement, ainsi qu'on l'a vu, par la création des sociétés phosphatières et de la grande propriété agricole. La main-d'œuvre nécessaire à ces exploitations est fournie par un prolétariat indigène et sicilien où l'élément français est à peine représenté, la classe moyenne n'y existe pas ou à peu près pas.

Le Maroc s'ouvre au monde extérieur au moment où le régime capitaliste entre dans sa phase de plein épanouissement, dont le signe distinctif est la substitution d'associations internationales aux groupements nationaux du cycle précédent. Aussi avant même qu'il soit possible d'y créer des établissements, l'Europe s'est-elle entendue pour se partager ses richesses.

Le capital est un monstre avide et pressé de jouir; il ne civilise pas, il ne colonise pas; il se jette sur sa proie, sur tout ce qui peut lui assurer un profit immédiat. Dans cet admirable Maroc dont la prospérité économique sera, de l'avis de tous les compétents, le fruit du développement de son agriculture, il n'a vu, lui, que les Mines, la spéculation sur les terrains, les grandes entreprises rémunératrices: banques, ports, chemins de fer. Là il y a gras. On empoche de larges bénéfices et on peut se montrer reconnaissant envers les intermédiaires officieux qui ont indiqué et favorisé les bons coups. Tout le monde est donc satisfait; entendons tout le monde qui compte, c'est-à-dire celui qui possède et qui gouverne. Quant au vil troupeau des travailleurs, on sera bien forcé de le nourrir puisqu'on aura besoin de ses bras; mais on le nourrira juste assez pour conserver ses services, et lorsqu'on n'aura plus d'ouvrage à lui donner il se tirera d'affaire comme il pourra.

Telle est l'orientation de l'œuvre française et européenne qui se prépare au Maroc et y a déjà planté ses jalons.

La *Dépêche Marocaine* (mai 1909) donne des indications précises sur les grandes associations qui se sont constituées pour exploiter les usines marocaines.

La première, l'*Union des Mines marocaines* est essentiellement internationale. La France y est représentée par la Compagnie du Creusot (Schneider et Cⁱᵉ), la Société d'Agadir, la Société de Mokta-el-Hadid, la Compagnie Marocaine, la Compagnie de Châtillon et Commentry, etc., etc.; l'Allemagne, par Krupp et Cⁱᵉ, Thyssen et la Société Métallurgique, l'Angleterre, la Belgique, l'Italie et l'Espagne par les plus forts établissements industriels et financiers de ces pays.

Pleine d'admiration, la *Dépêche Marocaine* déclare ce groupement « imposant et d'une puissance financière presque irrésistible », ce qui n'est d'ailleurs pas exagéré.

Un autre groupement est formé par les frères Mannesmann tout seuls. Ces multi-millionnaires allemands, énergiques et aventureux, soutenus d'ailleurs peut-être par de grandes banques restées dans l'ombre, ont depuis plusieurs années prospecté eux-mêmes ou par leurs agents la plupart des massifs montagneux du Maroc. Ils avaient même trouvé moyen de se faire concéder par le sultan une sorte de monopole minier s'étendant à tous les gisements connus ou à découvrir; mais ce privilège exorbitant n'a pas été maintenu. Tout récemment les Mannesmann ont fusionné avec l'Union des Mines marocaines qui leur a fait une large part.

Enfin le troisième groupement est la *Compagnie espagnole des Mines du Riff*, dont l'action est bornée, comme son nom l'indique, à la zone espagnole du Maroc.

En somme, par suite de l'entente des frères Mannesmann avec l'Union des Mines marocaines, il n'y a plus qu'un groupement dans le Maroc français et un dans le Maroc espagnol. Le monopole est donc absolu pour chacune de ces régions. Impossible de rêver une concentration capitaliste plus parfaite.

Maintenant, on va se mettre à convertir en larges prébendes, en dividendes copieux les trésors minéraux enfouis depuis des milliers de siècles dans les entrailles de l'Atlas marocain. Tous les bénéfices de cette vaste exploitation seront encaissés par la haute finance internationale; il n'en reviendra rien au Maroc en dehors des salaires infimes du personnel indigène. Loin d'être mis en valeur, le Maroc sera vidé de ses richesses; aucun progrès n'y aura été accompli quand l'opération aura pris fin.

Plus stérile encore apparaît la spéculation sur les terrains qui, après les mines, est le principal objet des préoccupations capitalistes au Maroc. Acheter un terrain bon marché pour le revendre très cher, créer par l'accaparement une plus-value artificielle, sont des opérations qui peuvent être excellentes au point de vue individuel, mais dont l'intérêt social est absolument nul. Dans la plupart des cas, elles prennent même un caractère de spoliation, car les premiers possesseurs du sol se trouvent dépouillés, par ruse ou par contrainte, du bénéfice qu'ils pourraient espérer de l'accroissement normal de la valeur de leurs terrains. Et ce bénéfice est évidemment beaucoup plus légitime lorsqu'il profite au propriétaire primitif que lorsqu'il est empoché par un intermédiaire parasite. La spéculation sur les terrains n'enrichit pas un pays; elle n'enrichit certains individus qu'au détriment de certains autres; elle déplace des valeurs sans en créer; elle est donc toujours inutile, toujours immorale et souvent criminelle.

Or, depuis quelques années, on spécule avec rage au Maroc sur les terrains partout où semblent devoir se développer des agglomérations urbaines.

Ce sont des faits de spéculation sur les terrains et aussi sur le change des monnaies — autre forme d'escroquerie — qui ont soulevé le récent scandale d'Oudjda. Les accusations les plus graves ont été portées contre de hauts fonctionnaires français. La plupart, il est vrai, ont été acquittés; d'autres ne sont pas jugés au moment où ce livre est écrit. Les conditions dans lesquelles l'acquittement a été prononcé ont paru suspectes à des parlementaires qui s'en sont plaints. Mais qu'importe ? Admettons qu'au point de vue pénal rien de répréhensible n'ait pu être établi contre les inculpés; admettons même qu'au point de vue de la morale spéciale du monde des affaires ils n'aient rien fait que d'avouable. Le fait surabondamment établi qu'à Oudjda des agents du gouvernement français ont été mêlés à des opérations de spéculation sur les terrains auxquelles ils ont prêté l'autorité dont ils étaient investis, suffit pour caractériser les méthodes de colonisation du régime capitaliste.

D'ailleurs, malgré sa nature équivoque, la spéculation ne cherche pas à se dissimuler; elle s'étale au grand jour, non seulement on ne se cache pas de la pratiquer, mais on s'en vante.

Dans le *Bulletin du Comité de l'Afrique française* de mars 1908, sous le titre: *Les Intérêts français au Maroc,* un négociant de Tanger, M. Maxime Allier, proteste contre les affirmations des socialistes que le grand capital seul s'est créé des intérêts au Maroc et montre le développement de la petite et moyenne colonisation.

« La spéculation immobilière seule, dit-il, qui a été pourtant limitée bien strictement par les difficultés de la législation immobilière et le mauvais vouloir des autorités indigènes, a absorbé certainement plus de 20 millions de capitaux français. »

Notons en passant que M. Allier, après avoir parlé ainsi de la spéculation, et ajouté qu'une autre somme de 20 millions de francs « y compris les capitaux fournis par les Banques installées au Maroc » a été affectée au commerce et à l'industrie ordinaires, ne dit pas un mot des entreprises agricoles. Ceci est bien symptômatique de la mentalité capitaliste: à la spéculation immorale et spoliatrice, la première place; au commerce qui échange sans créer, à l'industrie qui transforme, la seconde; à l'agriculture, à la seule vraie productrice, à la mère nourricière, rien.

Pour revenir à la spéculation immobilière, tout le monde ne trouve pas, comme M. Maxime Allier, qu'elle a été « limitée bien strictement ». M. Ch. René-Leclerc, représentant du Comité du Maroc à Tanger, a fait au Congrès de l'Afrique du Nord tenu à Paris, en octobre 1908, et dont il a été parlé plus haut, une communication où se trouve le passage suivant :

« Une spéculation irraisonnée a placé les terrains à bâtir de Tanger et de la banlieue de Tanger à des prix inabordables qui arrêtent les meilleures volontés. A l'heure actuelle, les spéculateurs ont accaparé suffisamment de terrains pour construire une ville plus grande qu'Alger et maintiennent des prix exorbitants pour une ville naissante.

« ...Provisoirement la spéculation sur les terrains à bâtir à Tanger manque donc d'intérêt.

« Il n'en est pas de même à Casablanca, quoique les terrains y soient déjà chers. »

Ainsi, non seulement la spéculation ne sert en rien la colonisation, mais elle l'entrave puisqu'elle empêche de construire là où les bâtiments font défaut.

Trois ans se sont écoulés depuis la communication de M. René-Leclerc ; on peut être sûr qu'ils ont été mis à profit par les spéculateurs de Casablanca et d'ailleurs ! A Agadir même, petit port fermé jusqu'à présent, mais qui est le débouché naturel de la riche région agricole et minière du Sous et sera ouvert sûrement bientôt, les terrains, d'après les journaux, sont déjà entièrement accaparés. Cela tourne au scandale, et les gouvernants qui laissent impunément les pêcheurs en eau trouble de la spéculation faire de tels coups de filet ne doivent pas s'étonner si la rumeur publique se soulève contre eux et les accuse de toucher leur part.

Quant au commerce proprement dit, infiniment plus honorable, quoique lui non plus ne constitue pas, en somme, une mise en valeur du Maroc, quelle est sa situation ? Représenté par de petites gens, dépourvus pour la plupart des connaissances spéciales et de la pratique qu'il nécessite, médiocrement pourvus de capitaux, il se débat au milieu de difficultés multiples, avec le concours aléatoire et chèrement payé des maisons de banque. Ecoutons encore M. René-Leclerc dans la communication déjà citée :

« Les commerçants français nouvellement établis au Maroc qui voudraient acheter des laines, des peaux, des graines d'exportation, des feuilles de roses, feuilles d'iris, amandes, chiffons, os, cornes, sabots, crins et poils, gommes, noix, œufs, oranges, écorces à tan, tapis marocains, etc., se plaignent de ne point être en relations avec de grosses maisons de France achetant ces produits et de ne point posséder de noms de gros acheteurs faisant leurs acquisitions à la commission et qui, sûrs de l'honnêteté de ces agents, leur consentiraient de gros crédits, dits de campagne. »

Pour les articles d'importation, M. René-Leclerc exprime des desiderata analogues. On voit là les conséquences de l'anarchie économique que nos hommes d'Etat considèrent comme une organisation sociale: tout livré au hasard, aucun lien entre le besoin et la disponibilité, qui s'ignorent entre eux; ici pléthore; là pénurie; rien pour équilibrer. Et ce monde de petits commerçants qui s'agite confusément à la recherche du profit voit encore ses efforts paralysés par l'exploitation des compagnies de navigation :

« Nous regrettons aussi, dit M. René-Leclerc, que les Compagnies françaises de navigation fassent payer pour la France, en ce qui concerne particulièrement les grains, le même fret que les Compagnies allemandes pour Hambourg. »

Des diverses branches du commerce, il en est qui, en l'absence d'une organisation meilleure, présentent un certain intérêt général; mais il en est d'autres dont le caractère est franchement nuisible et parfois dangereux; telles sont la contrebande des armes et la vente de l'alcool. Or, comme ce sont précisément celles qui laissent les plus gros profits, c'est surtout de leur côté que s'exercent les initiatives privées tant vantées par nos économistes.

Inutile d'insister sur l'importance de la contrebande des armes qui se glisse si facilement à travers le réseau trop lâche de la surveillance instituée par l'Acte d'Algésiras : partout où nos soldats ont eu à pénétrer, ils ont trouvé en face d'eux des tribus armées d'excellents fusils à répétition et abondamment approvisionnées de munitions que le commerce international s'est fait un plaisir de leur fournir; nous faisons ainsi un échange de mauvais procédés avec nos voisins et amis les Espagnols: nous armons les tribus du Riff ; ils arment celles de la Chaouia. Les Allemands distribuent partout les instruments de mort avec une impartialité des plus louables. Où est d'ailleurs le commerçant européen qui se privera d'un bénéfice de quelques réaux sur la vente d'une arme par la raison qu'elle pourra être tournée un jour contre ses nationaux ? Le commerce ne connaît pas ces vains scrupules.

Quant à la vente de l'alcool elle représente le trafic le plus facile et le plus rémunérateur et prend tout de suite le pas sur les autres genres de commerce. A défaut des indigènes que leur religion empêche ordinairement de fréquenter les « assommoirs » elle trouve dans l'élément européen militaire et civil une clientèle assurée.

Dans le *Bulletin du Comité de l'Afrique française* de février 1908, sous le titre: *La Colonisation à Casablanca*, un écrivain estimé, M. Edmond Doutté dit: « On regrette que le commerce des spiritueux y occupe la première place ».

Et dans le *Temps* du 16 décembre 1911, on peut lire ces lignes à propos des lenteurs d'exécution du chemin de fer de Lalla-Marnia à Oudjda : « Pour ne point méconnaître la toute-puissante clientèle des cabaretiers, buvetiers et cafetiers de Marnia, n'a-t-on point fait la nouvelle ligne à voie étroite, ce qui empêchera à tout jamais de relier directement le réseau marocain à notre réseau algérien ! »

Marnia, il est vrai, est en Algérie; mais croit-on que la ligne idéale de la frontière soit un obstacle difficile à franchir pour le monde interlope des débitants de boissons frelatées et que ce qui est vérité en deça soit erreur au delà ? Ce serait une grande illusion. Encore les marchands d'alcool ne sont-ils pas le plus mauvais cadeau que nous ayons fait au Maroc, d'après le témoignage de M. Abel Ferry, député des

Vosges, qu'il apporte, dans le *Temps* du 13 novembre, sous le titre significatif: *Les Ecumeurs du Maroc :*

« Casablanca, dit-il, est devenue le refuge des nervi de Marseille, des souteneurs d'Oran et de tous les bandits des ports méditerranéens. La situation n'est pas sans inquiéter nombre de nos compatriotes. Le consulat réclame en vain depuis quatre ans un agent de la Sûreté. La Mafia sicilienne a fait assassiner un marchand italien, à sept heures du soir, près du consulat de France. Quant aux indigènes, ils sont terrorisés ; la nuit tombée, on ne les voit plus dans les rues ; ils craignent d'être molestés et rançonnés. Permettez-moi de citer ici un petit fait qui m'a permis de vérifier personnellement les assertions de nos compatriotes. Arrivés à onze heures du soir aux portes de Casablanca avec notre caravane, notre domestique marocain nous dit : « Monsieur, il dit qu'il faut payer pour entrer (*sic*) ». Je pousse mon cheval vers celui qui avait l'audace de prélever un impôt aux portes de la ville: c'était un malandrin français. Voyant qu'il avait affaire à des Européens, il se retira déçu. Nous dûmes, néanmoins, accompagner, un peu plus tard, nos âniers, pour leur permettre de sortir de la ville.

« Le mal est encore restreint; il est limité à quelques ports de la côte. Une cinquantaine de ces souteneurs sont déjà arrivés de Casablanca à Rabat, première écume: ils n'ont pas encore gagné l'intérieur. »

M. Albert Ferry voit avec raison dans la présence de cette écume sociale sur le littoral marocain, dans sa prise de contact avec les indigènes, un grave danger pour notre pénétration. Durement opprimés par les <u>fonctionnaires du Maghzen qui ne vivent que de</u> rapines, les indigènes nous feraient volontiers bon accueil si nous étions pour eux des libérateurs; mais s'ils ne voient en nous que des bandits plus dangereux encore que leurs anciens maîtres, ils nous fermeront leur territoire et nous ne parviendrons à nous y établir que par la conquête sanglante suivie d'une série infinie de vengeances et de répressions.

Lorsque la colonisation française n'est pas représentée par des malfaiteurs déclarés, elle l'est par de pauvres hères cosmopolites sans sou ni maille, qui se construisent des gourbis avec des caisses d'emballage et les couvrent avec de vieilles boîtes en fer blanc pour s'y livrer à de petits commerces hasardeux où ils gagnent leur vie dans les conditions les plus précaires sans profit pour eux ni pour la France, sans progrès pour la civilisation. La plupart du temps ils suivent les colonnes et se fixent autour des camps pour trafiquer avec les indigènes et pourvoir aux menus besoins des soldats. Nous trouvons une intéressante monographie d'un de ces villages improvisés, créé à Bou-Denib, région du Haut-Guir, dans le *Bulletin du Comité de l'Afrique française* d'août 1909. Elle a pour auteur le chef de bataillon Canton et n'est nulment conçue dans un but de dénigrement, au contraire. Résumons-la en quelques lignes:

Dès l'installation du camp contenant 1,500 hommes, quelques européens et indigènes s'établissent à côté comme « épiciers, débitants, cafetiers maures et gargotiers ». En mai 1909, on accorde à ces besogneux, sous la protection du camp, 120 lots de terrains gratuits. La population compte 246 personnes, dont 36 familles européennes, 45 familles indigènes d'Algérie, 6 indigènes du Maroc et 18 familles juives. Tous ces gens-là se livrent au commerce avec les indigènes.

« La vente, très médiocre au début, dit le commandant Canton, a réduit les commerçants à une situation très précaire. Ils ont tous, ou presque tous, engagé tous leurs capitaux...., ils ont éprouvé et éprouvent de grosses difficultés pour acquitter leurs traites aux échéances. »

D'après un deuxième rapport, du capitaine d'Herbigny du 20 janvier 1910, publié dans le *Bulletin du Comité de l'Afrique française* de mai 1910, la situation ne s'est pas améliorée:

« L'amortissement des constructions, les traites et les frais de transport absorbent pour beaucoup la presque totalité des bénéfices. »

Faible réussite, comme on voit et encore le rapport ajoute-t-il ce pronostic peu rassurant:

« Les sacrifices faits pour obtenir ce résultat ne pourront être continués par les uns et sont durs pour tous ».

En résumé, à l'heure actuelle, la situation

économique, au Maroc, est celle-ci: « Le grand capital a mis la main sur les mines, le moyen capital a accaparé autour des villes les terrains de spéculation et a fait quelques entreprises commerciales et industrielles très rares; le petit capital essaye, avec peu de succès, de se livrer au commerce; un ramassis d'aventuriers cherchent à vivre aux dépens de leur prochain; en agriculture il n'a presque rien été tenté, car les associations agricoles pratiquées avec quelques indigènes sont plutôt de nature commerciale.

Que peut-on augurer de l'avenir si l'œuvre de la colonisation est poursuivie sur la base du système capitaliste ?

Rien de bon, s'il faut en croire M. Leroy-Beaulieu qui, dans l'étude déjà citée, et antérieure à l'acord franco-allemand, déconseillait nettement notre établissement au Maroc. Cet économiste qui, naturellement, ne peut concevoir une organisation sociale autre que celle qui existe, et qui jugeait l'opération au point de vue purement capitaliste, estimait qu'elle nous coûterait très cher et nous rapporterait fort peu. Son opinion n'est pas négligeable; il est certain que si la France ne devait pas tirer du Maroc un parti meilleur que celui qu'elle a tiré de l'Algérie, elle aurait mieux fait de renoncer depuis longtemps à toute visée sur ce pays. Heureusement cette conclusion pessimiste se modifie du tout au tout si l'on envisage l'œuvre de la colonisation marocaine sur la base socialiste.

Mais avant de traiter ce côté de la question, essayons, en nous basant sur ce qui a été fait en Algérie et en Tunisie, de rechercher ce qui se passerait au Maroc si l'on y suivait les mêmes méthodes :

Tout d'abord, on commencerait simultanément les travaux d'amélioration des ports, de création des chemins de fer et d'exploitation des mines. Bien entendu, on aurait soin de donner la concession des ports et des chemins de fer à des compagnies particulières qui en retireraient de gros bénéfices, dont le Maroc ne profiterait en aucune façon. C'est ainsi que procède habituellement le régime capitaliste. C'est ce qu'il a fait notamment en Tunisie, dans des conditions sur lesquelles nous renseigne le rapport Cochery déjà cité :

« Les quatre grands ports de Bizerte, Tunis, Sousse et Sfax ont été, dit-il, établis par le système de la concession. Les résultats financiers de la concession sont remarquables. On ne doit pas regretter les bénéfices que la combinaison procure à la Compagnie des Ports, dont le concours était indispensable. »

Etait-il vraiment indispensable, ce concours, et ne doit-on pas regretter les bénéfices réalisés par le concessionnaire ? Il est permis de ne pas être de l'avis de M. Cochery sur ce point. L'aval de la France à côté de la signature de la Régence eut permis à cette dernière de trouver des fonds à 3 0/0; elle eût pu alors exécuter elle-même les travaux et affecter les bénéfices soit à dégrever les droits de port, c'est-à-dire à favoriser le transit, soit à des travaux d'utilité générale. Des deux façons le profit eût été pour la Tunisie. Mais nos seigneurs les capitalistes n'y auraient pas trouvé leur compte. Attendons-nous donc à voir les grands travaux publics marocains exécutés à la mode tunisienne.

Déjà une notabilité du monde colonial, M. René Millet, ancien résident de France à Tunis, dans un banquet donné par l'Union Coloniale, le 31 janvier 1912, a déclaré « qu'à son avis, il serait imprudent de mettre la construction des ports et des chemins de fer en régie. Les finances marocaines ne sont pas en état de faire les frais des emprunts d'État qu'exigerait ce système; la charge finirait donc par retomber sur la métropole. Mieux vaudrait employer comme en Tunisie le système des concessions ou des régies intéressées ».

Or, quelques jours auparavant, l'*Humanité*, dans un article documenté, établissait que, pour le port de Bizerte seulement, les bénéfices du concessionnaire ont atteint vingt millions de francs.

« Il faut donc, concluait l'*Humanité,* racheter au plus tôt, et l'on s'étonne d'être obligé de rappeler pareille chose à la Chambre, quand on songe qu'une Commission d'enquête parlementaire a déjà conclu une fois à la reprise immédiate.

« Voici deux ans que six des membres de la Commission d'enquête sur la marine, MM. Jules

Legrand, Bienaimé, Leboucq, Bignon et notre ami Aldy se sont rendus à Bizerte où ils ont recueilli divers témoignages, tous unanimes.

« M. Lefebvre, directeur des travaux hydrauliques, leur a dit :

« Le rachat serait un véritable placement de père de famille et l'on ne peut qu'y être absolument favorable.

« M. Comby, contrôleur de première classe, a déclaré:

« Telle est l'importance, je pourrais dire l'énormité des abus en présence desquels je me suis trouvé et telle aussi la puissance des intérêts privés qui ont tenu et tiennent encore en échec le Trésor, la Marine, la Défense, que j'ai l'impression, depuis mon arrivée dans ce pays, de faire une véritable campagne de guerre.

« La déchéance ? Ce sera montrer une grande indulgence que de s'abstenir d'en user.

« Et M. Comby concluait au rachat. « L'arrivée à Bizerte d'une délégation de la Commission d'enquête, c'est la chance inespérée », disait-il.

« La Commission a conclu au rachat. Mais il y a deux ans qu'elle a déposé son rapport et l'on n'a rien fait. Qu'attend-on ? »

Evidemment la puissance capitaliste tient la question en suspens; et elle se prépare à donner au Maroc de pareils coups de filet.

Quant aux mines, l'extraction y sera réglée sur les besoins du grand consortium international. S'ils viennent à baisser, on priera les travailleurs de se livrer aux douceurs du repos jusqu'à nouvel ordre, laissant à leur ingéniosité la recherche des moyens de s'alimenter pendant la période de chômage. Il est bien entendu qu'on exploitera en bon père de famille…. capitaliste, c'est-à-dire en enlevant les filons les plus riches, les plus facilement accessibles et en enfouissant les autres sous des montagnes de débris où il sera plus tard impossible de les aller retrouver. A quoi bon élever ses frais généraux pour extraire les parties médiocres ? Quand on aura pris le meilleur, on ira chercher de nouvelles mines en d'autres pays. Après nous, le déluge !

On ne dépensera pas beaucoup d'argent à faire des routes, car les routes coûtent cher à ouvrir et à entretenir, et elles ne rapportent rien. Pourtant, on améliorera un peu les pistes actuelles: il faudra bien donner des places de cantonniers aux protégés de nos arrondissementiers. On construira quelques ponts; on établira quelques bacs à la place des radeaux de roseaux un peu trop primitifs qui suffisent aux bons Marocains.

A la faveur des ces nouveaux moyens de communication, le commerce prendra quelque essor. Des maisons sérieuses s'installeront dans les ports et les villes de l'intérieur. Les affaires se développeront à l'importation et à l'exportation, grâce d'ailleurs à la sécurité qui règnera de plus en plus. Les indigènes vendant mieux leurs produits, produiront et achèteront davantage. Tous les ans, les statistiques enregistreront triomphalement l'accroissement du mouvement commercial. Comme conséquence, les impôts rentreront plus abondamment et plus facilement. On connaîtra dans quelques années, si l'on est sage, la joie des excédents budgétaires, et alors le chœur des apologistes officiels et officieux exaltera la beauté et la grandeur de l'œuvre française au Maroc.

Eh bien, disons-le d'avance: cette prospérité, comme actuellement celle de l'Algérie et de la Tunisie sera toute de façade; l'accroissement de la fortune générale ne profitera qu'à quelques capitalistes internationaux; la plupart des habitants du pays, européens ou indigènes, resteront dans la misère et l'insécurité du lendemain, car telle est l'inévitable rançon du développement du capital. De ce vaste pays, sain et fertile, où les Français peuvent sans danger vivre et se livrer au travail agricole, de ce pays situé aux portes de la Métropole et de notre Algérie, et qui devrait devenir le prolongement de la mère patrie, nous n'arriverons à faire qu'une colonie d'exploitation, comme de ces contrées situées sous la zone torride, où le climat tue l'Européen qui y fait un séjour prolongé, où tout le travail ne peut être fait que par les indigènes et où nous ne pouvons avoir que des factoreries à personnel fréquemment renouvelé.

Nous n'arriverons pas à peupler le pays en dehors des villes, et surtout des ports; nous ne l'occuperons pas effectivement, ce qui rendra notre possession superficielle et précaire; et cela parce que l'agriculture seule permet d'occuper, de peupler un pays, et que la colonisation agricole rencontrera au Maroc des obstacles infiniment plus grands qu'en Algérie et en Tunisie, où ses résultats, on l'a vu, sont déjà si médiocres.

Ces obstacles sont dans la densité de la population et dans son caractère. Sans être exactement fixés sur le nombre des indigènes, nous savons qu'il est plus considérable qu'en Algérie et en Tunisie réunies. Les explorateurs ont vu au Maroc des laboureurs et des pasteurs partout où l'homme et le bétail peuvent trouver leur subsistance. Assurément la culture y est primitive et son rendement pourrait être considérablement accru, des terrains de parcours pourraient être transformés en terres et en prairies d'un tout autre rapport. Mais la difficulté sera pour les Français de devenir possesseurs de la terre; ils se heurteront là à des résistances presque invincibles.

Voudra-t-on procéder, comme en Algérie, par refoulement, par séquestre ? Alors, ce sera une guerre d'extermination et chaque mètre du terrain conquis sera arrosé de sang. Les Arabes et Berbères marocains nous ont prouvé leur bravoure qui égale la nôtre; seule notre artillerie a dompté ces indomptables. La mort ne leur inspire aucune crainte. Après les avoir vaincus et écartés une première fois, nous aurons à nous défendre contre leurs retours offensifs jusqu'à ce que nous les ayons entièrement détruits. Eh bien, cela, personne en France, ne le veut. Le sentiment public moderne répugne à ces violences d'un autre âge; et ceux mêmes qu'un sentiment d'humanité n'arrêterait pas, reculeront devant l'énormité des sacrifices en hommes et en argent, devant l'affaiblissement de la situation de la France en Europe qui en seraient la conséquence.

Un mot nouveau a été créé qui répond aux intentions de tous les Français: la pénétration pacifique. Oui, c'est bien la formule des conquêtes de la civilisation sur la barbarie. Disons très haut, à l'honneur de notre race, que nul de nous ne songe à employer d'autres moyens.

Or, la pénétration pacifique sera facile partout où nous nous présenterons en commerçants. Le fanatisme musulman, qu'on a beaucoup exagéré, ne se dressera jamais devant nous: il cédera toujours à l'intérêt. Mais quand nous voudrons prendre possession de la terre, ce sera tout différent.

Évidemment des Européens qui se présenteront avec de l'argent comptant trouveront des indigènes disposés à leur céder leurs terres, lorsque le gouvernement chérifien ne les en empêchera plus; d'autres fois ils obtiendront des baux à ferme de longue durée. Dans la plupart des cas, la justification du droit de propriété des cédants sera compliquée et même incertaine; l'acquéreur sera exposé à des revendications ultérieures qui pourront le gêner beaucoup. Mais on pourra le plus souvent passer sur cette première série de difficultés.

L'acquéreur viendra donc s'établir, ou établir des fermiers ou gérants européens, sur son nouveau domaine, y construire des bâtiments, s'y livrer à la culture. Remarquons qu'il sera presque toujours loin des villes, car les grandes exploitations agricoles ne peuvent rester confinées dans les banlieues, et isolé ou à peu près puisqu'on aura renoncé de principe à exproprier en masse les premiers occupants du sol. Eh bien, la vie au milieu de populations indigènes compactes lui sera à peu près impossible.

Il faut prendre l'homme du Maroc tel qu'il est et ne pas se faire d'illusions sur ce qu'il vaut. Or, en attendant qu'on améliore sa nature, elle présente des côtés mauvais qui font de lui un voisin peu agréable, et même souvent dangereux lorsqu'il est en nombre et en force, loin de toute autorité répressive. Ce serait une folie de croire que par l'équité, la générosité, la bonté, nous allons gagner son cœur et nous l'attacher; nous y arriverons, certes, mais après une génération au moins. Jusque là, la force seule pourra le contenir et réfréner ses instincts de déprédation et de pillage.

Le pillage ! le butin ! c'est le rêve de tous ces barbares, même de ceux qui paraissent dans les relations avec nous si doux et si souples. Il faut avoir vécu longtemps parmi eux pour se rendre compte de l'attrait mystérieux, de la fascination irrésistible que ces mots exercent sur leur imagination. Et en matière de pillage, toute question de race et de religions disparaît. Certes, piller le *roumi* est œuvre pie; piller le juif est encore plus méritoire; mais ce que possède le frère musulman est bon à prendre également et Mahomet ne le protégera pas si son fusil ne suffit pas pour le défendre.

Il ne faudrait pas croire que ces appétits sauvages existent seulement chez les farouches Berbères de l'Atlas, qu'aucun sultan n'a pu soumettre et qui n'ont jamais pris contact avec la civilisation. Non; on le trouve aussi bien dans les tribus de la plaine, et nous avons vu à l'œuvre notamment les paisibles cultivateurs de la Chaouïa, si tranquilles, si soumis aujourd'hui après les rudes leçons qu'ils ont reçues et grâce aux camps retranchés installés sur leur territoire.

On se souvient qu'après le massacre de quelques ouvriers du port à Casablanca, le croiseur *Galilée* y fut envoyé pour protéger les Européens. Le *khalifa* et oncle du sultan, Moulaï-el-Amin, effrayé des responsabilités qui allaient peser sur lui, prit aussitôt toutes les mesures nécessaires pour éviter de nouveaux attentats; il offrit au consul de France de livrer les clefs de la ville à une force française d'occupation; mais à raison de la surexcitation des esprits, notre consul conseillait de ne tenter un débarquement qui si on disposait d'un corps de troupes assez imposant pour étouffer toute velléité de résistance par sa présence seule. Mal inspiré, le commandant du *Galilée* envoya à terre soixante marins seulement qui furent accueillis à coups de fusil et durent forcer l'entrée de la ville où bientôt ils furent bloqués dans les bâtiments du Consulat. Aussitôt le *Galilée* bombarda le quartier arabe. Mais au bruit de la fusillade et de l'artillerie, les tribus des environs accoururent et mirent la ville à sac. Laissons parler ici un témoin oculaire, M. Georges Bourdon, qui a raconté ses impressions dans un livre intitulé : *Les journées de Casablanca:*

« L'affaire de Casablanca prend désormais son caractère véritable, qui est celui d'une invasion de malfaiteurs. Peu leur importe la religion ou la couleur : à cette heure, le Marocain riche a pour eux plus de prix que quelque roumi besogneux ou le juif famélique, et Moulay Amin, l'oncle du sultan, sait que ni sa parenté, ni son rang ne le protègeront contre l'avidité brutale de bêtes enivrées de libre pillage.... Le prétexte qui, de l'intérieur, poussait vers la ville les avides tribu de la Chaouïa, c'était bien la haine de l'étranger, attisée par des meneurs dont elle pouvait servir l'intérêt ou l'ambition; mais au fond de ces âmes barbares, l'appât d'une cité riche évoque des réalités plus saisissantes et c'est un sombre appétit de pillage qui, au cri de « Guerre aux Français! » les jetait contre ses murs. »

M. Bourdon essaye ensuite de décrire les horribles scènes qui, deux jours durant, se sont déroulées à Casablanca : dévastation, viols, massacres, et pour terminer, l'incendie qui dévore tout. Il y a eu plusieurs centaines de victimes, plus de mille peut-être.... On ne sait au juste. Voilà ce qu'est le Marocain quand il ne se sent plus contenu par une main de fer et quand l'occasion se présente à lui de faire du butin.

Le brigandage est permanent d'ailleurs sur la frontière algérienne, et malgré la présence de nos troupes, malgré leur extrême mobilité, il ne se passe guère de mois sans qu'on apprenne qu'un *djich*, un *rezzou,* ou même une *harka* a razzié quelque caravane ou quelque tribu soumise. Le Tafilet paraît être le centre de ces expéditions, et le *Bulletin du Comité de l'Afrique française* d'avril 1911, sous la signature de M. Victor Demontès, nous en donne l'explication au moins partielle :

« La misère, dit-il, serait grande au Tafilet; les récoltes des dattes et des céréales ont été nulles; aussi les habitants sont obligés de se faire bandits ou de s'expatrier pour vivre. Journellement arrivent à Colomb-Béchar des centaines d'indigènes qui se rendent à pied dans le Tell, espérant y trouver du travail. Certains meurent de froid et de faim avant d'atteindre nos portes. »

Que serait donc, au milieu d'une telle population, la situation d'un colon européen isolé ? Sa vie et ses biens y seraient continuellement en danger et le moins qui pourrait lui arriver serait d'être ruiné par de petits vols répétés, par ce *chapardage* subtil auquel excellent les Arabes et les Kabyles, et contre lequel aucune défense n'est possible, car les malfaiteurs sont légion et les surveillants ne sont qu'une poignée.

Maintenant, si réels, si profonds que soient ces dangers et ces causes d'échec, il faut ajouter que rien n'est absolu et qu'il se présentera des circonstances favorables où des colons pourront se maintenir au milieu des indigènes. Faut-il en conclure qu'ils y prospéreront ? Ceci est une autre question.

Loin des villes, le plus souvent, parfois même écarté des rares voies de communication à peu près entretenues, le colon aura à supporter des frais de transport onéreux tant pour le matériel, le mobilier, les objets de consommation dont il aura besoin que pour les produits qu'il aura à vendre.

Tout ce qu'il achètera, il le payera cher, car le fret, les droits de port, les droits de douane resteront pendant longtemps très élevés, et les divers intermédiaires par lesquels il achètera ou vendra voudront tous gagner beaucoup sur lui ; le tant pour cent des bénéfices bruts d'un commerçant ou d'un commissionnaire est toujours plus fort dans un pays neuf où les affaires sont moins actives, la vie plus difficile, les risques plus grands que dans les pays entièrement civilisés. D'ailleurs, messieurs les accapareurs de terrain, messieurs les spéculateurs de constructions auront majoré sensiblement le prix normal des loyers. Messieurs les actionnaires des concessions de ports et de chemins de fer auront accru les frais généraux de tous les dividendes qu'ils se répartissent, ce qui justifiera dans une certaine mesure les prétentions des commerçants.

Ce n'est pas tout : au Maroc comme en Algérie et en Tunisie, les récoltes sont très irrégulières. Si les pluies sont suffisantes et tardives, l'abondance règne partout; la sécheresse, le sirocco, les sauterelles amènent la disette. Les ressources du colon seront-elles toujours suffisantes pour parer à une série de plusieurs mauvaises années ? Il aura d'ailleurs à craindre l'excessive mobilité des cours qui, en cas de bonne récolte générale, pourront l'amener à vendre à vil prix, parfois même l'empêcher de vendre au moment où il aurait besoin d'argent; et si par malheur il se trouve dans une région éprouvée par quelque fléau particulier alors que partout ailleurs la récolte a été importante, il retirera fort peu de chose du peu de produits qu'il aura à vendre.

Dans ces moments critiques, s'il est réduit à recourir au crédit, il tombera sous les griffes des usuriers, plus redoutables que le sirocco et les sauterelles, et sa ruine complète ne sera alors qu'une question de temps.

On a dit plus haut les bienfaits et la nécessité de l'irrigation dans l'agriculture africaine. Mais dans la plupart des cas, l'irrigation exige des travaux étendus sur toute une région et des dépenses de premier établissement considérables. Un propriétaire dont les ressources sont limitées et qui ne peut d'ailleurs sortir des limites de son domaine est dans l'impossibilité de les exécuter. Parfois même, il verra l'eau couler le long de ses champs arides sans pouvoir la faire remonter jusqu'à leur niveau, car il faudrait, pour l'y amener, ou un barrage coûteux, ou de longs canaux de dérivation partant de très loin en amont, hors de sa propriété et de sa surveillance.

Faute d'eau il n'aura pas d'herbe; faute d'herbe, pas de bétail; faute de bétail, pas de fumier. Les engrais chimiques sont surtout efficaces combinés avec le fumier de ferme. D'ailleurs à quel prix lui reviendraient les engrais chimiques, grevés des bénéfices exorbitants des producteurs et des intermédiaires et de frais de transport écrasants ? Donc pas même d'engrais chimiques. Le pauvre colon cultivera à la manière des Arabes; il laissera reposer sa terre un an sur deux et se contentera des maigres récoltes qu'elle voudra bien lui donner dans ces conditions. Ne parlons pas des cultures industrielles qui nécessitent des labours profonds et des fumures copieuses; on a vu qu'en Algérie même elles ne parvenaient pas à s'implanter à raison de l'absence d'usines de transformation. Le colon fera du blé, de l'orge, du maïs, du bechna, du fenu-grec, comme les indigènes. Mais comment une telle culture pourrait-elle être rémunératrice pour un Européen alors que les indigènes, dont les besoins sont infiniment moindres, n'y trouvent que des moyens d'existence insuffisants et précaires ?

Le colon ne plantera pas d'arbres fruitiers, car

il devrait attendre trop longtemps avant d'en retirer quelque chose.

Il ne fera pas de drainages dans les régions où ils seraient nécessaires, car ce sont souvent, comme les irrigations, des opérations de trop grande envergure. Il vivra à côté des marécages, au milieu des moustiques, miné par la fièvre comme le furent les premiers colons algériens.

Si la fraîcheur de son sol lui permet d'avoir du bétail, il achètera, de ses voisins indigènes, les premières bêtes venues, les laissera vivre et se reproduire sans soins ni sélections et par conséquent sans en améliorer la race. Voudra-t-il vendre quelques têtes ? les bouchers de la ville la plus proche lui en offriront un prix dérisoire; les marchands de bestiaux viendront rarement le trouver, découragés par le prix du fret, par le manque de bateaux pourvus d'installations frigorifiques.

Le colon se mettra-t-il à planter de la vigne ? Culture avantageuse parfois, mais non exempte d'aléas. Il pourra cependant y réussir si les droits de douane ne sont pas maintenus à l'entrée en France, et le vignoble marocain pourra s'étendre comme celui de l'Algérie. Mais alors ce sera une concurrence fatale pour le Midi et pour l'Algérie elle-même, et les cours tomberont partout au-dessous des prix rémunérateurs. Le Maroc en souffrira davantage puisque le fret y sera plus élevé qu'en Algérie.

Encore une fois il n'y a rien d'absolu, et il est évident que malgré l'ensemble de ces conditions défavorables, un certain nombre de colons européens trouveront moyen de s'établir au Maroc, et que quelques-uns même y prospéreront. Mais ce qui est non moins évident, c'est que la colonisation réussira encore moins bien au Maroc qu'en Algérie et en Tunisie et que notre occupation y sera fragile et instable.

Ce qui est évident aussi, M. Leroy-Beaulieu l'a parfaitement prévu, c'est que les Espagnols, mieux acclimatables et moins exigeants, y viendront en bien plus grand nombre que les Français et trouveront plus facilement à y vivre. C'est donc une colonie espagnole que nous préparons, même dans notre propre zone d'influence.

Tel sera indubitablement le résultat d'une entreprise de colonisation livrée à l'initiative individuelle qui a déjà donné la mesure de son impuissance.

N'y a-t-il pas mieux à faire au Maroc ?

CHAPITRE VIII

La colonisation socialiste au Maroc.

Caractères généraux et but. — Reconstitution et utilisation intégrale du sol. — Aménagement des eaux. — Captage des forces naturelles. — Production mécanique et main-d'œuvre. — Recherche et exploitation des mines. — Industrie. — Communications et transports. — Commerce avec les indigènes. — Importation et exportation. — Production considérable. — Bien-être. — Garantie sociale du droit à l'existence. — Base de la répartition. — Emigration, natalité, alcoolisme. — Capital en espèces et monnaie fiduciaire. — Méthodes antiques et modernes. —Colonisation par masses. — Nécessité de l'unité de direction. — Une grande leçon de choses. — Participation des indigènes aux bienfaits de la colonisation socialiste. — Pas de spoliation. — Réformes prudentes. — Assistance par le travail et par le commerce ; assistance médicale. — Régime de la propriété indigène. — Moyens de constituer et de développer le domaine colonial collectif. — Peuplement en éléments français sélectionnés. — Autonomie administrative et union politique. — Statut administratif. — Production complémentaire et non concurrente de celle de la France. — Magasins de réserve. — Subvention gratuite ou remboursable.

La colonisation socialiste, au Maroc comme partout, repose sur le principe de la possession et de l'exploitation collectives du sol, de tout ce qu'il contient, de tout ce qui y sera créé, bâti ou planté, de tout l'outillage et le matériel servant à la production et aux transports, de toutes les forces hydrauliques, atmosphériques ou autres; tous les produits agricoles, industriels, miniers sont également propriété collective jusqu'au moment où ils sont livrés à la consommation particulière.

Elle a pour but la mise en valeur intégrale du pays, c'est-à-dire l'utilisation par l'homme de tous les agents naturels pouvant contribuer à la production et faciliter les transports; ces agents naturels sont le sol, l'air, l'eau, le soleil.

Ainsi, aucune parcelle du sol ne doit être laissée sans culture, et la culture doit être dirigée de façon à atteindre le maximum du rendement. Après avoir mis en valeur les plus riches parties du territoire, on continue par celles qui sont moins favorisées et on pousse l'appropriation jusqu'aux recoins les plus ingrats : on aménage en terrasses les coteaux abrupts, on arrête l'érosion des terres par des barrages et des fossés; on reconquiert peu à peu les surfaces ravagées; on reboise avec des essences forestières appropriées là où les arbres fruitiers n'auraient pas chance de réussir; bref, on reconstitue entièrement le pays; on fait renaître la végétation herbacée ou arbustive sur ces vastes étendues dont la dénudation afflige le regard.

La première condition de cette grande œuvre est un aménagément parfait, une utilisation intégrale des ressources en eau: aucune goutte de pluie ne doit être perdue pour la végétation;

un système complet de fossés et de travaux de retenue doit en faire absorber la plus grande quantité par les terrains en pente; le surplus, filtré, assagi, va alimenter les canaux de la plaine qui, en hiver et au printemps, le répartiront sur toute la surface des terres; en été la plupart des canaux seront asséchés, quoique le reboisement général doive relever sensiblement l'étiage des cours d'eaux. On réservera ce dont on pourra disposer pour les cultures qui nécessitent des arrosages continus.

En même temps qu'on apportera l'eau aux terres qui la réclament, on la retirera par des drainages de celles où elle est en excès. Le drainage est d'ailleurs inséparable de l'irrigation, d'abord parce qu'il est nécessaire d'évacuer les nappes souterraines que forme celle-ci lorsqu'elles s'étalent à une faible profondeur, ensuite parce que le drainage d'un bassin peut contribuer à l'irrigation d'un bassin inférieur. L'ensemble de ces travaux doit donc être étudié simultanément en vue d'une bonne coordination.

L'aménagement des eaux pour l'agriculture se lie lui-même à leur application comme génératrices de force. Les ingénieurs en combineront partout l'emploi en vue de ce double usage. Transformée en énergie électrique, la puissance hydraulique ira au loin faire mouvoir l'outillage industriel et agricole, alimenter les services de transports et d'éclairage. Si elle est insuffisante pour ces multiples besoins, même avec le concours de la force des marées, dont l'utilisation pratique n'est qu'une question de temps, on recourra aux moteurs atmosphériques, au pétrole qui existe au Maroc et subsidiairement à la houille qui est bien employée en Egypte pour actionner les machines élévatoires et peut l'être également au Maroc, même si on ne la découvre pas dans son sous-sol.

Le principe sera de réduire le plus possible la part de force matérielle à fournir par l'homme et les animaux domestiques. Cependant l'application de cette règle ne sera pas aveugle et irraisonnée. Lorsqu'il sera constaté qu'il n'y a pas avantage à substituer la machine à l'homme ou à l'animal, ou encore lorsque l'économie minime ne serait obtenue que par de trop coûteuses acquisitions de matériel, ou enfin lorsqu'il sera nécessaire de réserver aux indigènes, pour assurer leur subsistance, une part donnée de la main-d'œuvre, on pourra, dans la période de transition surtout, déroger dans une certaine mesure au principe général.

Tout en accordant à l'agriculture sa légitime prépondérance, la colonisation socialiste ne néglige pas les autres éléments de la fortune publique: une étude géologique approfondie, une prospection méthodique, des travaux de recherche complets sur les points intéressants permettent de déterminer le nombre et l'importance des gisements miniers, et l'exploitation en est faite dans l'ordre de leur utilité et dans la mesure des débouchés intérieurs et extérieurs.

Les matières premières fournies par l'agriculture et le service des mines reçoivent toutes les transformations que permet l'état de développement économique de la colonie. Des usines sont créées partout où on peut trouver de quoi les alimenter; leur outillage est toujours le plus perfectionné qui existe au moment de leur établissement. La colonie dirige constamment son activité vers la production de tout ce qui lui est nécessaire, de façon à être le moins possible tributaire des autres pays. D'autre part, pendant toute la période où elle a besoin de ressources pour poursuivre son œuvre de mise en valeur, elle s'efforce d'accroître son exportation.

Un réseau serré de voies de communication et un matériel de transports absolument moderne, routes, chemins de fer, tramways, canaux, bateaux à vapeur, facilitent d'ailleurs la circulation et en abaissent les frais; pour les transports maritimes, la colonie a sa flotte munie des installations frigorifiques et de tous les dispositifs spéciaux qui diminuent la manutention.

La colonisation socialiste n'a pas pour but le profit; elle ne cherche pas à réaliser des bénéfices sur les marchandises qu'elle produit ou qu'elle achète pour les revendre; elle ne répartit pas de dividendes; quand elle entreprend une opération, elle n'envisage pas le revenu qu'elle pourra en retirer, mais le degré d'utilité générale qu'elle présente.

Cependant, dans la période initiale, se trouvant en présence d'énormes dépenses de premier

établissement et d'une production très limitée,
elle devra nécessairement, par le gain très légitime du commerce avec les indigènes et avec
l'extérieur, se procurer un supplément de ressources qui viendra diminuer d'autant la subvention de la métropole.

Mais, dans la phase suivante, quand on n'aura
plus à faire de frais de création et que ceux
qui auront été engagés seront amortis, la colonisation socialiste revêtira son véritable caractère : le mouvement commercial se réduira à
acheter à l'extérieur, dans la mesure de ses besoins les plus largement calculés, les objets que
la colonie ne pourra pas produire dans de bonnes conditions et à y vendre une quantité de ses
produits juste équivalente à ses importations.
Elle n'aura aucun intérêt à chercher à augmenter ses ventes et à accumuler ainsi des quantités de numéraire qui n'accroîtraient en rien
le bien-être de ses habitants ; il sera alors à peu
près indifférent de vendre ses produits à prix
coûtant, ou même de les vendre à perte pour
s'en assurer toujours l'écoulement ; maîtresse de
sa production, il lui suffira d'en augmenter un
peu la quantité.

Il n'y a rien d'excessif à affirmer que la colonisation socialiste d'un pays d'une fertilité
moyenne et doté de quelques ressources minières, serait en mesure de pourvoir largement aux
besoins de ses habitants : organisée méthodiquement, avec l'outillage perfectionné, d'après les
procédés scientifiques les plus sûrs, la produc-

tion, dont l'effectif ne serait plus affaibli par une nuée d'intermédiaires et dont aucune parcelle ne serait détournée par le parasitisme capitaliste, pourrait, de toute évidence, créer un degré de bien-être insoupçonné aujourd'hui.

Il serait alors facile de faire une réalité vivante de la solidarité sociale qui n'a été jusqu'à ce jour qu'un vain mot: le droit à l'existence reconnu à tout être humain naissant à la vie lui serait effectivement garanti par le corps social, sous forme d'une assistance large et obligatoire à quiconque serait physiquement incapable de se livrer au travail, enfants, vieillards, malades, blessés, infirmes, du droit au travail, à un travail sain, peu pénible et bien rémunéré pour les adultes valides, et d'une assurance gratuite contre toute perte accidentelle.

Les conditions d'existence ainsi garanties seraient certes des plus satisfaisantes; elles ne représenteraient cependant qu'un minimum au-dessus duquel pourraient facilement s'élever les citoyens qui rendraient à la collectivité des services particulièrement méritoires: l'organisation socialiste, en effet, n'implique nullement une répartition sur le pied de l'égalité, dont la justice est fort discutable, et rien n'empêche d'y maintenir l'émulation résultant d'une différence entre les situations, du moment où la plus modeste serait encore excellente.

Toute machine, toute découverte nouvelle qui viendrait rendre le travail humain plus productif se traduirait pour tous les membres par une diminution de la durée du travail ou par une augmentation du bien-être, ou par les deux à la fois.

On prétend que le Français est trop heureux chez lui pour émigrer aux colonies; la vérité c'est que, si précaires que soient ses moyens d'existence, il craint de n'en pas même retrouver de pareils dans des pays lointains d'où il a entendu dire que beaucoup sont revenus plus misérables qu'à leur départ; il voit dans ces aventures de gros risques et des profits douteux ; c'est pourquoi il se montre peu enclin à quitter le sol natal. Mais quand il saurait qu'il existe quelque part un Eden où tous les valides trouvent de bon travail et tous les faibles de larges secours, d'où la misère est absolument bannie, ah ! comme il y courrait !

On redoute pour la France l'arrêt de la natalité. Comme ce danger serait peu inquiétant dans une colonie où chaque nouveau-né serait à la charge de la collectivité !

L'alcool est aussi une grosse menace pour l'avenir; la propagande anti-alcoolique est impuissante contre les réclames des distillateurs et l'intérêt fiscal; la consommation du funeste poison ne cesse d'augmenter en France; en 1911, la plus-value de 53 millions sur l'année précédente dans le rendement des contributions indirectes est due principalement, dit le *Temps* du 7 janvier 1912, à « un regrettable accroissement dans la consommation de l'alcool ». Une colonie socialiste conjurerait le péril par un moyen bien simple : en n'en fabriquant pas et en en interdisant la vente.

Si une des grandes nations civilisées adoptait la régime socialiste, il lui suffirait de se mettre en possession de toutes les forces de la production. Elle pourrait parfaitement, même pour ses échanges avec l'étranger, se passer de capital numéraire. Mais une colonie socialiste se créant dans un pays neuf, entièrement dépourvu d'outillage économique, a besoin d'un fonds de premier établissement en espèces pour acheter le commencement de cet outillage et pourvoir à la subsistance des colons en attendant les fruits de leur travail.

Seulement ce capital en espèces est incomparablement moins élevé dans une colonie socialiste que dans une colonie capitaliste pour atteindre les mêmes résultats: d'une part, à cause de l'économie extrême de l'organisation socialiste qui tire de chaque élément, matériel ou humain, le maximum de ce qu'il peut donner, alors que l'anarchie capitaliste entraîne un gaspillage effréné des forces et des moyens; d'autre part, à cause de l'inutilité d'employer une monnaie réelle pour la répartition des produits entre les colons; un signe fiduciaire quelconque de la valeur, en papier ou en métal commun, suffira parfaitement puisque tous les achats des consommateurs se feront aux magasins collectifs qui l'accepteront. La solidité de cette monnaie fictive a été établie dans l'*Application du Système collectiviste;* elle se fonde sur le fait que la quantité de

monnaie mise en circulation sera toujours représentée dans les magasins sociaux par une
quantité équivalente de marchandises. Et comme
d'ailleurs cette sorte de bons au porteur aura le
précieux avantage de ne pas subir les fluctuations du change, si onéreuses parfois dans des
pays comme le Maroc, elle sera acceptée sans hé-
sitation par les colons dès le début et les indigènes s'y habitueront peu à peu. Le capital initial
en espèces sera donc employé exclusivement aux
achats à l'extérieur ; c'est dire qu'à capital égal
une colonie socialiste accomplira au moins trois
ou quatre fois plus de travaux de mise en valeur; et ce point est d'une extrême importance
étant donné que l'obtention d'une subvention de
création sera la grosse difficulté du projet.

Quand les peuples colonisateurs de l'antiquité
voulaient occuper un territoire nouveau, ils or-
ganisaient une expédition nombreuse comprenant à la fois des guerriers pour combattre et
des techniciens pour travailler, les uns et les
autres souvent confondus d'ailleurs, dans les
mêmes personnes. On avait soin de munir les
navires de tous les objets et outils d'utilité immédiate. On emportait donc avec soi tous les éléments nécessaires à un établissement complet.
Arrivé à destination, aussitôt après la prise de
possession, amiable ou violente, du sol à coloniser, on traçait à la charrue l'enceinte de la ville,
on la construisait, on édifiait à l'intérieur les
monuments publics et bâtiments d'habitation,
on aménageait le port; une cité nouvelle surgis-

sait de toutes pièces. Au dehors, on défrichait, on labourait, on semait. Ces divers travaux, mûrement coordonnés, s'accomplissaient, non au gré des fantaisies de chacun, mais sous la direction du chef, assisté ordinairement du conseil des anciens. C'était la bonne méthode; mais le régime capitaliste a changé tout cela: le peuplement de la colonie se fait aujourd'hui par infiltration; un à un, les colons arrivent de tous les points de l'horizon; ils s'installent n'importe où et chacun d'eux fait ce qu'il veut, ou plus exactement ce qu'il peut, car ils sont livrés à leurs propres ressources et personne ne s'occupe de ce qu'ils deviendront. Là où manquent des maçons et des charpentiers, il se présente des cultivateurs; là où il faudrait retourner la terre arrivent des commerçants; le plus grand nombre des nouveaux venus est d'ailleurs sans profession définie et n'est à peu près capable de rien d'utile. Ajoutons que dans la plupart des cas il ne vient même personne. Quelle œuvre sérieuse peut sortir de ce chaos, de ce néant?

Reprenant les traditions antiques, la colonisation socialiste opérera par masses, sans à-coups, d'après un plan d'ensemble préalablement étudié. Une région agricole ou minière étant choisie, on en évalue les ressources et on fixe en conséquence l'effectif du premier contingent d'occupation, qui comprend les chefs des services à créer et leur personnel; tous les corps de métiers sont représentés en nombre proportionnel à la part incombant à chacun dans l'œuvre commune. L'emplacement et l'importance de la ville étant fixés, on en élève l'enceinte — car ce serait une folie de laisser s'installer une population européenne dans des villes ouvertes, au milieu de tribus nombreuses à qui il ne faut jamais offrir d'occasion de pillage facile — et on en construit les bâtiments. Préalablement un corps de pionniers envoyés en avant-garde a préparé les éléments d'un installation provisoire. On ouvre une carrière de pierres, on crée une tuilerie-briquetterie, des fours à chaux et, s'il y a une forêt proche, une scierie mécanique. On capte les forces naturelles dont on peut disposer, on améliore les chemins, on jette là où il y a lieu quelques kilomètres de voie ferrée portative. Simultanément les défrichements commencent avec le concours d'indigènes aussi nombreux que possible; on se hâte de labourer et d'ensemencer les parties les plus accessibles et les plus fertiles, celles où il y a le moins de travaux préparatoires à exécuter; on aménage les eaux; on crée des pépinières. Bref, la mise en valeur s'exécute méthodiquement, graduellement, de la façon dont procéderait une grande société capitaliste intelligemment dirigée si une telle entreprise pouvait être tentée par un groupement financier. Les grandes sociétés capitalistes, en effet, quels que soient leur forme et leur objet, arrêtent d'abord leur programme; puis elles l'exécutent le plus rapidement et le plus économiquement possible, sous une direction concentrée; elles ne laissent pas à chaque actionnaire le droit d'employer son apport à son gré. C'est la règle logique de toute association, de toute affaire; en dehors d'elle il n'y a qu'anarchie et avortement. On s'explique donc parfaitement l'insuccès de la colonisation telle qu'elle a été comprise jusqu'à ce jour et, à moins de vouloir fermer les yeux à l'évidence, on doit reconnaître la supériorité de la colonisation à base socialiste.

La concentration des affaires par les trusts, les cartels, les syndicats patronaux est la caractéristique de notre époque. Partout les petits producteurs disparaissent; le mouvement est irrésistible et les chefs d'Etat américains, comme MM. Roosevelt et Taft, qui ont paru chercher à s'y opposer, se défendent d'une telle intention; ils affirment n'avoir voulu faire la guerre qu'aux abus auxquels les nouveaux groupements ont donné lieu. On ne voit en France, en Allemagne, en Angleterre, aux Etats-Unis et ailleurs que créations de grosses firmes par la fusion de sociétés déjà puissantes isolément; chaque branche de la production tend de plus en plus à se ranger sous une direction unique, afin d'éviter les ruineux conflits de la concurrence. Or, plus que toute autre entreprise peut-être, la mise en valeur d'un pays neuf, où tout est à organiser, nécessite l'unité de vues que la grande production capitaliste, foulant résolument aux pieds les lois désuètes de l'ancienne économie orthodoxe, est en train de se donner. Est-il donc possible d'appliquer à une œuvre nouvelle les méthodes archaïques universellement condamnées par l'expérience ? Ce qui est reconnu bon pour une entreprise capitaliste, dans l'intérêt de ses actionnaires, peut-il être mauvais pour une œuvre sociale dont le but est d'assurer le bien-être à tous ceux qui y apportent leur travail ?

Lorsque nos gouvernants seront mis en demeure de se prononcer, espérons qu'ils auront conscience de leurs responsabilités devant le peuple et devant l'Histoire.

La colonisation socialiste au Maroc dépasse d'ailleurs beaucoup par sa portée les limites de ce pays. Ce n'est pas seulement au point de vue des avantages à réaliser au profit de ses participants qu'elle doit être envisagée; c'est aussi et surtout sous le rapport de l'exemple qu'elle donnera au monde. On verra pour la première fois, depuis qu'il existe des sociétés humaines, un coin de notre planète d'où sera bannie la misère et son lugubre cortège de maux, de vices et de crimes, où la prospérité générale, au lieu d'être une moyenne entre l'extrême richesse et l'extrême pauvreté, ne sera faite que de prospérités particulières. Le spectacle de cette magnifique civilisation sera une éclatante leçon de choses qui, mieux que tous les raisonnements, apportera aux esprits hésitants ou attardés la révélation de la supériorité du Socialisme. Mais pour qu'elle porte tous ses fruits, il faut qu'aucune ombre d'injustice n'en vienne voiler la splendeur. C'est dire que la population indigène doit être associée aux bienfaits de l'œuvre socialiste.

Ce serait pour nous une dangereuse naïveté

de ne voir chez les indigènes marocains que des êtres doux et inoffensifs, d'aller, forts de nos bonnes intentions, leur tendre fraternellement la main avec des effusions sentimentales et nous mêler à eux en toute confiance. Nous devons les voir tels qu'ils sont, avec leur mentalité très différente de la nôtre, leurs préjugés, leurs instincts vicieux et cruels. Nos premiers rapports avec eux devront être ceux du dompteur avec le fauve, la cravache levée, surveillant de l'œil les moindres mouvements, prêts à déjouer toute traîtrise. Qu'on le comprenne bien: la force est la seule autorité qu'ils reconnaissent. C'est parce qu'ils ont éprouvé la supériorité des armes françaises que nous pourrons nous installer à côté d'eux; mais le souvenir de leurs défaites ne nous protégerait pas indéfiniment si nous ne nous maintenions pas en force, s'ils ne sentaient pas constamment qu'aucun de leurs attentats ne resterait sans répression.

Mais sans nous départir jamais des précautions indispensables, nous ne pouvons éprouver aucune haine à l'égard de ces pauvres gens, qui ont bien leurs qualités aussi, à côté de leurs défauts. Leur extrême bravoure seule devrait suffire à nous les rendre sympathiques. Après tout, ils sont ce que le milieu les a faits. Obligés de se défendre constamment contre les exactions de leurs chefs et les agressions de leurs voisins, ils ne sont pas responsables d'être devenus durs, fourbes et impitoyables. Où auraient-ils pris des instincts de droiture et d'humanité ? Au fond, pour qui les connaît bien, ce sont de grands enfants inconscients dont on peut obtenir beaucoup si on sait les prendre, c'est-à-dire fermer les yeux sur leurs peccadilles, ne jamais être injuste envers eux, mais ne jamais leur faire grâce en cas de faute grave : clémence, pardon sont pour eux synonymes de faiblesse et ne leur inspirent que du mépris, sans la moindre gratitude.

Si les indigènes marocains nous haïssent et nous craignent, c'est parce que nous ne nous sommes guère montrés à eux que comme des spoliateurs plus dangereux encore que leurs chefs, le régime des capitulations faisant des Européens des êtres privilégiés contre lesquels toute défense est impossible.

« Il n'est pas étonnant, écrit Mme de Bacheracht, femme d'un plénipotentiaire au Maroc, dans un opuscule intitulé : *Une Mission à la Cour chérifienne,* que les Marocains préfèrent encore être pressurés par les leurs, plutôt que de se voir les victimes d'exploiteurs venus du dehors, et l'on ne saurait, en bonne justice, leur en vouloir d'être absolument réfractaires aux bienfaits de la civilisation européenne. »

Cette prétendue civilisation, en effet, n'est, en régime capitaliste, qu'un prétexte pour les dépouiller de la terre à laquelle est attachée leur liberté et la sécurité relative de leur existence, pour faire d'eux de tristes prolétaires ne trouvant à vivre que dans la mesure où nous aurons intérêt à nous servir de leurs bras. Tout colon installé parmi des indigènes convoite leurs champs lorsqu'ils sont fertiles, et en Algérie où la loi civile française est en vigueur, il n'est ruse procédurière qu'il n'emploie, il n'est piège qu'il ne tende aux pauvres *bicots* pour s'en rendre maître par autorité de justice. Comment le malheureux indigène se défendrait-il contre nos grimoires sur papier bleu auxquels il ne comprend goutte ? Dira-t-on que les choses se passeront autrement au Maroc ? Les procédés différeront sans doute, mais le résultat sera le même. On a déjà vu les petits propriétaires d'Oudjda contraints de céder à vil prix leurs terrains à des acquéreurs qui les revendaient avec d'énormes bénéfices. Et le 10 janvier 1912, avant la ratification du traité qui nous confère le protectorat, le *Temps* annonce que le maghzen, sur le point de nous passer l'administration des biens domaniaux, se hâte d'en réaliser des parties importantes aux environs de Fez et de Meknès, pour en faire argent. « Le maghzen, dit-il, procède actuellement, dans ce but, à une délimitation avec les propriétaires particuliers dans des conditions arbitraires qui suscitent de légitimes protestations et peuvent provoquer de nouveaux soulèvements des tribus.

« Il est urgent, ajoute le *Temps*, pour corriger ces abus, d'envoyer un ou deux conseillers financiers spécialement chargés de contrôler et régulariser les opérations de démembrement domanial auxquelles se livre actuellement le maghzen.

« Tout en déplorant ces abus et d'autres du même genre, notre représentation consulaire à

Fez est impuissante à les faire cesser, et les indigènes se plaignent que notre intervention, qui faisait espérer un régime de justice, n'ait apporté jusqu'à présent aucune amélioration de cet ordre. »

Notre intervention, sur laquelle paraissent faire fond les indigènes menacés de dépossession, sera-t-elle plus efficace au Maroc qu'elle ne l'a été en Algérie et en Tunisie ? On peut, on doit en douter. Aux procédés brutaux du maghzen, elle substituera des méthodes plus habiles dont le résultat sera le même. Et alors le mécontentement prendra forme de révoltes qu'on étouffera dans le sang. Voilà l'avenir de la colonisation capitaliste au Maroc; elle ne se développera — si elle se développe — que par la spoliation et ne se maintiendra que par l'abus de la force.

La colonisation socialiste fera précisément le contraire. Là, nulle convoitise personnelle ne pourra s'exercer; il s'agira d'accomplir une belle œuvre humanitaire: comment pourrait-on mettre à son service des moyens de piraterie ? En aucun cas donc les indigènes ne devront avoir à souffrir de notre occupation; il faudra qu'elle ait lieu dans des conditions telles qu'ils aient toujours à y gagner, matériellement et moralement.

Soucieux de nos devoirs envers ces frères attardés, nous les considérerons non comme des instruments d'exploitation de leur pays, mais comme des collaborateurs intéressés. Ici encore il ne faudra pas faire fausse route: pendant

longtemps il n'y aura pas à songer à les associer à la direction de l'œuvre, à leur accorder
des droits électoraux à l'exercice desquels ils sont
peu préparés et dont ils s'empresseraient de se
servir contre nous en ruinant l'œuvre ébauchée.
Jusqu'à ce que leur mentalité se soit transformée, ce qui peut-être ne se produira qu'après
plusieurs générations, nous devrons les gouver-
ner, et ils ne s'en plaindront pas du moment où
nous le ferons avec justice. Ce serait également
une erreur de trop nous hâter de répandre l'instruction parmi eux; nous n'y réussirons que plus
tard, alors qu'un long contact avec nous leur
en aura fait éprouver le besoin. Actuellement,
ils considéreraient comme un acte de tyrannie
l'obligation d'envoyer leurs enfants dans nos
écoles et cette louable intention pourrait nous
attirer de graves difficultés. Dès le début, nous
aurons donc fait tout le possible en accueillant
les enfants que leurs parents nous enverront de
leur propre initiative.

Pour nous concilier graduellement les sym-
pathies des indigènes, il nous suffira de respecter leur religion et leurs coutumes, de les laisser
administrer selon les usages antérieurs en inter-
venant très peu dans leurs affaires: certaines
tribus élisent leurs cheiks; pour d'autres ces derniers sont désignés par le maghzen. Il n'y aura
rien à changer à tout cela, du moins au début;
il nous suffira de surveiller discrètement les
agissements des cheiks, caïds, pachas et autres
chefs ou fonctionnaires, et de nous opposer aux

abus qu'ils pourraient être tentés de commettre, tout au moins aux plus criants. Le principe de la séparation des pouvoirs n'est pas appliqué au Maroc et l'organisation de la justice y laisse énormément à désirer. A cet égard nous aurons beaucoup à faire; mais nous devrons être très prudents dans nos réformes, et surtout ne pas nous presser d'aller imposer aux indigènes nos lois et nos magistrats: l'application de notre code de procédure en Algérie a plus contribué à nous faire exécrer que tous les autres méfaits qu'on nous reproche; c'est au point que les Arabes et les Kabyles, qui ne comprennent qu'une justice sommaire, immédiate et sans frais, regrettent les bureaux arabes, si violemment critiqués jadis en France.

Notre devoir essentiel envers les indigènes, c'est de veiller à la satisfaction de leurs besoins matériels. Ils sont paresseux et imprévoyants. Ils ne cultivent que juste assez de terre pour les nourrir, eux et leur famille. Les années où les pluies de printemps font défaut, la récolte est très réduite, ou même complètement perdue, et c'est la famine. Quand de telles calamités sévissent en Algérie et en Tunisie, l'Administration répartit quelques secours, toujours tardifs et insuffisants, et qui souvent sont partiellement détournés de leur véritable affectation par la rapacité des chefs indigènes. La colonisation socialiste, ayant toujours devant elle un vaste plan de travaux d'amélioration, qu'elle peut exécuter plus ou moins vite, ouvrira de vastes chantiers où seront admis tous les nécessiteux dans la limite de leurs besoins. Ils recevront un salaire en nature, principalement en orge, blé, huile, etc., et de cette façon personne ne mourra de faim. Alors, quoi qu'ils ne soient pas toujours fort enclins à la reconnaissance, les indigènes cesseront de nous maudire.

Un moyen efficace de leur venir en aide et d'introduire parmi eux quelque aisance sera d'assurer l'écoulement de leurs produits. Pour cela il faudra d'abord mettre un terme aux exploits des coupeurs de routes qui rançonnent ou dépouillent les voyageurs, puis améliorer les voies de communication, et enfin, créer sur tous les points où le besoin en sera reconnu des factoreries qui achèteront à des prix raisonnables toutes les marchandises qui y seront apportées. Ce sera pour les indigènes un encouragement à accroître leur production, et peu à peu leur condition deviendra meilleure. Nous leur serons également fort utiles en leur fournissant dans nos factoreries les denrées et objets qu'ils se procurent ordinairement par l'intermédiaire onéreux du commerce d'importation. La colonisation socialiste qui achètera et transportera par quantités pourra, tout en prélevant un honnête bénéfice qui concourra au développement de son œuvre comme il a été dit, affranchir les indigènes d'un lourd tribut. Leurs achats augmenteront naturellement en même temps que leurs ventes; nous les aiderons à accroître leur production en leur fournissant à bon compte du matériel agricole, des plants d'arbres fruitiers, en mettant à leur disposition de bons reproducteurs pour améliorer leur élevage, en leur donnant des conseils éclairés, et même en instituant entre eux des concours et en distribuant des récompenses pour encourager le progrès agricole.

Enfin, nous ne refuserons jamais l'assistance médicale et pharmaceutique aux indigents, et ce sera pour ces pauvres gens un des bienfaits auxquels ils seront le plus sensibles.

Par l'ensemble de ces mesures d'humanité et de justice, par son souci constant de ne jamais faire de mal aux indigènes et de leur faire toujours le plus de bien possible, la colonisation socialiste fera bénir la domination française, élèvera peu à peu le niveau intellectuel et moral de nos protégés et préparera la fusion des races qu'il appartiendra au temps de consommer.

Mais si nous sommes fermement résolus à ne pas dépouiller les indigènes, comment nous procurerons-nous les terres indispensables à notre colonisation ? Par un ensemble de moyens, qui varieront selon les circonstances, mais qui seront, on va le voir, parfaitement efficaces.

D'après le droit musulman, toute la terre, au Maroc, appartient à Dieu, c'est-à-dire au sultan, son représentant direct. Mais le sultan en a attribué une partie, après la conquête, à ceux qui combattirent avec lui pour l'Islam, et cette attribution, ayant eu un caractère définitif, a bénéfié à leurs descendants, de sorte que les sultans actuels ne peuvent y revenir. Le droit de propriété privée ainsi constitué ne s'applique d'ailleurs qu'aux terres cultivées. Quant aux territoires en friche, un axiome du droit musulman règle en ces termes leur condition: « Quiconque vivifie une terre morte en devient propriétaire ». Une partie de la propriété indigène s'est constituée de cette façon; une autre par la possession longue et paisible qui vaut titre. La propriété privée, parfois individuelle, reste souvent collective entre la famille ou la tribu.

Une part importante des propriétés privées a été affectée à des fondations pieuses sous le nom de *habous*. Cette affectation est perpétuelle. Les biens habous ne peuvent donc être vendus; mais ils peuvent être donnés à bail pour une durée prolongée ou administrés à forfait par l'Etat.

La colonisation socialiste aura donc à sa disposition, en premier lieu, les terres restées la propriété directe du sultan, ce dernier recevant une liste civile ; en deuxième lieu, les biens habous, sous réserve de la rente à servir aux fondations; en troisième lieu, les terres improductives ou terres mortes qu'elle vivifiera en les mettant en valeur.

Quant aux propriétés privées, elle s'entendra facilement avec les indigènes pour acquérir soit par vente, soit par location, soit par association, celles dont ils ne retirent que de minimes produits et qui nécessitent des frais de mise en valeur supérieurs à ce qu'ils peuvent y consacrer. La culture indigène est essentiellement extensive; en la perfectionnant nous restreindrons la surface qu'elle occupe tout en augmentant son rendement; nous pourrons même, par des conventions librement acceptées par les indigènes sans la moindre contrainte de notre part, annexer au domaine colonial une notable partie de leurs bonnes terres. Nous n'aurons qu'à attendre leurs offres qui ne manqueront pas, étant donné que nous paierons comptant et que nous assurerons toujours du travail lucratif aux bras inoccupés. La mainmorte socialiste s'étendra ainsi de plus en plus, au grand avantage de tous et il viendra un moment où elle aura absorbé entièrement la propriété privée. Alors les indigènes, devenus nos collaborateurs et nos associés, accompliront leur part du travail collectif moyennant une part des produits qui leur assurera de larges garanties d'existence.

En Algérie et surtout en Tunisie, l'élément français est débordé par l'élément étranger et c'est là un sujet de perpétuelles inquiétudes pour nos administrateurs et nos colons. Au Maroc, le danger serait encore plus grand. M. Leroy-Beaulieu estime qu'il y viendrait quatre Espagnols pour un Français, peut-être même le double. L'élément français lui-même constitue, dans bien des cas, une médiocre acquisition pour la colonie; si c'est une sélection qui le choisit, c'est souvent une sélection à rebours. Comment faire mieux en régime capitaliste ? Comment empêcher des étrangers ou des Français *undésirable* de venir dans l'Afrique du Nord pour chercher à y vivre de leur travail ou d'expédients?

La colonisation socialiste ne fermerait le pays à personne; mais comme on saurait à l'avance quelle ne donne de travail qu'à ses membres et aux indigènes, que tout commerce est impossible à côté du sien et qu'elle occupe toutes les terres, les émigrants cosmopolites iraient chercher fortune ailleurs. C'est elle-même qui recruterait son personnel, en France, par une publicité bien organisée, après enquête sérieuse sur la moralité et les aptitudes de chaque demandeur, et dans la mesure des nécessités du travail. Pour plus de sécurité, on stipulerait que les nouveaux colons, avant d'être définitivement admis à jouir de la plénitude des droits d'associés collectifs, auraient à subir un stage de deux ou trois ans, à l'expiration duquel, si leur travail et leur conduite n'avaient pas donné satisfaction, ils seraient purement et simplement rapatriés. Ce serait donc une élite qui peuplerait le Maroc et non le rebut de la société, comme dans presque toutes les colonies françaises et étrangères. Ces braves gens, ces laborieux travailleurs seraient pour les indigènes de salutaires exemples; ils leur feraient respecter et aimer la France et donneraient ainsi à notre domination des bases indestructibles.

Il est à croire que nul socialiste conscient n'opposera à cette conception purement française de la colonisation des objections tirées d'une fausse interprétation de notre doctrine internationaliste. L'internationalisme est l'entente entre les nations substituée à leur antagonisme; ce n'est pas la confusion des peuples; chacun d'eux doit conserver sa vie propre, évoluer dans son cadre historique. Il est permis de prévoir que leurs ententes prendront un jour la forme fédérative qui elle-même préparera une fusion complète, d'abord entre les nations de race blanche, plus tard peut-être entre toutes les races. Mais le temps est le facteur essentiel de telles transformations et à vouloir trop accélérer son œuvre, on risquerait de la compromettre.

Les Français du Maroc socialiste resteraient donc des Français, soumis aux lois de leur pays, sauf à celles qui seraient en contradiction avec l'organisation collectiviste. Jouissant d'une pleine autonomie administrative, ils ne songeraient jamais à briser le lien politique qui les uniraient à la mère-patrie. Ils contribueraient à son gouvernement, comme les autres colonies, par la nomination de députés et de sénateurs. Toute l'autorité militaire resterait au pouvoir central. Cependant on peut prévoir, lorsque le peuplement serait devenu assez important, la constitution d'une milice coloniale amplement suffisante pour la défense du territoire et qui dispenserait la France de dépenser, comme en Algérie, 55 millions par an pour l'entretien d'un corps d'armée. L'élément indigène incorporé dans cette milice pourrait même au besoin contribuer utilement à la défense de la métropole.

Il n'y a pas à prévoir quant à présent de statut administratif pour la colonisation socialiste. On conçoit qu'il sera extrêmement variable. Au début, lorsque le nombre des colons sera peu élevé, et qu'ils n'auront pas encore été admis à titre définitif, la direction appartiendra forcément tout entière à un conseil d'administration agréé par le gouvernement, agissant sous son contrôle, et qui restera en fonctions pendant un certain temps. Plus tard, il sera renouvelé partiellement par le suffrage des associés collectifs régulièrement admis, et dont les droits seront étendus au fur et à mesure de leur accroissement numérique. Plus tard enfin, les indigènes seront graduellement appelés à participer à l'administration. Telles sont les phases qui apparaissent dès aujourd'hui comme probabilités. La marche des événements déterminera les modes et la durée de chacune.

Un des côtés les plus intéressants de la colonisation socialiste c'est que, la production y étant dirigée et réglée à volonté, pourra toujours compléter celle de la France au lieu de lui faire concurrence, comme cela arrive fatalement avec l'anarchie capitaliste.

Ainsi, la France a besoin de beaucoup de coton, de laine, de viande et d'une quantité variable de céréales. Le Maroc socialiste lui en fournira le plus possible. Par contre, il ne produira de vin que pour sa consommation intérieure, pour ne pas précipiter et aggraver la crise viticole qui éclatera tôt ou tard à cause de l'extension du vignoble français et algérien.

La création de magasins de réserve, dont l'importance croîtra au fur et à mesure du développement des ressources, en même temps qu'elle parera à l'irrégularité des récoltes dans la colonie, facilitera le ravitaillement de la France qui, les années déficitaires, y trouvera toujours des stocks disponibles.

Ainsi qu'on l'a dit plus haut; une subvention de la métropole est indispensable pour créer de toutes pièces une civilisation en pleine barbarie. Sera-t-elle accordée sous forme d'un don gratuit ou d'une avance remboursable et productive d'intérêts ? La première hypothèse serait évidemment préférable; elle ne serait d'ailleurs pour le Maroc ni une faveur ni une innovation, car il ne paraît pas que la France ait l'intention de récupérer les quatre milliards que lui a coûtés l'Algérie, ni les 83 millions qu'elle continue à lui donner annuellement. Pourquoi donc serait-elle moins généreuse envers le Maroc ? Il conviendrait d'insister énergiquement, du moment où il s'agit d'une expérience comparative entre deux modes de colonisation, pour obtenir des conditions économiques égales; ce serait de toute justice.

Cependant admettons des résistances opiniâtres et la nécessité de se contenter d'un simple prêt. La charge des intérêts et de l'amortissement ne serait-elle pas trop lourde pour la jeune colonie socialiste, quelle que soit sa vitalité ?

Les emprunts ordinaires sont gagés sur des ressources antérieures et permanentes: droits de douane, impôts divers. La colonisation socialiste n'aurait rien de tel à offrir; comme les entreprises commerciales et industrielles, elle ne pourrait qu'escompter des revenus à naître, donc jusqu'à un certain point incertains, tout au moins dans leur montant.

On pourrait même soutenir, avec une apparence de raison, qu'elle serait en état d'infériorité par rapport aux entreprises capitalistes ordinaires: celles-ci, en effet, limitent toujours leur objet à des opérations d'un avantage très probable et très prochain; dans un pays neuf elles prennent les meilleures parties et laissent le reste; leur œuvre est d'ordre lucratif et nullement civilisateur; elles ne s'embarrassent pas d'institutions humanitaires qui augmenteraient leurs frais généraux ; elles exploitent durement leur personnel dont elles tirent le maximum de travail pour un minimum de salaire. Il semble donc qu'elles doivent présenter pour un créancier de meilleures garanties qu'une colonie socialiste.

Evidemment si cette dernière s'attaquait dès le début aux difficultés en laissant de côté les parties faciles de sa tâche, si elle commençait par assainir des marais, par arracher d'épaisses broussailles, en négligeant les terres labourables, si elle procédait à des reboisements forestiers ou à des plantations d'arbres fruitiers d'un rendement éloigné au lieu de semer du blé pour nourrir ses membres, elle engloutirait beaucoup do capitaux avant de donner des résultats. Et cependant ces résultats seraient seulement dif·férés et non compromis.

Mais elle aussi commencera son œuvre par les cultures immédiatement rémunératrices ; plus tard seulement, et sur les ressources qu'elle se sera créées, elle abordera celles qui nécessiteront des avances plus importantes ou dont le produit se fera attendre plusieurs années.

D'ailleurs, la perfection de son organisation et de son outillage compensera largement l'infériorité résultant du coût plus élevé de la main-d'œuvre. Les Etats-Unis, où les salaires sont incomparablement plus élevés que dans toutes les autres nations, ne leur font-ils pas concurrence avec succès sur beaucoup de marchés ? Ils y parviennent en ne laissant exécuter par leurs ouvriers aucune des opérations qu'une machine peut faire plus économiquement, et en mettant impitoyablement à la ferraille toute machine dépassée par une invention plus récente. Ainsi fera la colonisation socialiste. Et, d'autre part. toutes les dépenses qu'elle s'imposera pour améliorer les routes et les ports, créer des chemins de fer et des services de navigation maritime et fluviale se traduiront par une diminution des frais de transport dont elle profitera seule, n'ayant rien concédé de ses grands travaux publics à des exploiteurs capitalistes. Puis, dans ses achats et ses ventes, elle opérera toujours en grand, ce qui sera pour elle un avantage inestimable. Le blé qu'elle récoltera et transformera en farine, puis en pain, le vin qu'elle récoltera, la viande, le lait, le beurre, les œufs, les légumes, les fruits qu'elle produira, le poisson qu'elle pêchera, toutes ces denrées consommées sur place, ne seront grevées ni de droits de douane, ni de frais de transport, ni de bénéfices d'intermédiaires. Elle pourra donc nourrir à bon compte son personnel. Exploitant ses carrières de pierre et ses forêts, fabriquant sa brique, sa tuile, sa chaux, le tout sur place également, elle construira meilleur marché que n'importe quelle entreprise capitaliste. Dans son sein, aucune force perdue; plus de parasites, chacun coucourra au travail producteur; plus de chômages, car l'organisation du travail permettra de reporter immédiatement sur une tâche nouvelle les bras qui auront terminé une besogne donnée; plus de grèves car les ouvriers vivront dans une abondance qui augmentera d'elle-même au fur et à mesure du développement de la production et dans la sécurité absolue du lendemain pour eux et leurs enfants.

Il est donc impossible de douter de sa prospérité. Par conséquent, elle pourra porter allègrement le fardeau d'une dette si on le lui impose. Les premières années, elle paiera les intérêts sur le capital; les suivantes sur ses revenus. Enfin, quand elle sera sortie de la période de création, elle pourra commencer à amortir. La force de son principe, l'incomparable puissance de son organisation lui feront franchir tous les obstacles.

CHAPITRE IX

La colonisation socialiste et les traités.

Limitation des droits de la France au Maroc. — Droits des indigènes, du sultan et des puissances étrangères. — L'Allemagne n'a pas de droits spéciaux. — Compatibilité du statut des indigènes avec l'organisation socialiste. — Le sultan se soumet à notre direction. — Notre protectorat politique est formellement reconnu. — L'Espagne n'a aucun droit dans notre zone. — Le discours de M. Caillaux sur le traité franco-allemand. — Redevances minières et chemins de fer industriels. — La Banque d'Etat. — Le principe de l'adjudication. — La porte ouverte. — L'Union des mines marocaines ; ses accaparements. — Attributions de la Banque d'Etat. — Elles n'entravent pas la colonisation socialiste. — L'Union des mines n'a pas de monopole. — Le gouvernement marocain reste maître d'exécuter ses travaux publics et d'exploiter ses services publics d'après l'acte d'Algésiras et le traité franco-allemand. — Il a le droit d'exploiter ses forêts. — L'égalité douanière. — Le Maroc ouvert aux activités individuelles. — On leur laissera libre carrière. — Co-existence de propriétés et d'entreprises privées à côté du socialisme. — Impôts, taxes et droits divers. — Objections possibles. — Leur réfutation. — L'égalité économique entre ressortissants des diverses puissances, mais non entre ceux-ci et l'Etat marocain. — La clause d'arbitrage.

Il est temps de répondre à une objection qui, sans doute, est déjà venue à l'esprit de tous les lecteurs: Mais la France n'est pas maîtresse du Maroc comme de l'Algérie. Elle y exerce seule-

ment des droits de protectorat, et encore y sont-
ils limités par divers traités. Peut-elle, dans ces
conditions, en disposer pour y faire une expérience de colonisation socialiste ?

La question comporte évidemment une étude
approfondie.

On voit, de prime abord, que les droits naturels ou contractuels qui viennent, au Maroc, limiter les nôtres, se classent d'eux-mêmes en
trois catégories:

Ceux du sultan et de ses sujets;

Ceux de l'Espagne;

Et ceux des autres puissances signataires de
l'acte d'Algésiras, à savoir : la Grande-Bretagne,
l'Allemagne, l'Autriche-Hongrie, la Russie, l'Italie, les Etats-Unis, la Belgique, la Hollande, la
Suède et le Portugal.

Il est à remarquer que l'Allemagne entre dans
la troisième catégorie au même titre que les
autres Etats. Le traité du 4 novembre 1911 ne
lui crée, en effet, pas de droits spéciaux. L'accord franco-allemand du 9 février 1909 lui con-
férait bien, en termes vagues qui marquaient
une intention sans rien accorder ferme, une
sorte de situation privilégiée. La France s'y déclarait résolue « à ne pas entraver les intérêts
commerciaux et industriels allemands » au Maroc. Les deux puissances y affirmaient qu'elles
« chercheraient à associer leurs nationaux dans
les affaires dont ceux-ci pourraient obtenir l'entreprise ». Mais cette convention, ou plutôt cette
déclaration d'intentions, n'a reçu aucune exécu-

tion et a été abrogée virtuellement par l'art. 13 du traité du 4 novembre 1911. L'Allemagne a reçu un morceau du Congo en échange des avantages qu'elle aurait trouvés dans une collaboration particulièrement étroite avec la France dans la mise en valeur du Maroc. Elle ne peut dorénavant revendiquer que l'égalité avec les autres nations.

Les indigènes marocains n'ont pas de droits politiques; ils n'ont que des droits civils auxquels nous ne pouvons songer à porter atteinte. Si nous entrons en possession d'une partie de leurs propriétés privées, ce ne sera que de leur libre consentement, en vertu d'actes réguliers et contre de justes indemnités. On a vu au chapitre précédent que leur existence ne serait nullement un obstacle à la colonisation socialiste. La petite industrie, le petit commerce qu'ils pourront faire entre eux ne nous gêneraient pas davantage et il est facile de le démontrer.

Les adversaires du socialisme et même certains socialistes qui n'ont pas réfléchi longuement aux modes d'application de nos principes, peuvent croire qu'il n'y a de régime socialiste possible que si toute entreprise privée est rigoureusement interdite. L'auteur de ce livre a établi, au contraire, dans l'*Application du système collectiviste,* puis dans le *Projet de Code socialiste,* que le socialisme n'a nullement besoin pour fonctionner normalement et produire tous ses effets salutaires, d'édicter des prohibitions restrictives de la liberté et de nature à entraîner des mesures inquisitoriales et des sanctions tyranniques. Il n'a pas à empêcher le commerce et l'industrie individuelles par la raison bien simple qu'ils ne peuvent pas vivre à côté de lui, en concurrence avec lui. C'est donc en fait et non en droit qu'il les supprime.

Il est vrai que ce ne sera pas le cas, au début du moins, pour les petits métiers indigènes qui fournissent des objets de consommation usuelle dont nous n'aurons pas l'équivalent, ni même, partiellement, pour le petit commerce arabe et juif qui n'a aucun frais et à qui suffit le moindre bénéfice. Mais il ne faut pas s'imaginer que les institutions socialistes doivent régir d'une façon absolue tous les êtres humains vivant sur le territoire où elles sont en vigueur. Rien n'empêche sur ce territoire la juxtaposition de deux sociétés différentes ayant chacune son statut. L'organisation socialiste qui embrassera toute la vie sociale de ses colons: production, répartition, transports, habitation, etc., n'aura aucunement à souffrir du voisinage d'un monde à part, n'ayant avec elle que des rapports restreints et qui ne pourront d'ailleurs que s'étendre de plus en plus.

La meilleure preuve que la survivance temporaire d'une partie de la propriété privée au milieu de la propriété collective n'a rien d'inadmissible, c'est qu'il n'est peut-être pas un seul socialiste qui prétende socialiser d'autorité, le jour où nous serons au pouvoir, la petite propriété paysanne. Il y a unanimité au contraire pour affirmer que ses détenteurs ne l'abandonneront que de leur plein gré et au moment qu'ils choisiront. Jusque là cette fraction importante de la population restera donc sous un régime spécial; n'étant pas soumise aux obligations communes, elle jouira aussi d'avantages réduits. Or, telle sera exactement la situation des indigènes marocains.

Le sultan a adhéré avec un louable empressement au traité qui nous reconnaissait le droit de le protéger — droit dont, heureusement pour lui, nous avions déjà usé avant la lettre. Ce descendant du prophète, qui est un barbare, mais qui n'est pas un imbécile, s'est dit qu'il valait mieux régner sous notre contrôle et jouir en toute tranquillité d'une situation, en somme assez agréable, que d'être renversé et peut-être massacré par ses sujets révoltés. Les dangers qu'il a courus sont un garant de sa docilité à l'avenir. D'ailleurs, comment pourrait-il résister à notre volonté ? Notre pouvoir au Maroc est tout aussi effectif qu'en Tunisie; il est mieux reconnu par les puissances étrangères que ne l'était ce dernier à l'origine. Privé de tout point d'appui à l'extérieur, dépossédé du commandement effectif de son armée, le sultan n'aura aucun moyen de se soustraire à notre direction.

Les articles 2 et 3 du traité franco-allemand, qui sont calqués sur le traité franco-tunisien, reconnaissent, en effet, le droit à la France d'occuper militairement tous les points qu'elle jugera utile du territoire marocain, d'exercer toute action de police sur terre et sur mer, de représenter le Maroc dans ses rapports avec les représentants étrangers et de protéger les sujets et intérêts marocains à l'étranger.

Par l'article premier du même traité, « le gouvernement impérial allemand déclare que ne poursuivant au Maroc que des intérêts économiques, il n'entravera pas l'action de la France en vue de prêter son assistance au gouvernement marocain pour l'introduction de toutes les réformes administratives, judiciaires, économiques, financières et militaires *dont il a besoin pour le bon gouvernement de l'empire,* comme aussi pour tous les règlements nouveaux et les modifications aux règlements existants que ces réformes comportent. En conséquence, il donne son adhésion aux mesures de réorganisation, de contrôle et de garantie financière que, après accord avec le gouvernement marocain, le gouvernement français croira devoir prendre à cet effet.

... « Au cas où la France serait amenée à préciser et à étendre son contrôle et sa protection, le gouvernement impérial allemand, reconnaissant pleine liberté d'action à la France, et sous la réserve que la liberté commerciale, prévue par les traités antérieurs, sera maintenue n'y *apportera* aucun obstacle. »

Enfin, le mot de protectorat que, pour se « sauver la face », les diplomates allemands n'ont pas voulu écrire dans le texte du traité, ils n'ont pu se dispenser de le faire figurer dans l'une des

lettres explicatives qui y sont annexées, ce qui
revient absolument au même. Ce mot, d'ailleurs,
n'existe pas davantage au traité du Bardo qui
nous a conféré le protectorat de la Tunisie; ce
détail n'a donc absolument aucune importance;
au cours des nombreuses discussions qui se sont
ouvertes sur le traité du 4 novembre 1911, dans
la Presse et dans divers Parlements, nulle voix
ne s'est élevée pour prétendre que les termes
par lesquels notre protectorat a été défini doivent être interprétés dans un sens restrictif; la
question est donc définitivement tranchée. Or,
en fait, les précédents de la Tunisie et de l'Egypte
sont là pour l'établir: le régime d'un protectorat
équivaut à la domination absolue; sous le titre
de « conseillers », nous donnerons au sultan des
ministres qui gouverneront pour les siens; lui
et son maghzen garderont le pouvoir nominal,
mais nous aurons l'autorité effective. Donc, de
ce côté, aucune entrave ne peut se dresser devant notre colonisation socialiste.

Deux mots suffiront pour montrer que les
difficultés ne pourront pas venir davantage du
côté de l'Espagne. Bien qu'au moment où ce
livre est écrit, l'accord ne soit pas établi avec
elle, il est tout à fait certain qu'elle agira dans
sa zone d'influence et que nous agirons dans la
nôtre. La question de savoir quelle sera l'étendue exacte de sa zone et si elle y exercera des
droits de protectorat équivalents aux nôtres, ou
si elle y sera simplement « sous-locataire » est
étrangère à notre projet, puisque, de toute évi-

dence, ce sera dans notre zone et non dans la sienne que nous pourrons le réaliser; l'Espagne ne demande qu'à être maîtresse chez elle; elle ne prétend à exercer aucune action chez nous.

Restent donc les droits conférés aux puissances signataires de l'acte d'Algésiras et confirmés par divers accords particuliers. Ici un examen minutieux est nécessaire.

Dans un discours très clair et très concluant qu'il a prononcé à la Chambre le 18 décembre 1911 comme chef du gouvernement, M. Caillaux a déclaré: « Je ne conteste nullement que la situation de la France, au point de vue économique, comporte des restrictions à son action ».

Discutant ensuite successivement toutes les clauses des traités où ces restrictions pouvaient être formulées, M. Caillaux a commencé par écarter celles qui ne diminuent nos droits que d'une manière apparente, à savoir. un article sur les mines et un autre sur les chemins de fer industriels.

La situation des mines est réglée par l'article 5 du traité franco-allemand dans les termes suivants :

« Le gouvernement français veillera à ce qu'il ne soit perçu au Maroc aucun droit d'exportation sur le minerai de fer exporté des ports marocains. Les exploitations de minerai de fer ne subiront sur leur production ou sur leurs moyens de travail aucun impôt spécial. Elles ne supporteront, en dehors des impôts généraux, qu'une redevance fixe, calculée par hectare et par an, et une redevance proportionnée au produit brut de l'extraction. Ces redevances, qui seront assises conformément aux articles 35 et 49 du projet de règlement minier annexé au protocole de la conférence de Paris du 7 juin 1910, seront également supportées par toutes les entreprises minières.

« Le gouvernement français veillera à ce que les taxes minières soient régulièrement perçues sans que des remises individuelles du total ou d'une partie de ces taxes puissent être consenties sous quelque prétexte que ce soit. »

M. Caillaux a démontré que la situation créée par cet article n'était autre que celle qui existe en France et dans toutes nos colonies, et que, d'ailleurs, le droit du gouvernement marocain de fixer la quotité des redevances demeurait entier.

L'article 7 du même traité, relatif aux chemins de fer industriels, est ainsi conçu :

« Le gouvernement de la République s'emploiera auprès du gouvernement marocain pour que les propriétaires de mines et d'autres exploitations industrielles ou agricoles sans distinction de nationalité, et en conformité des règlements qui seront édictés en s'inspirant de la législation française sur la matière, puissent être autorisés à créer des chemins de fer d'exploitation destinés à relier leurs centres de production aux lignes d'intérêt général ou aux ports. »

M. Caillaux donne de cet article le commentaire suivant :

« On demande que la puissance qui sera la puissance protectrice, qui aura la liberté d'organiser le réseau de chemins de fer, dont on pourrait craindre, si elle cédait à des pensées étroites, qu'elle n'agençât son réseau de chemins de fer de façon à desservir plus particulièrement des parties du territoire où se trouvent ses nationaux et en négligeât d'autres où il peut y avoir un développement de richesses considérable, on demande qu'en pareil cas la puissance protectrice donne la garantie que, d'une part, elle tiendra compte de l'ensemble des besoins du pays sans distinction de nationalité, et, d'autre part, qu'elle permettra aux exploitations qui pourront se former de faire ce que nous permettons à nos usines françaises de faire, de se raccorder, suivant les règles d'un cahier des charges qui prévoit des redevances, qui fixe des tarifs, à telle ligne ferrée voisine. Que trouve-t-on là d'excessif ?

« On a fait remarquer, en parlant de cet article, qu'il contenait le mot « puisse », que nous avions une faculté ? C'est pour que nous puissions accorder ou refuser l'autorisation.

« Refuser dans quel cas ? Par exemple dans le cas où une concession d'une ligne nous serait demandée pour faire concurrence à une autre ligne du réseau général qui serait établie. Nous ne sommes donc engagés qu'à une chose : c'est à examiner honnêtement, suivant les règles de la législation française, les questions d'embranchements particuliers qui nous sont demandés.

« Alors qu'en France aucun réseau de chemins de fer, pas plus le réseau d'Etat que les autres, ne refuse une concession d'embranchement à un particulier, à un industriel quelle que soit sa nationalité, pourquoi donc cette faculté serait-elle dangereuse quand elle est étendue à un pays neuf, où on a besoin plus qu'ailleurs de moyens de communications ? »

La Chambre a donné son adhésion à ce raisonnement, parfaitement juste, en effet, en l'applaudissant. Aucune objection n'a été soulevée. M. Caillaux a conclu que rien dans ce qui précède ne constituait une restriction à notre action économique.

« J'en viens, a-t-il ajouté, aux restrictions réelles, qu'il faut dire nettement, et qu'il faut voir loyalement. Elles sont au nombre de trois. Il y a d'abord l'existence de la Banque d'Etat. Il y a en second lieu le principe de l'égalité économique, c'est-à-dire le principe de l'adjudication en matière de travaux publics, et il y a, en troisième lieu, le principe de la porte ouverte. »

En ce qui concerne la Banque d'Etat, M. Caillaux a dit d'abord que le traité du 4 novembre ne pouvait pas la supprimer parce qu'elle résultait d'un contrat passé avec des tiers pour une période de quarante ans, qui expirera en 1936.

La Banque d'Etat recueille les recettes et paye les dépenses du maghzen, mais n'a aucun droit à s'ingérer d'une façon quelconque dans l'Administration. D'ailleurs, la majorité est acquise à l'influence française dans son conseil d'administration composé de quatorze membres, dont trois représentent la France, un le Maroc, un la Russie, un l'Angleterre qui marchent avec nous; et trois autres représentent des puissances, que je ne désignerai pas, a dit M. Caillaux, mais qui, par des accords conclus en 1906, se sont engagées à prêter leur assistance à l'action française dans la Banque d'Etat du Maroc. Nous avons donc neuf voix assurées sur quatorze. Le directeur de la Banque et la majorité de son personnel sont Français. La Banque sera donc un appui et non une gêne pour la France.

La question des travaux publics, très importante au point de vue de la colonisation socialiste, est réglée ainsi qu'il suit par l'article 6 du traité du 4 novembre 1911 :

« Le gouvernement de la République française s'engage à veiller à ce que les travaux et fournitures nécessités par les constructions éventuelles de routes, chemins de fer, ports, télégraphes, etc., soient octroyés par le gouvernement marocain suivant les règles de l'adjudication.

« Il s'engage également à veiller à ce que les conditions des adjudications, particulièrement en ce qui concerne les fournitures de matériel et les délais impartis pour soumissionner, ne placent les ressortissants d'aucune puissance dans une situation d'infériorité.

« L'exploitation des grandes entreprises mentionnées ci-dessus sera réservée à l'Etat marocain ou librement concédée par lui à des tiers qui pourraient être chargés de fournir les fonds nécessaires à cet effet. Le gouvernement français veillera à ce que, dans l'exploitation des chemins de fer et autres moyens de transport comme dans l'application des règlements destinés à assurer celle-ci, aucune différence de traitement ne soit faite entre les ressortissants des diverses puissances qui useraient de ces moyens de transport. »

M. Caillaux a fait observer que le principe de l'adjudication, ayant été inscrit dans l'acte d'Algésiras, ne pouvait disparaître par un accord avec une seule puissance. Il a ajouté :

« L'obligation de recourir à l'adjudication, en fait, est pratiquée partout dans nos colonies. On a cherché, dans certaines colonies, en Tunisie par exemple, à écarter le recours à l'adjudication et à procéder par traité de gré à gré. On a été forcé d'y renoncer par suite d'inconvénients sur lesquels je n'insiste pas.

« Dans d'autres colonies, on a essayé d'introduire une clause de protection en stipulant que le matériel devra être français, que les entrepreneurs devraient être Français. M. le ministre des colonies ne me démentira pas si je dis que cette clause ne protège pas beaucoup. En réalité, du moment où vous voulez que l'administration soit gérée d'une façon complètement loyale, vous êtes obligés de recourir à l'adjudication. »

Le *Temps* du 17 décembre 1911, apporte à l'opinion de M. Caillaux l'appui de l'argumentation suivante :

« L'adjudication pour les fournitures et travaux n'est-elle pas la conséquence et le corollaire de l'égalité économique ? Même chez nous, le monopole de ces fournitures est-il réservé à l'industrie nationale ? Les chemins de fer français, même les ministères français se privent-ils souvent de donner des commandes à l'étranger ? Serons-nous d'autre part incapables au Maroc de soutenir la concurrence ? »

Reste la concession, évidemment sérieuse, de la porte ouverte, ou, en d'autres termes, de l'égalité douanière.

« L'égalité douanière ? dit le *Temps* dans l'article déjà cité. Sans doute, elle nous interdit le protectionnisme et cela n'est pas conforme aux traditions de notre parlementarisme d'arrondissement. Mais croit-on que colonisation et protectionnisme soient termes inséparables ? L'Angleterre a-t-elle eu besoin du protectionnisme en Egypte ? La France en a-t-elle eu besoin dans l'Afrique occidentale et dans l'Afrique équatoriale ? Au Maroc même a-t-elle souffert depuis dix ans de l'égalité ? Non, puisque son commerce est passé de 32 millions à 57 millions. »

M. Caillaux a développé les mêmes raisons à la tribune, en insistant sur la prospérité de nos colonies de la Côte-d'Ivoire et du Dahomey, où la porte est ouverte.

« Me permettrez-vous, a-t-il dit, d'aller jusqu'au bout de ma pensée ? Je vous dirai en ce cas que le régime de la porte ouverte — qui est la seule concession véritable que vous fassiez — est un régime auquel maintenant on ne pourra plus échapper dans tous les pays nouveaux qui s'ouvriront. Il faut bien en effet vous persuader qu'on devra renoncer aux méthodes d'exclusivisme qui ligotaient jadis à leur métropole les colonies d'autrefois et les fermaient à la concurrence étrangère. (Applaudissements à gauche et à l'extrême gauche.)

« Les exigences de la vie moderne, qui iront en s'accusant de jour en jour, ne se prêtent plus à des solutions aussi simplistes.

« *M. Jaurès.* — C'est très vrai. »

Mentionnons encore, pour déterminer le régime de la porte ouverte, l'art. 10 du traité du 4 novembre 1911 :

« Le gouvernement français veillera à ce que les ressortissants étrangers continuent à jouir du droit de pêche dans les eaux et ports marocains. »

Signalons aussi que, par une des lettres annexées au traité, le gouvernement français s'est engagé à ne construire aucune ligne de chemin de fer avant celle de Tanger à Fez, ce qui ne lui interdit pas d'en créer d'autres simultanément.

En vertu des traités et aussi par suite d'accords particuliers avec le gouvernement chériflen ou de concessions obtenues de lui, des positions économiques ont été occupées au Maroc, dont il convient de tenir compte.

C'est d'abord la Banque d'Etat, dont il a été parlé plus haut au point de vue de son administration et sur les attributions de laquelle on reviendra plus loin.

D'autre part, des concessions minières, dont l'importance, très considérable, n'est exactement connue que des initiés, ont été accordées à l'*Union des Mines marocaines*, grand consortium international dont il a été parlé au chapitre VII.

L'Union des Mines marocaines, fondée en 1907, comprenait alors 62 0/0 de capitaux français, 20 0/0 de capitaux allemands, 6 0/0 de capitaux espagnols, 6 0/0 de capitaux anglais, 4 0/0 de capitaux italiens et 2 0/0 de capitaux portugais.

En 1909, la part française a été réduite à 50 0/0; la part anglaise a été élevée à 9 0/0 et deux parts nouvelles ont été faites aux Autrichiens et aux Belges.

Enfin, en novembre 1911, l'Union des Mines a fusionné avec les frères Mannesmann, qui avaient accaparé une grande partie des mines du Maroc, sur la base suivante: 40 0/0 des droits dans l'Union ont été laissés aux adhérents de l'Union ancienne; 40 0/0 ont été donnés aux frères Mannesmann et 20 0/0 ont été donnés à des banques françaises. La part de la France dans les mines marocaines est donc de 30 0/0 et celle de l'Allemagne de 48 0/0.

L'Union des Mines marocaines actuelle se trouve ainsi propriétaire de toutes les mines sur lesquelles les deux groupements, jadis rivaux, s'étaient assurés des droits. Elle ne peut évidemment prétendre à la possession de toutes les mines connues ou inconnues du Maroc, bien qu'à un moment les Mannesmann aient eu cette prétention phénoménale.

Un autre grand consortium s'était également constitué, à la suite de l'accord franco-allemand du 9 février 1909, sous le nom de *Société Marocaines des Travaux publics*, dont, après remaniement, la répartition des droits fut établie ainsi: trois sixièmes à la France, deux sixièmes à l'Allemagne, un sixième à l'Angleterre et à l'Espagne. La France avait six administrateurs sur douze et la présidence du Conseil. Quand cette association fut conclue, on s'aperçut— ce qu'on aurait pu faire plus tôt — qu'elle était en contradiction avec l'acte d'Algésiras puisque ce dernier posait le principe de l'adjudication pour l'exécution des travaux publics, alors que la prétention du consortium était évidemment de les accaparer tous, ce qui eut lésé les nations non représentées au dit consortium. Cette diffi-culté empêcha les gouvernements français et allemand de ratifier l'arrangement et la *Société Marocaine des Travaux publics* n'a plus de raison d'être à la suite du traité du 4 novembre. Elle pourrait cependant, à la rigueur, continuer à exister, mais pour se présenter simplement aux adjudications et sans pouvoir revendiquer aucun monopole. Mais il est peu probable qu'elle survive, même dans ces conditions.

Outre ces groupements, des entreprises françaises et étrangères ont commencé des travaux d'aménagement dans les ports de Tanger, Larache et Casablanca. Les deux premiers seront vraisemblablement dans la zone espagnole.

Telle est la situation économique au Maroc. Il s'agit maintenant de savoir si les droits déjà concédés et si ceux qui peuvent être exercés en vertu des traités ne font pas obstacle à une organisation socialiste.

La Banque d'Etat internationale est une institution tout à fait inutile en régime socialiste. Mais elle nous est imposée pour trente-six ans encore. Nous devrons donc la subir. D'ailleurs, la majorité étant acquise à l'influence française dans son Conseil d'administration, nous ne devrons pas craindre qu'elle nous cherche des querelles d'allemand. Cependant si nous étions dans l'obligation de porter atteinte à ses privilèges statutaires, elle devrait s'y opposer, et dans ce cas les voix que l'Angleterre, la Russie et trois autres puissances se sont engagées à mettre au service de l'action française seraient fondées à nous faire opposition, ce qui nous enlèverait la majorité. Mais heureusement nous n'aurons pas à empiéter sur ses droits; il suffit pour s'en rendre compte de relire les articles de la convention d'Algésiras qui les établissent :

« ART. 32. — La banque, qui pourra exécuter toutes les opérations rentrant dans les attributions d'une banque, aura le privilège exclusif d'émettre des billets au porteur, remboursables à présentation, ayant force libératoire dans les caisses publiques de l'empire marocain.

« La banque maintiendra, pour le terme de deux ans à compter de la date de son entrée en fonctions, une encaisse au moins égale à la moitié de ses billets en circulation, et au moins égale au tiers, après cette période de deux ans révolue. Cette encaisse sera constituée pour au moins un tiers en or ou monnaie d'or.

« ART. 33. — La banque remplira, à l'exclusion de toute autre banque ou établissement de crédit, les fonctions de trésorier payeur de l'empire. A cet effet, le gouvernement marocain prendra les mesures nécessaires pour faire verser dans les caisses de la banque les revenus des douanes, à l'exclusion de la partie affectée au service de l'emprunt 1904 et les autres revenus qu'il désignera.

« Quant au produit de la taxe spéciale créée en vue de l'accomplissement de certains travaux publics, le gouvernement marocain devra le faire verser à la banque, ainsi que les revenus qu'il pourrait ultérieurement affecter à la garantie de ses emprunts, la banque étant spécialement chargée d'en assurer le service, à l'exception toutefois de l'emprunt 1904 qui se trouve régi par un contrat spécial.

« Art. 34. — La banque sera l'agent financier du gouvernement, tant au dedans qu'au dehors de l'empire, sans préjudice du droit pour le gouvernement de s'adresser à d'autres maisons de banque ou établissements de crédit pour ses emprunts publics. Toutefois, pour les dits emprunts, la banque jouira d'un droit de préférence, à conditions égales, sur toute maison de banque ou établissement de crédit.

« Mais pour les bons du Trésor et autres effets de trésorerie à court terme que le gouvernement marocain voudrait négocier, sans en faire l'objet d'une émission publique, la banque sera chargée, à l'exclusion de tout autre établissement, d'en faire, pour le compte du gouvernement marocain, la négociation soit au Maroc, soit à l'étranger.

« Art. 36. — Le produit de la taxe spéciale formera un fonds spécial dont la banque tiendra une comptabilité à part. Ce fonds sera employé conformément aux prescriptions arrêtées par la conférence.

« En cas d'insuffisance et à valoir sur les rentrées ultérieures, la banque pourra ouvrir à ce fonds un crédit dont l'importance ne dépassera pas le montant des encaissements pendant l'année antérieure.

« Les conditions de taux et de commission seront les mêmes que celles fixées à l'article précédent pour l'avance et compte courant au Trésor.

« ART. 37. — La banque prendra les mesures qu'elle jugera utiles pour assainir la situation monétaire au Maroc. La monnaie espagnole continuera à être admise à la circulation avec force libératoire.

« En conséquence, la banque sera exclusivement chargée de l'achat des métaux précieux, de la frappe et de la refonte des monnaies, ainsi que de toutes autres opérations monétaires qu'elle fera pour le compte et au profit du gouvernement marocain.

« ART. 38. — La banque, dont le siège social sera à Tanger, établira des succursales et agences dans les principales villes du Maroc et dans tout autre endroit où elle le jugera utile.

« ART. 39. — Les emplacements nécessaires à l'établissement de la banque, ainsi que de ses succursales et agences au Maroc, seront mis gratuitement à sa disposition par le gouvernement; à l'expiration de la concession, le gouvernement en reprendra possession et remboursera à la banque les frais de construction de ces établissements. La banque sera en outre autorisée à acquérir tout bâtiment et terrain dont elle pourrait avoir besoin pour le même objet.

« ART. 40. — Le gouvernement chérifien assurera sous sa responsabilité la sécurité et la protection de la banque, de ses succursales et agences. A cet effet, il mettra dans chaque ville une garde suffisante à la disposition de chacun de ces établissements.

« Art. 41. — La banque, ses succursales et agences, seront exemptes de tout impôt ou redevance ordinaire ou extraordinaire, existants ou à créer ; il en est de même pour les immeubles affectés à ses services, les titres et coupons de ses actions et ses billets. L'importation et l'exportation des métaux et monnaies destinés aux opérations de la Banque seront autorisées et exemptes de tout droit. »

Les opérations ordinaires de banque, que la Banque d'Etat est autorisée à faire, escompte, change, dépôt de fonds, chèques, etc., ne pourront jamais avoir lieu avec la colonisation socialiste qui fonctionnera sur des bases toutes spéciales; mais rien n'empêchera la Banque d'Etat de les pratiquer avec l'Union des Mines, les industriels, commerçants et propriétaires privés, les touristes, les indigènes, etc. Sa liberté d'action restera donc entière et elle ne peut rien exiger de plus.

La Banque encaissera d'abord les recettes des douanes, moins la partie affectée au service de l'emprunt 1904, puis le produit de la taxe spéciale créée en vue de l'accomplissement de certains travaux publics, et enfin les revenus que le gouvernement marocain pourra affecter ultérieurement à la garantie de ses emprunts. Quants aux autres impôts et revenus, le gouvernement marocain reste libre de les encaisser directement; il est seulement engagé à donner la préférence à la Banque d'Etat s'il devait recourir à un intermédiaire.

En même temps qu'elle sera l'encaisseur, la Banque d'Etat sera naturellement le payeur; elle payera, dans les limites de ses encaissements, les paiements du surplus étant faits par le gouvernement marocain qui aura reçu. Elle payera, non pas obligatoirement aux créanciers du gouvernement marocain, à moins que leurs créances ne soient gagées sur ses recettes, mais pour les recettes non grevées d'affectations spéciales, au gouvernement marocain lui-même.

Ainsi la Banque d'Etat ne sera pour le gouvernement marocain qu'un des coffres-forts où il mettra ses recettes et où il puisera pour ses dépenses. Une telle organisation ne peut évidemment gêner en rien une organisation socialiste.

Les dispositions relatives aux emprunts et bons du trésor, à supposer qu'on doive y avoir recours, ne sont pas davantage une difficulté.

L'assainissement de la situation monétaire, l'achat des métaux précieux, la frappe et la refonte des monnaies, ainsi que toutes autres opérations monétaires que fera la Banque d'Etat « pour le compte et au profit du gouvernement marocain », imposeront quelques sacrifices à ce dernier en le déchargeant de l'exercice direct de ses attributions à cet égard. Cela est sans importance.

Quant au « privilège exclusif d'émettre des billets au porteur, remboursables à présentation et ayant force libératoire dans les caisses publiques de l'empire marocain », il ne peut en rien léser la colonisation socialiste, qui, d'ailleurs, n'emploiera guère ce papier-monnaie. Quant aux signes de la valeur dont la colonisation socialiste fera usage pour assurer entre ses membres la répartition des produits : jetons métalliques ou bons au porteur sur papier, ils ne porteront aucune atteinte au privilège de la Banque puisqu'ils seront remboursables non en monnaie réelle, mais en marchandises et ne seront pas reçus dans les caisses publiques. Au surplus, si un conflit sérieux pouvait s'élever sur ce point, rien ne serait plus facile que de le régler amiablement: la colonisation emploierait le papier que la Banque, moyennant une légère commission, mettrait à sa disposition, à titre d'avances, sous la garantie du gouvernement français qui. pour respecter le statut de la Banque et rester dans la proportion du deuxième paragraphe de l'article 32, ferait à la Banque un dépôt en monnaie métallique du tiers du papier supplémentaire à émettre.

En résumé, la colonisation socialiste ne recevrait pas d'entraves du fait de la Banque d'Etat; d'autre part, cette dernière, qui resterait libre de ses opérations avec les particuliers, pourrait regretter que la colonisation socialiste vienne en restreindre le champ; mais elle ne serait pas fondée à prétendre qu'on a empiété sur ses privilèges.

Passons à l'Union des Mines marocaines.

Si le socialisme s'établissait en France par une loi générale, il exproprierait tous les concessionnaires de mines, et les porteurs étrangers de parts de ces concessions ne pourraient réclamer par voie diplomatique qu'une indemnité. Au Maroc, où la situation est régie par un statut particulier, on ne peut la modifier que du consentement de toutes les parties. Il ne faut donc pas songer à arracher à la haute industrie et à la haute finance internationales l'opulente proie que constituent les mines marocaines et dont la voracité allemande s'est réservé près de la moitié. C'est une perte pour la colonisation socialiste qui eût trouvé dans les revenus des mines des éléments de développement considérables. Mais ce n'est pas un empêchement à sa création, du moment où elle pourra trouver une compensation dans une augmentation de la subvention qui lui sera allouée. Ce que les Allemands et autres étrangers prendront au Maroc sera seulement autant de perdu pour la France. Il est inutile de s'attarder à des regrets puisqu'en somme le Maroc n'était pas à elle et qu'il vaut mieux l'avoir grevé d'hypothèques que de ne pas l'avoir du tout.

D'ailleurs, comme il a été dit plus haut, l'Union des Mines marocaines ne peut se prétendre propriétaire que des mines qui lui ont été régulièrement concédées; si, comme l'ont fait les Mannesmann à un moment donné, elle entendait se prévaloir des termes vagues de concessions chérifiennes, obtenues ou extorquées par ces derniers, pour revendiquer un droit de propriété général sur toutes les mines du Maroc, il serait facile de la ramener à une plus juste et plus modeste appréciation de la réalité légale.

A vrai dire, la légalité en matière de mines, est un peu incertaine au Maroc. Elle avait reçu un commencement de fixation dans l'article 112 de l'acte d'Algésiras ainsi conçu : « Un firman chérifien déterminera les conditions de concession et d'exploitation des mines, minières et carrières. Dans l'élaboration de ce firman, le gouvernement chérifien s'inspirera des législations étrangères existant sur la matière. » Par malheur, le firman chérifien n'a pas été rendu. On ne peut donc retenir de l'article 112 que le principe qu'il devra consacrer et qui est celui des législations étrangères. Puisque la France exercera le pouvoir au Maroc, le firman ou le décret réglant le régime des mines sera ce qu'elle voudra; il reproduira évidemment les dispositions de la loi française applicables à l'Algérie et à la Tunisie. Or, dans ces colonies, aucune concession n'est accordée définitivement tant que des travaux de recherches très complets n'ont pas permis de délimiter exactement l'étendue des gisements; et elle est accordée pour le périmètre des gisements ainsi délimités mais non pour des territoires indéfinis.

En appliquant au Maroc cette règle de bon sens et d'équité, on laissera certes à l'Union des Mines de vastes et magnifiques concessions dont elle retirera d'immenses bénéfices; mais on conservera les éléments d'un domaine minier collectif dont l'importance deviendra probablement un jour supérieure encore; et dont on se gardera bien, en attendant, d'aliéner aucune parcelle.

On a vu que l'article 6 du traité franco-allemand impose l'adjudication en matière de travaux publics. Pour bien comprendre la portée de cette obligation, il faut d'abord se reporter aux articles 105, 106, 107, 108, 109 et 110 de l'acte d'Algésiras, ainsi conçus :

« ART. 105. — En vue d'assurer l'application du principe de la liberté économique sans aucune inégalité, les puissances signataires déclarent qu'aucun des services publics de l'empire chérifien ne pourra être aliéné au profit d'intérêts particuliers.

« ART. 106. — Dans le cas où le gouvernement chérifien croirait devoir faire appel aux capitaux étrangers ou à l'industrie étrangère pour l'exploitation de services publics ou pour l'exécution de travaux publics, routes, chemins de fer, ports, télégraphes et autres, les puissances signataires se réservent de veiller à ce que l'autorité de l'Etat sur ces grandes entreprises d'intérêt général demeure entière.

« ART. 107. — La validité des concessions qui seraient faites aux termes de l'article 106 ainsi que pour les fournitures d'Etat, sera subordonnée dans tout l'empire chérifien au principe de l'adjudication publique, sans acception de nationalité, pour toutes les matières qui, conformément aux règles suivies dans les législations étrangères, en comportant l'application.

« ART. 108. — Le gouvernement chérifien, dès qu'il aura décidé de procéder par voie d'adjudication à l'exécution de travaux publics, en fera part au corps diplomatique; il lui communiquera, par la suite, les cahiers des charges, plans et tous les documents annexés au projet d'adjudication, de manière que les nationaux de toutes les puissances signataires puissent se rendre compte des travaux projetés et être à même d'y concourir. Un délai suffisant sera fixé à cet effet par l'avis d'adjudication.

« ART. 109. — Le cahier des charges ne devra contenir, ni directement ni indirectement, aucune condition ou disposition qui puisse porter atteinte à la libre concurrence et mettre en état d'infériorité les concurrents d'une nationalité vis-à-vis d'une autre nationalité.

« ART. 110. — Les adjudications seront passées dans les formes et suivant les conditions générales prescrites par un règlement que le gouvernement chérifien arrêtera avec l'assistance du corps diplomatique.

« L'adjudication sera prononcée par le gouvernement chérifien en faveur du soumissionnaire qui, en se conformant aux prescriptions du cahier des charges, présentera l'offre remplissant les conditions générales les plus avantageuses. »

En matière de travaux publics, il faut distinguer la construction et l'exploitation. Pour l'exploitation, la liberté d'action du gouvernement marocain est formelle: l'article 106 de l'Acte d'Algésiras la consacre par ces mots: « Dans le cas où le gouvernement chérifien croirait devoir faire appel aux capitaux étrangers ou à l'industrie étrangère pour l'exploitation de services publics » qui reconnaissent le droit pour le gouvernement de ne pas faire appel à des concessionnaires privés. En outre, l'article 105 interdit nettement toute aliénation des services publics au profit d'intérêts particuliers. Enfin, l'article 6 du traité franco-allemand, cité plus haut, est encore plus précis : « L'exploitation des grandes entreprises: routes, chemins de fer, ports, télégraphes, etc., réservée à l'Etat marocain ou librement concédée par lui à des tiers ». Donc aucune équivoque possible pour l'exploitation qui est laissée à l'entière discrétion du gouvernement marocain ; il pourra, à sa guise, la faire directement ou la concéder à des tiers qu'il choisira en débattant librement avec eux les conditions de la concession.

L'article 6 du traité franco-allemand est moins net pour l'exécution des travaux: il oblige la France à veiller à ce que les travaux et fournitures « soient octroyés par le gouvernement marocain suivant les règles de l'adjudication ». Faut-il en conclure que le gouvernement marocain se trouve ainsi dépouillé du droit naturel de tout propriétaire d'exécuter lui-même ses propres travaux ? C'est impossible en présence de l'article 106 de l'acte d'Algésiras déjà rappelé, lequel s'applique à l'exécution des travaux aussi bien qu'à l'exploitation des services : « Dans le cas où le gouvernement chérifien croirait devoir faire appel aux capitaux étrangers ou à l'industrie étrangère... pour l'exécution de travaux publics ». Peut-on prétendre que cette clause d'Algésiras s'est trouvée abrogée par le traité du 4 novembre 1911 ? Nullement, car l'article 13 de ce dernier dit : « Toutes clauses d'accord, convention, traité ou règlement qui seraient contraires aux précédentes stipulations sont et demeurent abrogées ». Or, il n'y a pas contradiction entre l'article 106 d'Algésiras et l'article 6 du traité franco-allemand. Le premier fixe seulement l'interprétation du second. Celui-ci ne peut en effet enlever à l'Etat marocain un attribut de sa souveraineté équivalent au droit de tout propriétaire privé. En écrivant que les travaux et fournitures seront octroyés par adjudication, les négociateurs ont forcément sous-entendu : si elles sont octroyées à des tiers, si le gouvernement ne les exécute pas lui-même, en régie. Le but allemand a été d'empêcher la France de favoriser ses nationaux en leur passant des marchés de gré à gré; rien de plus. Si l'article 6 avait dû créer une situation contraire à celle résultant de l'article 106 d'Algésiras et contraire aussi au droit public, il l'aurait dit explicitement. N'insistons pas; ce serait paraître avoir des doutes sur un point où il n'en peut exister.

Ainsi donc, au début, le gouvernement marocain pourra exécuter lui-même les travaux de

terrassement, de maçonnerie, de charpente, etc.,
avec la main-d'œuvre qu'il jugera à propos d'employer
et les matériaux qu'il trouvera dans le
pays. Par contre, il devra mettre à l'adjudication
la fourniture des rails, des tabliers métalliques,
des wagons, des locomotives, du matériel
en général, qu'il devra tirer de l'extérieur.
Plus tard, s'il exploite lui-même ses mines, crée
des hauts-fourneaux et des usines métallurgiques
et fabrique son matériel, personne n'aura à le
trouver mauvais. Ainsi ramené à sa véritable
portée, l'article 6 ne peut constituer aucune gêne
pour la colonisation socialiste, et inversement
l'application des méthodes socialistes à l'exécution
des travaux publics ne viole en rien les
engagements internationaux.

L'exploitation des forêts, dont il n'est rien
dit dans le traité franco-allemand, reste régie
par l'article 111 de l'acte d'Algésiras en ces
termes : « Les règles des articles 106 à 110 seront
appliquées aux concessions d'exploitation de
forêts de chênes-lièges, conformément aux dispositions
en usage dans les législations étrangères ».

Conséquemment, si l'exploitation des forêts
de lièges devait être concédée, elle ne pourrait
l'être que par adjudication. Mais le droit par le
gouvernement marocain de les exploiter lui-même
est aussi certain que son droit d'exploiter
ses services publics et nulle puissance ne sera
fondée à réclamer si la régie qu'il institue à

cet effet est fondée sur les principes du socialisme.

La colonisation socialiste ne sera autre chose que l'exploitation par le Maroc lui-même, avec le concours de la France, de tout ce qui, au Maroc, est actuellement, ou deviendra par la suite, propriété collective. Une telle organisation est-elle contradictoire avec le principe de la porte ouverte ?

L'une des conséquences de ce principe, l'obligation de l'adjudication là où il y a lieu de recourir pour l'exécution de travaux publics à des entrepreneurs ou fournisseurs privés, n'entraîne évidemment aucun inconvénient ; ce que la régie socialiste ne pourra créer ou exécuter elle-même, elle le recevra d'un adjudicataire, ce qui mettra sa gestion au-dessus des suspicions pouvant résulter de marchés de gré à gré.

Mais la porte ouverte a encore pour conséquence, d'une part, l'égalité douanière, d'autre part, la liberté pour tout homme, à quelque nationalité qu'il appartienne, de séjourner au Maroc ou de s'y fixer, soit pour y vivre de son travail, soit pour s'y livrer à l'agriculture, au commerce, à l'industrie.

Par application de la règle d'égalité douanière, tous les produits importés par la colonisation socialiste seront astreints aux mêmes droits d'entrée que ceux qui seront introduits par les entreprises privées. Il n'y aura aucun mal à cela puisque les ressources du protectorat seront augmentées d'autant. ·Passons au deuxième point : —

Si les traités ont ouvert la porte du Maroc, s'ils ont établi pour tous les hommes le droit d'y pénétrer, d'y vivre à leur guise en se conformant aux lois, d'y travailler, d'y commercer, d'y spéculer, ils n'ont nullement garanti à quiconque userait de cette faculté qu'il y trouverait du travail ou qu'il y réaliserait des bénéfices. La colonisation socialiste ne peut donc être tenue plus que les autres colonies de leur apporter cette garantie.

Voici un ouvrier qui, de sa propre initiative, débarque au Maroc pour chercher de l'ouvrage. Si la colonisation socialiste ni les entreprises privées n'en ont pas à lui donner, il fera ce qu'il ferait s'il était allé en Algérie, en Egypte ou ailleurs et n'en eut pas trouvé davantage ; il rentrera chez lui.

Voilà un commerçant qui vient s'établir au Maroc. Il sait d'avance que la colonisation socialiste se suffit à elle-même et n'a que faire de son concours ; mais il espère trouver une clientèle suffisante auprès des indigènes, des Français restés en dehors de la colonisation socialiste et des étrangers. Libre à lui ; personne ne l'en empêche ; s'il prospère, tant mieux pour lui ; il ne sera inquiété ni tracassé en aucune façon. On ne fera rien pour le favoriser ni pour lui nuire. Mais il est bien évident que, sans exercer de contrainte sur les indigènes, la colonisation socialiste, par l'importance des moyens dont elle disposera, rendra bien aléatoires les chances de succès de ses concurrents. On ne pourra pas plus lui reprocher sa puissance d'attraction et d'action, et le quasi accaparement des affaires qui en résultera pour elle, qu'on ne pourra reprocher à l'Union des Mines marocaines, plus puissante encore, du moins au début, de rendre impossibles les petites exploitations qui pourraient chercher à glaner derrière elle.

Même situation pour les entreprises industrielles.

Au point de vue agricole, on n'empêchera personne d'acheter de la terre aux indigènes et de la cultiver ou de la faire cultiver. Tant mieux pour ceux qui y réussiront. Cela ne fera aucun tort au domaine collectif à qui l'espace ne manquera pas dans ce vaste pays.

Ainsi, à côté de la colonisation socialiste au Maroc, il existera des propriétés et des entreprises privées. Le domaine colonial n'englobera pas le Maroc tout entier, mais une partie du Maroc; ses possessions ne s'étendront pas à un territoire délimité géographiquement ; elles seront enchevêtrées avec des propriétés non socialistes. L'organisation socialiste devra vivre côte à côte avec des éléments sociaux relevant du régime capitaliste. Il serait un peu plus simple qu'il n'en fût pas ainsi. Mais rien n'est simple en matière d'organisation sociale et on ne voit pas d'impossibilité matérielle à cette co-existence de deux sociétés établies sur des principes différents. Il suffira d'étudier l'un après l'autre chaque cas particulier; on trouvera facilement moyen de concilier les intérêts en présence.

Prenons par exemple un chemin de fer, un port, une route. En régime socialiste pur, la collectivité prendrait à sa charge leur entretien et leurs frais d'exploitation; elle ne pourrait faire payer aucun droit de quais, d'octroi de mer, etc., puisque ses propres marchandises seules auraient à les supporter; de même les chemins de fer transporteraient gratuitement; les hommes ne paieraient pas plus que les marchandises, car pourquoi grever les budgets individuels, alors qu'on serait ensuite obligé d'en élever les ressources pour assurer à chacun le degré de bien-être auquel l'organisation socialiste voudrait atteindre ? En résumé, on ne paierait rien, en régime socialiste, pour embarquer ou débarquer des hommes ou des marchandises dans les ports, pour les transporter par chemins de fer, de même qu'on ne paye rien aujourd'hui pour se servir des routes. Mais dans un régime mixte, comment procéder ?

Deux systèmes peuvent se concevoir : dans le premier l'État marocain, qui exploite lui-même ses ports et ses chemins de fer, ne perçoit ni sur le personnel, ni sur les marchandises de la colonisation socialiste les taxes qu'il applique aux personnes et aux marchandises privées sans distinction de nationalité. Ce serait le plus rationnel. Mais si quelque puissance soulevait une chicane et criait à la violation des engagements, on en serait quitte pour adopter le deuxième système qui consisterait à faire porter les droits et frais de transport aussi bien sur la colonisation socialiste que sur ce qui resterait en dehors d'elle. Ce ne serait, en somme, qu'un mouvement de fonds.

Il est évident, d'ailleurs, que les travaux publics: ports, chemins de fer, routes, canaux, bâtiments administratifs, etc., profitant aussi bien à la propriété privée qu'au domaine collectif, ne pourront pas être exécutés aux frais exclusifs de ce dernier. Le capital privé devra y contribuer, ainsi qu'aux dépenses d'administration générale, en payant l'impôt. En bonne logique, le domaine collectif et son personnel devraient en être exonérés. Si cependant une puissance étrangère insiste pour qu'ils y soient soumis, ce ne sera pas une difficulté, comme il a été dit au paragraphe précédent. En régime socialiste pur, l'impôt n'aurait aucune raison d'être; mais il n'y a aucun inconvénient majeur à le laisser subsister, jusqu'au moment où la collectivité aura absorbé entièrement les éléments capitalistes.

Pour les chemins de fer industriels, qui seront créés et exploités par les concessionnaires des mines, il y aura lieu de stipuler, en les autorisant, qu'ils devront obligatoirement transporter les personnes et les marchandises de toute origine, aux conditions que l'Etat marocain pratiquera sur ses propres lignes pour les personnes et marchandises privées.

On peut, en raisonnant par analogie, résoudre dans le même sens toutes les questions que soulèvera la juxtaposition au Maroc du régime socialiste et du régime capitaliste. Il sera toujours facile de trouver entre eux un *modus vivendi;* il suffira de prendre la peine de le chercher. Rappelons, comme il a été dit au commencement de ce chapitre, qu'une même situation existerait en France, si le régime socialiste y était établi, du fait de la survivance de la petite propriété paysanne à laquelle nul socialiste ne veut porter atteinte. Ne nous laissons donc pas influencer défavorablement par des difficultés inhérentes à toute œuvre de transformation sociale, et qui, d'ailleurs, seront beaucoup moins redoutables au Maroc, où elles n'existeront qu'à une échelle réduite par rapport à celles que nous rencontrerions si nous avions à socialiser la France.

Pourtant, sans être pessimiste, on doit être prévoyant, et avant de s'engager dans une voie à laquelle, bien certainement, étaient loin de songer les négociateurs d'Algésiras et ceux du traité du 4 novembre 1911, on ne saurait trop s'assurer qu'on n'y rencontrera pas d'obstacles infranchissables. On doit se dire que les puissances étrangères, surtout l'Allemagne, ne verront pas avec satisfaction que leurs ressortissants, au lieu d'avoir à disputer le marché marocain à des commerçants, industriels et cultivateurs français isolés, se trouvent en concurrence avec la formidable organisation socialiste qui réduira à peu de chose, c'est certain, la part de bénéfices qu'ils espéraient réaliser au Maroc. On peut s'attendre à ce que nos rivaux torturent la lettre des conventions internationales pour y chercher des moyens d'opposition à une entreprise aussi menaçante pour leurs intérêts, et il est prudent de faire avant eux cette recherche pour aller au devant de leurs objections.

Or, l'examen consciencieux des textes des traités et conventions annexes faites par simples lettres ne révèle vraiment rien qui puisse servir de fondement à des réclamations sérieuses

Tout au plus pourrait-on alléguer que, d'après l'article 6 du traité franco-allemand, la France s'est engagée à veiller « à ce que, dans l'exploitation des chemins de fer et autres moyens de transport, comme dans l'application des règlements destinés à assurer celle-ci, aucune différence de traitement ne soit faite entre les ressortissants des diverses puissances qui useraient de ces moyens de transport »; qu'aux termes de l'article 5 du même traité, la France s'est engagée également à veiller « à ce que les taxes minières soient régulièrement perçues sans que des remises individuelles du total ou d'une partie de ces taxes puissent être consenties sous quelque prétexte que ce soit »; qu'enfin, aux termes de l'article 4 du même traité. la France s'est engagée, d'une part, à ne se prêter « à aucune inégalité pas plus dans l'établissement des droits de douane, impôts et autres taxes que dans l'établissement des tarifs de transport par voie ferrée, voie de navigation fluviale ou toute autre voie, et notamment dans toutes les questions de transit; d'autre part, à empêcher tout traitement différentiel entre les ressortissants des différentes puissances, à s'opposer notamment à toute mesure, par exemple à la promulgation d'ordonnances administratives sur les poids et mesures, le jaugeage, le poinçonnage, etc., qui pourraient mettre en état d'infériorité les marchandises d'une puissance ».

En s'appuyant sur ces textes, on pourrait essayer de soutenir que le fait par le protectorat marocain de coloniser lui-même l'exonérerait de tous les impôts, droits de douanes ou de port, frais de transport, etc., qui viendraient grever les entreprises privées — soit qu'il les supprime purement et simplement pour son personnel et ses marchandises, soit que, les leur appliquant, il se les ristourne *ipso facto* — et constituerait ainsi une dérogation au principe de l'égalité économique que tous les arrangements internationaux tendent à faire prévaloir.

Mais une telle interprétation de ce traité ne peut tenir devant cette simple considération de vulgaire bon sens: puisqu'on a explicitement reconnu au gouvernement marocain le droit d'exploiter lui-même ses services publics de transports et autres — et comment aurait-on pu le lui contester, alors qu'il est un attribut inséparable de la souveraineté ? — à plus forte raison lui reconnaît-on le droit d'exploiter également son domaine agricole et minier, tout au moins la partie qu'il n'en a pas aliénée; on ne peut davantage lui contester le droit d'étendre ce domaine par des acquisitions régulières. Puisqu'il a le droit d'exploiter et d'agrandir son domaine, on ne peut l'empêcher d'y consacrer une partie de ses ressources, quelle qu'en soit la provenance, et de régler lui-même son mode d'exploitation. S'il lui convient d'instituer une régie sur la base des principes socialistes, cela ne regarde que lui; les puissances signataires de l'acte d'Algésiras n'ont nullement à intervenir.

D'ailleurs il n'est pas vrai que l'exonération de frais et taxes, directement ou par ristourne, créerait au gouvernement marocain colonisateur une situation privilégiée par rapport aux entreprises privées, car cet avantage aurait pour contre-partie des charges plus fortes, et dont celles-ci seraient exemptes: il devrait, en effet, faire face aux frais de création et d'entretien des routes, de création, d'entretien et d'exploitation des ports, chemins de fer, transports fluviaux, télégraphes. Les routes ne lui rapporteraient jamais rien; les recettes des autres services pourraient être inférieures aux dépenses, et qui devrait combler le déficit, sinon lui ? A qui incomberaient encore les dépenses de la police, du service sanitaire, de l'instruction publique, de la dette, etc., si ce n'est à lui et à lui seul ? Un particulier ou une entreprise privée seraient libérés de toute dette et de tout souci lorsqu'ils auraient acquitté leur part contributive dans les dépenses publiques; le Gouvernement, au contraire, aurait la responsabilité de l'équilibre budgétaire et pour l'assurer devrait parfois avoir recours, soit aux produits de son domaine collectif, soit aux subventions de la France.

On ne saurait donc établir aucune assimilation entre l'Etat marocain exploitant lui-même son domaine et les entreprises privées. C'est entre les ressortissants des différentes nations se livrant individuellement au commerce, à l'industrie, à l'agriculture, etc., que l'égalité économique peut être assurée et qu'elle le sera effectivement. L'Etat restera à part, avec les fonctions, les droits et les devoirs qui lui sont propres, et nul ne pourra élever de réclamations sérieuses contre son action colonisatrice bien qu'elle soit sans précédent.

Il est bon de rappeler, d'ailleurs, que les divergences que pourrait faire naître entre la France et l'Allemagne l'interprétation des traités ne pourront en aucun cas dégénérer en conflits. Le traité du 4 novembre 1911 a été accompagné, en effet, d'une lettre explicative qui porte la même date et la signature de M. de Kiderlen-Wæchter, ministre des Affaires étrangères d'Allemagne, et dont la partie finale est ainsi conçue :

« Enfin, désireux de donner à la dite convention le caractère d'un acte destiné non seulement à écarter toute cause de conflit entre nos deux pays, mais encore aider à leurs bons rapports, nous sommes d'accord pour déclarer que les différends qui viendraient à s'élever entre les

parties contractantes au sujet de l'interprétation et de l'application des dispositions de la convention du 4 novembre, et qui n'auraient pas
été réglés par la voie diplomatique, seront soumis à un tribunal arbitral constitué dans les
termes de la convention de la Haye du 18 octobre 1907. Un compromis devra être dressé, et
il sera procédé suivant les règles de la même
convention, en tant qu'il n'y serait pas dérogé
par un accord exprès au moment du litige. »

C'est donc à l'arbitrage que les deux puissances devront recourir si elles ne se mettent pas
d'accord par voie diplomatique, et quelle que
soit la sentence arbitrale, il est certain d'avance
que la colonisation socialiste, infiniment souple,
pourra s'adapter à l'état de fait qui en résultera.

Si, par exemple, le tribunal·arbitral destituait.
contre toute attente, le gouvernement marocain
du droit de se livrer par voie de régie directe à
certaines opérations industrielles et commerciales, rien ne serait plus facile que de lui substituer pour les accomplir une société coopérative qui constituerait un être moral et collectif
entièrement distinct de l'Etat, et dont les statuts
seraient établis de façon à atteindre le but socialiste de la colonisation. Sans être investie d'aucun privilège de nature à blesser l'égalité économique, sans même recevoir de subvention de
l'Etat marocain, une telle société engloberait,
sans aucune restriction possible, du jour où elle
serait créée, toutes les branches d'activité dont

l'Etat serait dessaisi. Quelle contrainte extérieure pourrait empêcher les colons socialistes de s'y approvisionner et les indigènes d'y acheter et d'y vendre lorsqu'ils y trouveraient avantage ? Et si pour l'exécution de travaux ou la livraison de fournitures au gouvernement marocain, cette coopérative devait passer par l'adjudication publique, quelle maison étrangère pourrait la concurrencer ?

Mais c'est vraiment trop prévoir que d'envisager des éventualités aussi lointaines. Aucune œuvre humaine n'est exempte d'aléas; mais le sage ne se laisse pas détourner de l'action par la perspective des difficultés qu'il pourra avoir à surmonter; il lutte contre elles au fur et à mesure qu'elles se présentent.

Il est, au surplus, un moyen assuré de calmer les susceptiblités internationales que pourrait émouvoir la colonisation socialiste au Maroc, et on en trouvera l'indication au chapitre suivant.

CHAPITRE X

Localisation de la colonisation socialiste. — La vallée du Sebou.

Inconvénients de la colonisation totale du Maroc. — Utilité d'une comparaison. — Etendue du territoire et défaut de communications. — Nécessité de limiter l'expérience à une région. — Quelles conditions doivent s'y trouver réunies. — Laquelle choisir ? — La zone espagnole n'est pas à notre disposition. — Avantages et inconvénients des autres régions : Sud-Marocain, Massif montagneux central, zone de la frontière algérienne, Sous, Haouz, Chaouïa. — La région du Sebou doit-être préférée. — Sa délimitation. — Sa superficie. — Ses caractéristiques. — La colonisation individuelle ne peut s'y établir. — Immenses marécages à assécher. — Les indigènes sont pillards et féroces. — Pas de richesses minières.

Il n'est pas douteux que la colonisation socialiste du Maroc entier serait pour toutes les nations qui y ont des intérêts une surprise désagréable. En France même elle causerait, dans certains milieux, des déceptions qui se traduiraient par des oppositions au projet, et que, par suite, il vaudrait mieux éviter.

Mais est-il indispensable, pour que l'expérience socialiste à tenter réussisse et soit suffisamment concluante, qu'elle s'applique à tout le Maroc ?

En aucune façon, on pourrait même dire : au contraire.

D'abord, dans tout champ d'expérience, il doit y avoir des termes de comparaison, ce qu'on appelle en agriculture des témoins. Il sera donc excellent et tout à fait instructif de voir fonctionner côte à côte la colonisation socialiste et la colonisation capitaliste. Et comme l'Espagne fera aussi de la colonisation capitaliste dans sa zone, on pourra faire un rapprochement entre les trois œuvres. Si plus tard on institue entre elles un concours et qu'on leur attribue des notes selon leurs mérites respectifs, avec maximum de vingt points, on peut d'ores et déjà, sans se tromper beaucoup, prévoir la cote de chacune :

Espagne .... 1 point
France capitaliste...... 4 —
France socialiste....... 20 —

Autre considération : lorsque la colonisation socialiste se trouvera en possession d'un territoire mis en valeur et pourvu de l'outillage économique indispensable à la production et à la circulation modernes, lorsqu'elle aura des champs défrichés, des eaux aménagées, des constructions édifiées, des ports, des chemins de fer, des canaux, des routes, des bateaux fluviaux et maritimes, lorsqu'elle sera entrée, en d'autres termes, dans sa période de fonctionnement normal et de résultats, comme l'est en France le régime capitaliste, son administration sera d'une merveilleuse simplicité et se fera en quelque sorte automatiquement, par le jeu spontané de ses organes dans le cadre de ses institutions.

Mais, dans la période de début, lorsque tout sera à créer et à organiser, il est évident que le succès de la tentative dépendra de l'intelligence, de la capacité, de l'énergie, de l'activité de la direction. Non seulement le chef investi de la confiance des administrateurs devra concevoir un plan d'ensemble et répartir les fonctions entre ses collaborateurs selon les aptitudes de chacun, mais il devra pouvoir se transporter rapidement sur tous les points du territoire à coloniser pour contrôler *de visu* l'exécution des mesures qu'il aura prescrites et maintenir ainsi l'unité de vues indispensable à une œuvre de cette envergure. Sa surveillance constante devra stimuler les efforts, encourager le mérite, éliminer impitoyablement les non-valeurs.

Or, le Maroc est immense; il est dépourvu de moyens de communication; il est séparé en plusieurs régions par des chaînes de montagnes parfois infranchissables; il n'a aucun centre d'où il soit possible de se transporter rapidement aux extrémités. Il échappe par conséquent à une direction unique et c'est d'ailleurs une des causes essentielles de son état d'anarchie.

Il est donc impossible de songer à entreprendre la colonisation socialiste de tout le Maroc à la fois. Ce n'est pas là un aveu d'impuissance; le Socialisme ne saurait être inférieur au régime capitaliste sur aucun terrain. Il pourrait, si on voulait lui en donner les moyens, aborder simultanément l'empire chérifien dans toutes ses parties. Il suffirait de diviser ce vaste territoire en régions autonomes et de donner à chacune les ressources dont elle aurait besoin. Mais alors les sacrifices à faire par la métropole seraient supérieurs à ceux qu'on peut raisonnablement lui demander, et la force démonstrative de l'expérience n'en serait pas accrue puisque son succès sur un point est suffisant pour établir la supériorité du Socialisme.

La colonisation socialiste doit donc être localisée dans une partie du Maroc; et cependant elle ne doit pas s'y trouver à l'étroit: contrairement à une opinion répandue dans le grand public, un atelier, une mine, une ferme, un village coopératif, ne sont pas des échantillons de socialisme, et leur réussite ou leur échec ne prouve rien en notre faveur ou contre nous. D'autre part, contrairement à une autre opinion non moins répandue, le Socialisme, malgré le principe international dont il se réclame, n'a pas besoin d'être mis en vigueur dans le monde entier au même moment: une nation peut se donner des institutions socialistes quel que soit le régime établi au delà de ses frontières. Or, s'il y a de grandes nations comme la Russie, les États-Unis, l'Allemagne, il y en a de petites comme la Suisse, le Portugal, la Grèce. A partir de quel minimum de superficie territoriale et de population peut-on appliquer les principes socialistes de façon à leur faire produire tous

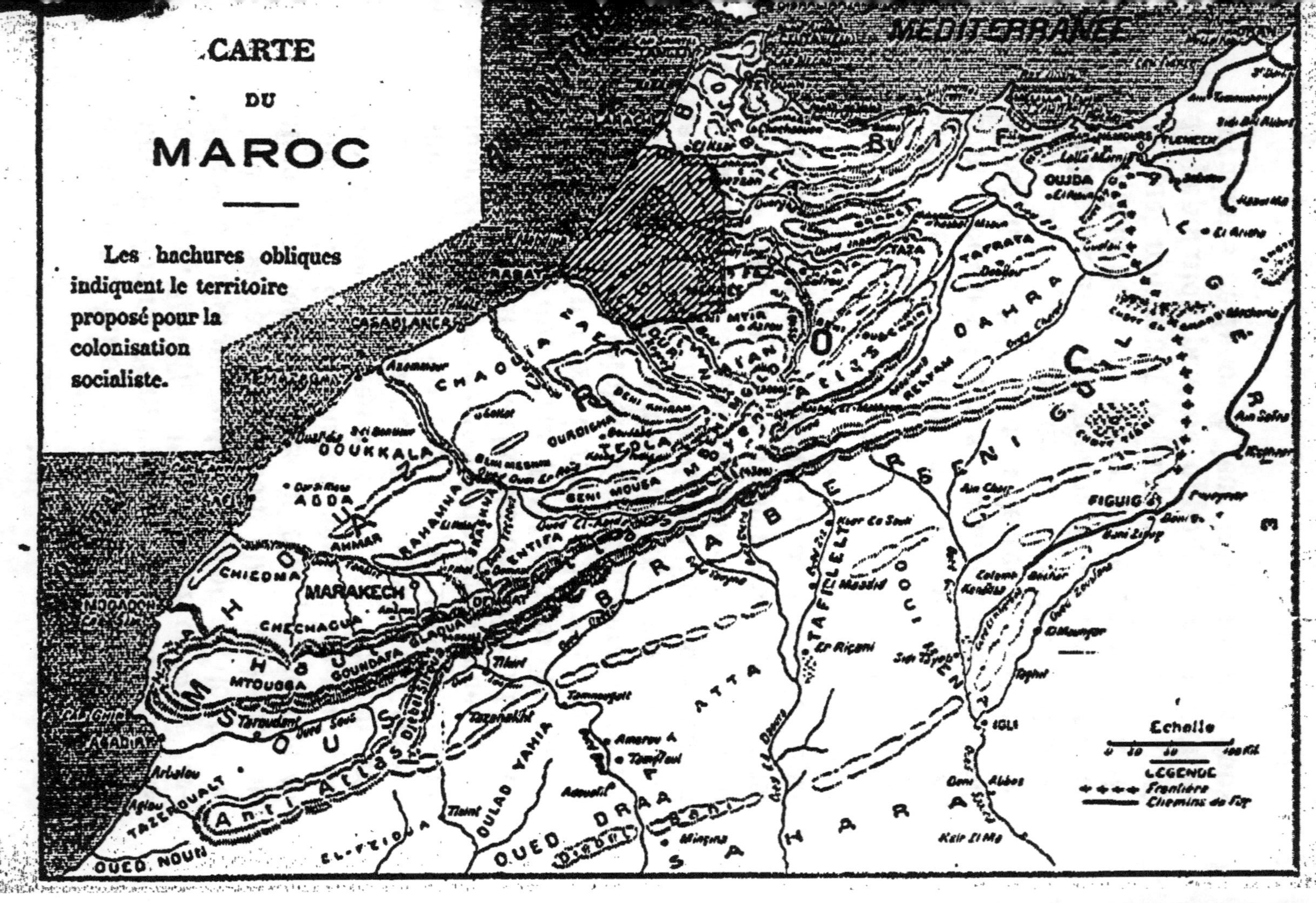

CARTE
DU
MAROC
Les hachures obliques indiquent le territoire proposé pour la colonisation socialiste.
MEDITERRANEE
Echelle
LEGENDE
Frontière
Chemins de Fer

leurs effets ? La question n'a jamais été agitée et on ne peut s'appuyer ni sur des précédents, ni sur des autorités pour la résoudre. Toutefois, pour quiconque à mûrement réfléchi, il semble nécessaire et suffisant de réaliser les conditions suivantes :

Disposer d'une région assez grande, assez peuplée, de ressources assez abondantes et assez variées pour y réunir toutes les branches de l'activité humaine et pourvoir aux besoins de ses habitants, soit par les produits de son agriculture et de son industrie exclusivement, soit par l'échange d'une partie de ces produits contre des produits extérieurs.

Quelles régions du Maroc répondent à ce signalement ? En procédant par élimination, on écartera d'abord la zone espagnole qui, d'après le traité secret du 3 octobre 1904, comprend : 1° tout le Nord du Maroc depuis un point à déterminer sur l'Océan Atlantique, au Sud de Larache, jusqu'à la Moulouya, englobant par conséquent les villes de Tanger, Tétouan, Larache, El Ksar el Kebir, tout le Riff et une partie du Gharb; 2° une bande du littoral au Sud d'Agadir avec un hinterland étroit comprenant les basses vallées de la Seguiet el Hamra, du Drâa, et des bassins côtiers faisant suite à celui du Sous. Il se peut que l'arrangement non encore conclu avec l'Espagne au moment où ce livre est écrit, restitue au protectorat français une partie de ces territoires. Mais il est peu probable que ces modifications puissent nous

laisser un supplément de terres utilisables intéressant au point de vue de la colonisation socialiste.

D'ailleurs, la zone sud espagnole est entièrement désertique; la chaleur y est difficile à
supporter en été pour des Européens se livrant
à la culture; la végétation, resserrée dans les
hautes vallées le long des cours d'eau que l'irrigation tarit dans la partie moyenne de leur lit,
disparaît à peu près entièrement sur le littoral.
Quant au Riff, il est beaucoup trop montagneux
et peuplé par des indigènes trop nombreux et
trop farouches pour se prêter à la colonisation
agricole; seule la région entre Larache et Tanger pourrait convenir; mais il est à peu près
certain qu'elle restera presque toute à l'Espagne.

Rien à faire non plus dans la partie française du Sud marocain comprenant la haute
vallée du Drâa, la vallée de l'oued Ziz qui forme
la région appelée Tafilet, les vallées de la Saoura,
du Guir, de la Zousfana, etc., qui est aussi désertique que la zone sud espagnole.

Il ne faut pas songer davantage, cela va de soi,
à la partie centrale qui comprend les formida-
bles massifs montagneux du Moyen Atlas et du
Haut Atlas dont un sommet atteint 4,500 mètres d'altitude, avec des vallées étroites habitées
par des indigènes à peu près sauvages.

La région comprise entre la basse Moulouya
et la frontière algérienne jusqu'à la Méditerranée au Nord et le bassin du Haut Guir au Sud,
est trop petite si l'on en retranche les plateaux

arides qui occupent les deux tiers de sa superficie; puis la colonisation individuelle en a envahi une partie, principalement dans les environs d'Oudja, sur le territoire des Beni-Snassen, dans la plaine des Trifas. Il est préférable de ne pas la troubler.

La vallée du Sous est très fertile, mais très peuplée; située au sud du Haut Atlas, elle est chaude et sèche; sans être malsain, son climat est accablant en été pour l'Européen. Enfin, c'est dans cette région que se trouvent la plupart des mines concédées; les terrains des environs d'Agadir, son port naturel, ont déjà été accaparés par les spéculateurs. La colonisation socialiste se heurterait là à des voisins gênants qu'il vaut mieux pour elle éviter.

La Chaouïa serait un excellent territoire de colonisation ; elle est extrêmement fertile et possède le port de Casablanca qui deviendra très bon quand il sera complètement aménagé. Mais c'est précisément la partie du Maroc où, depuis que nous l'occupons militairement, la colonisation individuelle a été le plus attirée ; c'est aussi de ce côté que se tournent toutes les espérances qu'a éveillées notre protectorat. En demandant la Chaouïa, nous rencontrerions de grandes résistances.

La vaste région qui, sous le nom de Haouz, ou Houz, s'étend au sud de la Chaouïa, entre l'Océan et le Haut Atlas et comprend, avec Marrakech, deuxième capitale du Maroc, les ports de Mazagan, Saffi et Mogador, offrirait, non seulement un, mais plusieurs champs d'expérience de colonisation socialiste. Sa valeur est d'ailleurs fort inégale dans ses diverses parties; les environs de Mogador notamment sont sablonneux et sans aucun intérêt au point de vue agricole. D'ailleurs, le Haouz est en quelque sorte le prolongement de la Chaouïa qui, d'après certains géographes, en ferait même partie ; il paraît préférable de le laisser sous le même régime que cette dernière, et il serait surprenant que ces vues ne fussent pas celles du gouvernement français.

Reste donc, pour constituer le domaine colonial socialiste, la région comprise entre la Chaouïa et la zone espagnole nord, c'est-à-dire les vallées du Sebou, du Bou Regreg et les vallées côtières du Drader et du Segmet. C'est encore trop, car la vallée du Sebou avec ses affluents englobe Fez, la capitale du Maroc, s'étend à l'est au delà de Taza et au sud jusqu'au Haut Atlas. D'autre part, la région sud de la vallée du Bou Regreg a plutôt son débouché vers Casablanca et logiquement doit, par conséquent, rester rattachée à la Chaouïa. Enfin, il serait de peu d'intérêt pour la colonisation socialiste d'embrasser la capitale, Fez, qu'à raison de son importance politique le gouvernement français tiendra évidemment à laisser sous son autorité directe. Plus le projet de colonisation socialiste sera modeste dans ses demandes, plus il aura de chances d'être bien accueilli. Voici, dans cet esprit, comment le territoire qui lui est nécessaire pourrait être délimité: (Les deux cartes ci-jointes indiquent, l'une la situation qu'il occupe dans le Maroc entier, l'autre sa configuration géographique).

D'après le traité secret franco-espagnol du 3 octobre 1904 — en supposant qu'aucun changement n'y soit apporté — la zone espagnole commence à un point du rivage de l'Océan Atlantique au-dessus de la lagune Ez-Zerga. On ne précise pas exactement ce point qui peut être considéré comme déterminé par le terminus de la ligne de faîte séparant la vallée du Drader, affluent de la lagune Ez-Zerga, de celle du Loukkos, qui appartient à la zone espagnole. De ce point, la frontière gagnera « aussi directement que possible », c'est-à-dire, sans doute, en suivant la ligne de faîte, un point situé sur le Loukkos « à cinq kilomètres en aval du croisement de cette rivière avec la route de Fez à Ksar-el-Kebir par Ouezzan ». Elle remontera le Loukkos pendant un peu plus de trente kilomètres et descendra vers le sud, en se tenant à 25 kilomètres au moins à l'est de la route précitée jusqu'à la crête la plus septentrionale de la montagne Moulaï-Bou-Chta. Inutile de la suivre plus loin, car là s'arrête la partie qui intéresse le futur domaine colonial socialiste: celui-ci n'irait même pas jusqu'à la montagne (*djebel*, en arabe) Moulaï-Bou-Chta. Sa limite quitterait la frontière franco-espagnole vers le méridien situé à 7 degrés 45 minutes de longitude et remonterait ce méridien, qui passe à l'est d'Ouezzan,

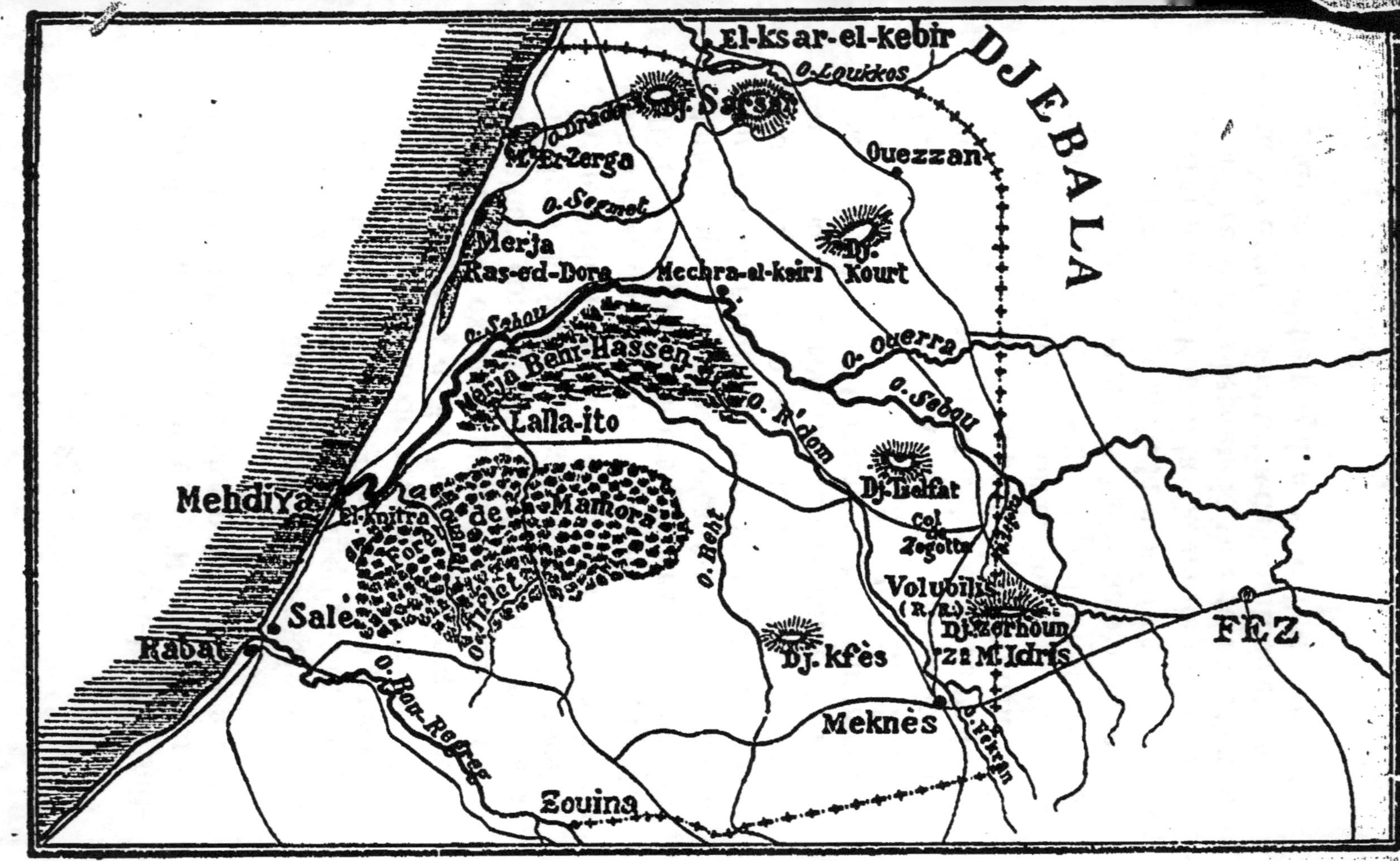

DJEBALA
El-ksar-el-kebir
o. Loukkos
Dj. Sarsar
Ouezzan
M. Er-Zerga
o. Sermet
Dj. Kourt
Merja
Ras-ed-Dora
Mechra-el-keiri
o. Sebou
o. Ouerra
Merja Beni-Hassen
o. R'dom
o. Sebou
Lalla-ito
Dj. Lialfat
col
Zegotta
Mehdiya
el-Knitra
Forêt de la Mamora
Triel
Volubilis
(R. R.)
o. Beht
Dj. Zerhoun
za M. Idris
Salé
Dj. kfès
FEZ
Rabat
o. Bou-Regreg
Meknès
Zouina
RÉGION DU SEBOU

jusqu'au sud-est de Meknès, non loin de la source de l'oued Bou-Fekran.

La limite tournerait alors à l'ouest en suivant autant que possible les lignes de faîte vers le village de Zouira ou Zouina, sur l'oued Boù Regreg et suivrait ce cours d'eau jusqu'à son embouchure. L'Océan formerait la limite à l'ouest.

La ligne ainsi indiquée manque un peu de précision; mais les cartes actuelles du Maroc ne permettent guère d'en apporter davantage, et qu'importent d'ailleurs quelques kilomètres carrés de plus ou de moins ? La surface qu'elle embrasse représente un trapèze irrégulier dont la grande base aurait 140 kilomètres, la petite base 75 kilomètres et la hauteur 130 kilomètres, environ, elle serait donc de treize à quatorze cent mille hectares, c'est-à-dire égale à deux départements français. Le traité à conclure avec l'Espagne pourrait l'augmenter un peu; on pourrait également l'agrandir à l'est dans la direction de Fez en y ajoutant la plaine du Saïs dont, certes, la colonisation socialiste tirerait meilleur parti que toute autre organisation. Mais ce n'est pas indispensable.

Le choix de la région ainsi déterminée se justifie par quelques considérations dont on appréciera la valeur.

Le pays est riche, certes, et c'est un élément de succès dont on ne peut se passer; mais sa mise en valeur rencontrera des obstacles qui y rendraient absolument impossible la colonisation individuelle: d'abord l'existence d'immenses marais ou lagunes dont la superficie s'étend considérablement dans la saison des pluies, puis l'humeur farouche et insociable, on peut même dire la férocité des indigènes dont certains, les Beni-Hassen et les Zemmour, ont la réputation d'être les plus dangereux pillards du Maroc; enfin pour les raisons qui précèdent, aucun établissement n'y a été tenté jusqu'à ce jour par les initiatives individuelles et il ne semble pas que l'Union des Mines marocaines y ait des concessions. La colonisation socialiste aurait donc un terrain vierge; elle ne dérangerait personne et ne serait pas gênée par des voisins européens.

Au nord du Sebou se trouve le marécage (*merja* en arabe) Ras ed Dora qui s'étend parallèlement à la côte sur une longueur d'environ 35 kilomètres et une largeur variable; plus au Nord encore est la lagune Ez-Zerga qui communique avec la mer. Au Sud du Sebou s'étend la vaste merja des Beni-Hassen. Toutes ces dépressions, dont le niveau est à peine supérieur à celui de la mer, seront un jour de riches champs de culture; mais il faut préalablement les assécher, et en même temps assainir le pays. On conçoit que cette œuvre soit au-dessus des forces de la colonisation individuelle. En dehors même des merja, toute la plaine du Sebou est arrosable; un barrage établi à la hauteur du djebel Tselfat, c'est-à-dire près de la limite Est du domaine socialiste, à l'altitude de 80 mètres, permettrait d'accroître considérablement la surface qui pourrait être irriguée par simples dérivations du fleuve. De tels travaux ne peuvent être entrepris que sur un plan d'ensemble et avec des ressources importantes, conditions que seule la colonisation socialiste pourra remplir.

On ne saurait s'exagérer les difficultés qu'on rencontrera auprès des indigènes ; les Beni-Hassen et les Zemmour, en particulier, sont redoutables même à leurs voisins qu'ils pillent sans cesse. Jamais les sultans n'ont pu traverser leur pays; lorsqu'ils se rendaient de Fez à Marrakech, même avec les nombreuses *mehallas* qui les escortaient, ils devaient faire un énorme détour au Nord et gagner d'abord Rabat. Tous les voyageurs qui ont parcouru cette région — ils sont d'ailleurs assez rares — avaient eu soin d'acheter la protection des chefs locaux qui leur fournissaient des guides ou *zettat*. Encore ne se sentaient-ils jamais en sécurité; ils sont unanimes à signaler les dangers qui les menaçaient et à constater que leurs serviteurs appartenant à des tribus éloignées ou venant des ports, se refusaient à pénétrer dans cette région appelée par eux: pays de la peur (*bled el Kouf*).

Un mot rapporté par le marquis de Segonzac, l'un des plus vaillants explorateurs du Maroc, donne une idée de la nature cruelle des Beni-Hassen: un homme de cette tribu, blessé dans un combat avec les troupes françaises qui allaient au secours de Fez en juillet 1911, était soigné avec dévouement par un médecin militaire français et en manifestait plus d'étonnement que de reconnaissance. « Que feraient les hommes de ta tribu, si je tombais entre leurs mains ? » demanda le major au patient. « Ils te brûleraient », répondit l'autre.

M. de Montbard, qui a traversé ce pays, écrit dans son livre *A travers le Maroc* : « Depuis le Sebou, nous sommes sur le territoire des Beni-Hassen, des gens peu commodes, des tribus indisciplinées et pillardes, assassinant à leurs moments perdus. A l'est, sont les Cherarda, aussi voleurs que leurs voisins, mais moins féroces et plus soumis à l'autorité du sultan ».

Même note chez M. Augustin Bernard, chez M. Tissot, autres explorateurs.

La mission hydrographique qui, sous la direction du lieutenant de vaisseau Dyé, a, au cours des années 1905 et suivantes, relevé avec précision la côte du Maroc, et dont un membre, M. l'ingénieur Pobéguin, a pu descendre le Sebou dans un canot en toile, depuis Mechra el Ksiri, a partout rencontré des résistances et couru des dangers. Au moment de pénétrer dans le pays par le nord, les muletiers et les guides disent: « Nous n'irons point chez les Beni-Hassen, ces bandits qui ne connaissent qu'une parole, celle de la poudre, des cartouches et des balles ». C'est grâce à des relations avec des chefs, dit M. Dyé, « que le travail technique de la mission sur le Sebou a pu être exécuté sans qu'il nous en coûte la vie ». D'ailleurs, à plusieurs reprises, cette vie n'a tenu qu'à un fil:

les explorateurs ont été entourés, menacés, malmenés, ou leur a mis le couteau sur la gorge, on les a mis en joue, on a tiré sur eux, on a tué un de leurs hommes; finalement, ils ont dû abandonner leur canot, cacher leurs instruments et se replier sur Mehdiya « après trente nuits de veille et d'insomnie ».

Les colonnes du général Moinier qui ont traversé le pays de vive force, ce qui n'était jamais arrivé dans le passé, ont dû livrer partout des combats où l'avantage nous est resté à raison surtout de notre artillerie. Il était impossible de passer si l'on n'était pas en nombre imposant; les détachements isolés étaient repoussés et auraient parfois été détruits sans de prompts secours.

Aujourd'hui, les Beni-Hassen et les Zemmour sont plus calmes; ils ont compris qu'ils ne pouvaient résister aux Français; la présence de nos troupes dans divers camps retranchés établis le long de la ligne d'étapes les maintient d'ailleurs dans la paix. Peu à peu ils se résigneront à notre suprématie. Mais comment des colons isolés pourraient-ils songer à aller vivre au milieu de tels voisins ? Seule la colonisation socialiste pourra le faire en créant des villages fortifiés, dont les habitants, armés et exercés, seront toujours en état de repousser une agression et d'attendre en sécurité l'arrivée des secours que la télégraphie sans fil pourra réclamer assez vite pour qu'ils arrivent à temps.

D'ailleurs, il serait on ne peut plus dangereux

pour l'avenir de notre domination de transporter dans cette région, avec la propriété privée, les habitudes de spoliation qu'elle a créées en Algérie et Tunisie. On aura déjà beaucoup de peine à apprivoiser ces tribus indomptables en leur faisant du bien, en leur apportant des avantages, en se montrant toujours justes avec elles; si on cherchait à les dépouiller, on provoquerait un soulèvement général et une véritable guerre d'éxtermination.

Comme on l'a dit plus haut, la région du Sebou ne semble pas avoir éveillé les convoitises des chercheurs de mines. Sa configuration géologique devait d'ailleurs les écarter; elle est formée d'une plaine basse bordée à l'est et au sud de collines qui ne deviennent que plus loin des montagnes importantes. On y trouve des grès, des calcaires, du sable, de l'argile; les roches éruptives ne se rencontrent que sur un seul point au nord-est. C'est bien là un territoire agricole et non minier.

En résumé, la région est libre; son occupation par la colonisation individuelle est impossible; seule une pénétration par masse peut donner des résultats; on ne voit donc pas quelles objections pourraient être opposées au projet de colonisation socialiste.

CHAPITRE XI

Description de la Région du Sebou.

Les limites du domaine socialiste. — Relief et nature du sol. — L'oued Loukkos. — Les Merja Ez-Zerga et Ras ed Dora. — Les bassins côtiers. — L'oued Bou Regreg. — Le *Subur magnificus*. — Affluents du Sebou. — Richesse agricole de la région. — La plaine du Sebou. — La forêt de Mamora. — L'agriculture et l'élevage. — Les parties pittoresques .— Le climat. — Les habitants. — Les tribus. — Les villes. — Importance de Mehdiya. — Son port.— La navigabilité du Sebou.

Le territoire dont les limites ont été indiquées au chapitre précédent ne comprend pas, du côté de l'est et du sud-est, tout le bassin du fleuve Sebou et de ses affluents; par contre, il le dépasse au nord où il s'étend jusqu'au Loukkos, et au sud-ouest où il touche à l'oued Bou Regreg.

Il est bordé par l'Océan Atlantique à l'ouest, de l'embouchure du Bou Regreg à la limite espagnole, sur une longueur d'environ 130 kilomètres; tout le long de la côte, qui est sablonneuse et forme parfois une falaise basse, il existe un renflement de terrain d'une hauteur de 10 à 90 mètres.

Au nord, entre l'Océan et l'oued Loukkos, le terrain s'élève un peu sans dépasser l'altitude de 150 mètres; au nord-est, le djebel Sarsar atteint 550 mètres.

La région orientale est plus montagneuse ; on

y trouve à l'est d'Ouezzan la chaîne des Djebala dont les plus hauts sommets sont dans la zone espagnole; entre le R'dat et le Loukkos, le djebel Kourt a 850 mètres, d'après la carte de Flotte-Roquevaire, et 400 mètres seulement, d'après la carte Larras. Plus au sud, le djebel Tselfat a 900 mètres et, avec ses contreforts, occupe une grande partie de l'espace entre le Sebou et l'oued R'dom. Le col de Zegotta, haut de 375 mètres et que franchissent les routes de Fez à Larache, Tanger et Mehdiya, le sépare du massif calcaire plus important encore du Zerhoun, au nord-est de Meknès, qui dépasse 1,100 mètres. Au nord-ouest de Meknès, entre l'oued R'dom et l'oued Beht, le djebel Kfez a encore 950 mètres; il se compose d'argiles glissantes entourant des masses calcaires.

Une importante cascade de plus de 40 mètres de hauteur est signalée par M. Brives sur l'oued R'dom, au nord-ouest de Meknès.

Le plateau de Meknès a une altitude d'environ 500 mètres; au sud-est le pays se relève encore, d'abord vers le plateau de l'Oulmès, et au delà vers le Moyen Atlas dont les deux pics culminants, l'Ari Aian et le Djebel Mouça ou Salah se dressent au sud et à l'est à 3,000 et 4,000 mètres, à une distance de 150 et 200 kilomètres environ de Meknès, c'est-à-dire très au delà du territoire qui nous occupe.

Entre Zouina, sur le Bou Regreg, et Meknès, le pays, très accidenté, ne présente guère de hauteurs dépassant 500 mètres.

L'oued Loukkos, ou oued El Kous, qui se jette à Larache, est un fleuve important, sa longueur est de 150 kilomètres; sa largeur, à El Ksar el Kebir, est de 40 mètres. Il ne borde la zone française, d'après le traité secret de 1904, que sur une trentaine de kilomètres et dans la partie moyenne de son cours. Les villes de Larache et El Ksar el Kebir resteraient dans la zone espagnole.

Au nord-ouest, la merja Ez-Zerga est un étang marécageux de huit kilomètres de long sur cinq ou six de large et d'une faible profondeur, impropre à servir de port, comme on l'avait espéré un moment, mais où la navigation fluviale est possible; elle reçoit un affluent assez important: l'oued Drader et communique avec l'Océan pendant les périodes de grand débit de cette rivière. Son eau est saumâtre et peuplée de poissons de mer.

Plus au sud, la merja Ras ed Dora a une longueur de trente-cinq kilomètres environ. Sa largeur moyenne est de trois kilomètres; elle augmente beaucoup dans la saison des pluies, lorsque son émissaire, l'oued Segmet, appelé aussi oued M'da, lui apporte les eaux de la plaine au nord-est.

Tout à fait au sud, l'oued Bou Regreg a une longueur de 200 kilomètres et se jette dans l'Océan entre Rabat et Salé. Il borderait le domaine de la colonisation socialiste sur une longueur de 75 à 80 kilomètres dans la partie inférieure de son cours.

Le bassin du Sebou, beaucoup plus important, occupe tout l'espace intermédiaire entre ceux de l'oued Segmet et du Bou Regreg.

L'oued Sebou est le fleuve le plus considérable, non seulement du Maroc, mais de toute l'Afrique du Nord, l'Egypte mise à part.

Les Romains le nommaient *Subur*; Pline le qualifiait *Subur magnificus*.

Sa longueur est de 450 kilomètres, dont 260 environ sur le territoire de la colonisation socialiste, où il décrit une vaste demi-cercle en faisant de nombreux méandres pour se jeter dans l'Océan près de Mehdiya.

Il est, dit M. Tissot, aussi large à Mehdiya que la Tamise à London-Bridge. En amont, sa largeur varie entre 100 et 200 mètres.

Son cours est extrêmement lent, la pente de son lit n'étant, dans la plaine, que d'un millimètre pour dix mètres. Il n'a aucun rapide. Son débit, qui est au minimum de 40 mètres cubes par seconde, est en moyenne de 400 et atteint 2,000, c'est-à-dire qu'il roule plus d'eau que la Loire en été et moins en hiver.

Le Sebou reçoit d'importants affluents, dont les plus remarquables sont, sur la rive droite l'oued Innaouen, l'oued Ouerra, et l'oued R'dat, sur la rive gauche l'oued Fès, l'oued Mikkès, l'oued R'dom, l'oued Beht et l'oued Tiflet. Ces trois dernières rivières n'atteignent pas ordinairement le lit du fleuve; elles se perdent dans la vaste dépression marécageuse dite merja Beni-Hassen. Cependant, dans la saison des pluies, elles en

sortent plus au nord et vont se déverser dans le
Sebou.

La région nord, qui comprend le bassin de la
merja Ez-Zerga et de l'oued Drader, présente
au bord de la mer des terres incultes, cultivables
d'ailleurs, et des pâturages; plus à l'est, le pays,
très fertile, rappelle en mains endroits des paysages de la Bourgogne et de la Normandie, parfois
de la Provence; sur les bords de l'oued Loukkos,
pays très fertile et très bien cultivé, on trouve
dans le haut Drader la forêts de chênes-lièges de
Harrette. Le terrain est moins bon et presque
partout inculte à l'est de cette forêt. Les cultures
reprennent dans la région d'Ouezzan.

Toute la vallée de l'oued Segmet, ou oued M'da,
forme une vaste plaine très fertile. A l'est de la
merja Ras ed Dora sont des pâturages marécageux.

Le bourrelet de terrain parallèle à l'Océan est
gréseux et sablonneux, parfois argileux; il est
presque partout couvert de broussailles et de
palmiers nains. M. Brives signale cependant,
entre Salé et Mehdiya de nombreux *hamri* (terres rouges) bien cultivés et à droite, en descendant dans la plaine, commencent les *tirs* (terres
noires). En agriculture, les *hamri* sont très estimés; quant aux *tirs* proprement dits, ou aux
alluvions avec lesquelles on les confond parfois,
leur fertilité est incomparable.

La plaine du Bou Regreg, à son embouchure,
ne le cède en fertilité à aucune autre région. Plus
haut, en tirant sur l'est, le pays est accidenté et

boisé. On y trouve d'épais fourrés de lentisques, de caroubiers, de pins. Au dessus encore le sol est nu, il se couvre au printemps de riches pâturages.

Au sud de Meknès, pays vallonné, sans reliefs importants, très arrosé, mais peu cultivé: les lentisques, les palmiers nains, les jujubiers y abondent.

Le massif élevé du Zerhoun est d'une fertilité extraordinaire. Il est presque partout couvert d'oliviers; les pentes et le plateau présentent de belles cultures.

Toute la région montagneuse au nord du Zerhoun est comme lui argilo-calcaire; la terre y est excellente. Les vallées de l'oued Zegotta, de l'oued Sebou, de l'ouéd Ouerra et de l'oued R'dat présentent de larges plaines de tirs et d'alluvions. Il en est de même de celles de l'oued R'dom et de l'oued Beht; à l'ouest de ce dernier, les dépressions sont de terre noire, les mamelons de sable ou de grès calcaires.

La périphérie du futur domaine socialiste étant ainsi sommairement décrite, il reste à parler du centre qui se compose de deux parties bien distinctes, la plaine du Sebou et la forêt de Mamora.

La plaine du Sebou est absolument plate dans son ensemble, sans être horizontale. C'est, dit M. l'ingénieur Pobéguin, « une plaine d'alluvions, argileuses, de couleur rouge, rarement grisâtre. Ces alluvions forment, quand elles sont mouillées, une vase fluide. Elles constituent à la fin de l'été un sol crevassé de nombreuses fentes ; enfin, une motte écrasée dans la main donne une cendre impalpable sans résidu sableux. C'est une marne à peu près pure, amenée de la montagne par les eaux du fleuve. Celles-ci sont, en effet, extrêmement limoneuses (on pourrait presque dire bourbeuses). On ne voit pas une pièce d'argent dans le creux de sa main pleine d'eau. C'est ce *débit solide* qui, déposé sur le sol aux époques des anciennes crues, a constitué peu à peu la plaine du Sebou et en fait la fertilité ».

Chose bizarre, les rives du fleuve sont plus élevées que le reste de la plaine, et soit à gauche, soit à droite, on descend quand on s'en éloigne dans la direction des merja Ras ed Dora et Beni-Hassen. M. Pobéguin explique ce fait par l'abondance des dépôts alluvionnaires que le fleuve laisse échapper dans les crues et qui diminuent au fur et à mesure que les eaux s'étendent.

Cependant il résulte des renseignements fournis à M. Pobéguin que depuis de longues années il n'y a plus d'inondations. La présence de nombreux douars sur les deux rives du fleuve paraît en être la preuve. Où se réfugieraient leurs habitants si l'eau montait jusqu'à leurs villages, alors que plus ils s'éloigneraient du fleuve plus le terrain serait bas ?

Le Sebou s'accroît dans la saison des pluies, c'est-à-dire en décembre, janvier et février ; pendant le reste de l'année, c'est la fonte des neiges de l'Atlas qui alimente son débit et celui de ses affluents; aussi n'est-il jamais à sec.

D'après M. Pobéguin, il tomberait en hiver 50 à 60 centimètres d'eau; en ajoutant les pluies de printemps, on doit atteindre 70 à 75 centimètres pour toute l'année, ce qui est une quantité assez forte. En été, l'absence de pluie est compensée dans une mesure appréciable par l'abondance des rosées. Aussi on trouve dans toute la plaine des pâturages encore verts au mois d'août, alors que dans d'autres régions du Maroc et dans presque toute l'Algérie, la terre à cette époque, calcinée par le soleil, ne présente plus aucune trace de végétation herbacée.

Il n'y a pas de routes dans toute la région, mais simplement des pistes muletières nombreuses, dont la plupart sont rendues impraticables dans la saison des pluies par la nature marécageuse du terrain en plaine et dans le fond des vallées; il n'y a pas davantage de ponts, mais de mauvaises barques en bois, ou même simplement en roseau, sur quelques points du fleuve.

La plaine est parcourue par quelques fossés bourbeux qui établissent une communication entre le fleuve et les marécages pendant la saison des pluies. Un de ces fossés, ou *ghfeïra*, porte au Sebou les eaux d'inondation de la merja Ras ed Dora; d'autres, celles de la merja Beni Hassen. Ces derniers sont en général le prolongement du lit des affluents de rive gauche qui se déversent dans la merja.

Le lieutenant Henri Dyé résume ainsi son appréciation sur la plaine du Sebou: « La plaine du Sebou présente une épaisseur de terre végétale considérable, et des pâturages magnifiques. Comme dans la plupart des régions situées entre Tanger et Fez, il y a là des terrains d'élevage excellents, et aussi des terres à blé ou à orge à peine effleurées par la charrue des indigènes ».

Et M. l'ingénieur Pobéguin conclut de son côté : « Le fleuve, comme voie de navigation *et surtout* comme agent d'irrigation, est sans rival au Maroc; la plaine est merveilleuse comme terrain de grande culture. Un jour viendra sans doute, où il sera donné à quelqu'un de mettre en valeur toutes ces richesses, lorsque les indigènes voudront bien se laisser convaincre qu'ils peuvent devenir riches ».

La forêt de Mamora est la plus grande du Maroc. De plus, elle n'a pas été dévastée par des exploitations inconsidérées comme la forêt de Larache, où le maghzen puise depuis des siècles pour ses constructions; elle a été préservée par l'insoumission des Zemmour qui l'habitent. Sa plus grande longueur de l'ouest à l'est, est d'environ 60 kilomètres, et sa plus grande largeur, du sud au nord, de 30 kilomètres. Elle couvre donc environ 150,000 hectares, d'après les cartes ; d'autres évaluations sont cependant inférieures à 100,000 hectares. Elle forme une vaste terrasse en légère pente vers le nord; elle commence à 40 ou 50 mètres d'altitude et ne paraît pas s'élever au delà de 2 à 300 mètres. Les vallées de l'oued Fouarat et de l'oued Tiflet la traversent du sud au nord. L'essence dominante est le chêne-liège; on y trouve aussi, d'après le lieutenant Dyé, beaucoup de cèdres, des chênes verts et des thuyas.

L'élevage du bœuf ou du mouton, ou parfois des deux simultanément est pratiqué à peu près sur toute l'étendue de la région. Le Gharb, dit M. Augustin Bernard (*Une mission au Maroc*) « est d'abord et avant tout un superbe pays d'élevage, où abondent des bœufs comme on n'en rencontre guère en Algérie ni en Tunisie, où l'on trouve de vraies prairies, avec des graminées succulentes et nourrissantes, couvrant le sol tout entier d'un vert tapis comme dans un pré de France et non pas ces touffes espacées d'herbes rugueuses et peu savoureuses qu'on appelle en Algérie des pâturages ».

Les bœufs marocains sont beaucoup plus forts que ceux d'Algérie. Les Zemmour en ont de particulièrement beaux qu'ils vont vendre jusque sur les marchés algériens.

On signale des buffles sauvages dans la forêt de Mamora.

Les bêtes de somme sont le cheval, le mulet, l'âne et le chameau.

Les indigènes cultivent le blé, l'orge, le maïs, le sorgho, les fèves, les pois chiches, le fenu grec, etc.; ils ont de nombreux vergers où croissent l'oranger, le figuier, le poirier, la vigne, le grenadier, etc.; les plateaux comme celui de Meknès, les hautes vallées, les régions monta-

gneuses sont couvertes d'oliviers et de caroubiers.

L'espect du pays est forcément un peu mono-
tone en plaine; mais il devient magnifique dès
qu'on pénètre dans la partie accidentée.

M. Etienne Richet (*Voyage au Maroc*) décrit en
ces termes les impressions qu'il a éprouvées en
admirant le panorama qui s'étend autour des
ruines romaines de Volubilis, aux environs de
Meknès :

« Il était difficile, disons-le à l'honneur des
anciens, d'apporter dans le choix d'un site un
plus heureux discernement de la beauté pitto-
resque avec un instinct plus profond de ces har-
monies de la nature qui exercent sur l'âme de
l'homme et comme à son insu, une influence si
pénétrante ».

M. de Segonzac n'est pas moins enthousiaste;
il écrit au sujet de la zone de collines qui sépare
le Sebou de l'oued Ouerra un peu en amont de
leur confluent :

« Si résolu soit-on à être sobre de ses admi-
rations, à ne rapporter des paysages aperçus que
les lignes indispensables, que des schémas, on
ne peut taire la beauté de ce pays de collines tel
qu'il nous apparaît ce soir, semblable à quelque
coin de France avec ses ondulations qui rappel-
lent nos vallons, ce couchant nimbé des mêmes
tons d'or pâle, ses oiseaux qui chantent les mêmes chansons, avec seulement une transparence

plus limpide, un calme plus sonore, plus de silence et plus de majesté. »

Le massif du Zerhoun surpasse en beauté toutes les autres parties de cette région, avec ses bois d'oliviers, ses vergers bien arrosés, ses blancs villages, sa grande et célèbre *zaouia* de Moulay Idriss, ses ruines romaines de Kasbat Zerhoun. Nulle part les excursions ne sont plus attachantes et quand le pays sera plus ouvert, quand des communications régulières y seront établies, les touristes du monde entier le visiteront.

Les Romains qui occupaient fortement une grande partie du Maroc avaient, dans la région du Sebou, de nombreux établissements dont les traces se retrouvent partout.

Les ruines de Volubilis, dont il vient d'être parlé et auxquelles les indigènes donnent le nom bizarre de Ksar Faraoun (château du Pharaon), indiquent une importante cité; mais elles ont été dévastées par le sultan Moulay Ismaël, et ses matériaux les plus précieux ont servi à la construction de Meknès. Le sol est jonché de pierres et d'éclats; mais il ne reste plus debout qu'une muraille, un arc de triomphe et la porte d'un temple.

La Kasbat Zerhoun, très vaste, était un simple camp établi par les Romains pour barrer le passage aux Berbères de la montagne; il reste une partie des murailles et des tours.

M. Tissot a reconnu sur les bords du Sebou, à

deux heures de marche d'El Knitra, en amont, les ruines de la ville romaine de Thamusida, dont il reste l'enceinte flanquée de tours sur une longueur de 15 à 1,600 mètres.

D'autres ruines moins importantes sont signalées sur divers autres points.

Le Maroc jouit d'un climat privilégié, surtout dans la partie nord-ouest, entre l'Atlas et l'Océan Atlantique. Les deux lignes parallèles du Moyen Atlas et du Grand Atlas, qui se rejoignent sur une partie de leur longueur et peut-être ne forment qu'une seule chaîne, s'étendent du sud-ouest au nord-est et interceptent à la partie orientale du Maroc, ainsi qu'à l'Algérie, les vents rafraîchissants et humides de l'Atlantique. Leurs cimes, qui égalent presque les Alpes, condensent les nuages et accumulent des masses de neige considérables où les cours d'eau trouvent, l'été, une inépuisable réserve.

« On peut, dit le lieutenant Dyé (*les Ports du Maroc*), caractériser d'un mot le climat des provinces maritimes en disant que, sur les rivages de l'Atlantique, nombre de sites offrent plus de fraîcheur en été que sur nos côtes de Bretagne et plus de chaleur en hiver que sur nos côtes de Provence. »

Le sirocco, ce vent du désert, qui fait le désespoir des agriculteurs algériens, est extrêmement rare au nord de l'Atlas marocain.

Le voyageur Rohlfs, qui a parcouru tout le nord de l'Afrique, dit qu'il n'y a, nulle part, trouvé de climat plus sain qu'au Maroc.

M. J. Machat (*La Géographie physique du Maroc*) écrit: « Les régions naturellement habitables pour les Européens y sont plus nombreuses et plus vastes qu'en Algérie même; toute la partie au nord-ouest de l'Atlas a une température plus basse que ne le comporte la latitude. »

L'hiver la température descend souvent au-dessous de zéro. M. Brives a constaté, en janvier 1902, de fortes gelées. Il a constaté que les pluies étaient fréquentes la nuit en cette saison et qu'il faisait presque toujours beau temps dans la journée. On lui a affirmé que c'était habituellement ainsi.

La région du Sebou est assez peuplée; cependans l'étendue des forêts et des marécages et l'insécurité perpétuelle du pays l'empêchent d'avoir tous les habitants qu'il pourrait nourrir.

Les Beni-Hassen et les Zemmour forment le noyau principal de la population; ces deux noms désignent non deux tribus simplement, comme on le croit parfois, mais deux confédérations de tribus. On leur attribue à chacune 30,000 habitants et 10,000 fusils; mais certains voyageurs croient les Zemmour plus nombreux. Une partie d'entre eux d'ailleurs occupent la haute vallée du Bou Regreg au delà des limites indiquées plus haut.

Au nord, dans la région du Loukkos et du Drader habitent les Kloth et les Tlik; un peu plus bas, les Seflan, les Beni-Malek, les Masmouda, les Khouna, les Manasra; à l'est, les Beni-Messara, les Hejaoua, les Cherarda, les Guerouan ; au sud, les Ahmar, les Ouled-Sbita et les Beni-Hakem.

Sans qu'on aie de données exactes sur l'importance numérique de ces diverses tribus, il est probable que la population totale de la région est de 140 à 150,000 habitants.

Les villes principales de la région, délimitée comme il a été dit, sont Meknès, Salé, Mehdiya et Ouezzan.

Meknès, ou Méquinez, nommée Ez-Zitouna, à cause de l'abondance de ses plantations d'oliviers, est la troisième capitale de l'empire. Elle est située sur un plateau très sain; l'Oued Fekran arrose abondamment ses places et ses jardins. Elle date du Xe siècle et fut embellie par le célèbre sultan Moulay-Ismaël qui vivait au XVIIe siècle et dont elle était la résidence favorite. Ce monarque en bâtit l'enceinte, y construisit de vastes palais, y créa les magnifiques jardins de l'Aguedal, dont la superficie dépasse 400 hectares. Le palais mauresque de Dar-el-Béida (palais blanc), est remarquable ; mais il n'est qu'une faible partie du *Dar-el-Magzen* (palais du gouvernement), où se trouve la cour des 516 écuries. Le grand bassin d'El Kéri, long de 500 mètres, large de 200, alimenté d'eaux courantes, entretenait la fraîcheur dans les jardins du sultan. Les portes des remparts sont monumentales. Toute cette création du plus puissant empereur du Maroc existe encore, mais dans un pitoyable état de délabrement. La ville croupit dans la boue. La population est seulement de

15,000 habitants; les bâtiments suffisent pour en loger trois fois plus. Quelle belle œuvre ce serait, de faire revivre cette ville morte, de rendre à Meknès sa splendeur passée !

La ville de Salé, ou Sla, située à l'embouchure du Bou Regreg sur la rive droite, en face de Rabat, est un ancien nid de pirates et actuellement ses habitants sont encore fanatiques. La ville, d'un très bel aspect, entourée de beaux jardins et de riches cultures, compte également 15,000 âmes.

Ouezzan est le principal centre religieux du Maroc; pendant longtemps la puissance de ses chérifs contrebalança celle des sultans; elle est encore grande aujourd'hui, quoique déchue. Rien à craindre d'ailleurs de leur côté: les chérifs actuels sont sous la protection de la France; ils parlent notre langue et secondent notre action en toutes circonstances. Ouezzan a 10,000 habitants.

A côté de ces villes anciennes et déjà importantes, Mehdiya fait triste figure avec ses deux cents ou trois cents habitants, presque tous nègres, qui habitent des masures ou plutôt des huttes à l'intérieur de son enceinte ruinée. Pourtant c'est elle qui est appelée à devenir la grande cité industrielle et commerçante, le débouché de toute la région; elle le devra à sa position privilégiée à l'embouchure du Sebou, analogue à celle du Havre à l'embouchure de la Seine.

Disons de suite que la triste situation économique actuelle de Mehdiya est due à ce que la volonté arbitraire des sultans a fermé au commerce son port comme celui d'Agadir au sud du Maroc, plein d'avenir, lui aussi, ce qui a empêché toute navigation sur le Sebou. De même que les gens du Sous, au lieu d'apporter leurs produits à Agadir leur port naturel, sont obligés de remonter jusqu'à Mogador, à plus de deux cents kilomètres au nord, en traversant le Haut Atlas, de même ceux de la vallée du Sebou doivent aller à Larache au nord ou à Rabat-Salé au sud. Tel a été le bon plaisir de leurs majestés chérifiennes ! On comprend que l'un des plus riches pays du monde ait pu rester aussi attardé avec une telle administration !

Mehdiya est une très ancienne ville; elle fut prospère sous l'émir Yacoub-el-Mansour ; les Portugais et les Espagnols qui l'occupèrent ensuite en avaient fait un des ports les plus importants de la côte.

Aujourd'hui, presque abandonnée, elle dresse encore, sur une colline au bord de la mer, à l'embouchure même du Sebou, sur la rive gauche, ses hautes murailles en ruines qui gardent quand même un aspect imposant. M. Tissot a constaté que son enceinte reste forte, qu'une très belle porte est en assez bon état et qu'elle contient un beau palais. Une deuxième muraille, à l'intérieur de laquelle il n'existe aucune construction, descend jusqu'au fleuve.

Tous les voyageurs sont unanimes à reconnaître que Mehdiya est appelée à un brillant avenir; on avait même peut-être exagéré les qualités du port naturel que forme l'embouchure du Sebou. Il est vrai que le chenal du fleuve présente, sur une grande longueur et sur une largeur d'environ cent mètres, une profondeur de 7 à 10 mètres à marée haute; mais son entrée est obstruée par une *barre,* c'est-à-dire une ligne de hauts fonds sur laquelle vient se briser la houle du large, ce qui en rend souvent le passage périlleux. C'est d'ailleurs le cas de tous les ports de l'Afrique occidentale. On observe même qu'à Rabat, port voisin à l'embouchure du Bou Regreg, le haut fond qui forme la barre n'est recouvert à marée basse que par 50 centimètres d'eau, alors qu'à Mehdiya la profondeur n'est jamais inférieure à 1 m. 50. Toutefois, M. Gentil a constaté qu'au moment où Mehdiya fut employé, en même temps que Rabat, comme point de débarquement de l'expédition du général Moinier, en mai et juin 1911, la barre du Sebou est restée pendant treize jours infranchissable, tandis que les *barcasses* pouvaient traverser impunément celle du Bou Regreg.

Il est évident que des travaux sont nécessaires pour faciliter l'entrée du port de Mehdiya; mais sa supériorité sur les autres estuaires n'en est pas moins reconnue par M. Gentil qui ajoute que « l'intérieur du fleuve offre un abri parfait aux bateaux qui peuvent y parvenir ». (*Temps* du 2 juillet 1911.)

Le lieutenant de vaisseau Henri Dyé, chef de la mission hydrographique, qui a relevé la côte du Maroc en 1905, 1906 et 1907, est entièrement de cet avis; bien que son rapport, publié dans la période des compétitions internationales, ait dû visiblement dissimuler en grande partie l'optimisme de son appréciation, il le laisse apparaître dans des termes que leurs réticences rendent peut-être plus significatifs.

« Rabat, écrit-il, ne prendra jamais une grande extension à cause de sa barre redoutable et de ses conditions nautiques peu favorables.... Ce n'est pas à Rabat qu'il faut entreprendre des travaux coûteux et de quelque importance, mais en un ou deux autres points situés plus au nord et qui présentent des conditions naturelles et nautiques infiniment supérieures. »

Ces points au nord ne peuvent être que Mehdiya ou la lagune Ez-Zerga, dont on avait espéré faire à un moment donné un port. Mais M. Dyé écarte complètement cette idée.

« Tout autre, ajoute-t-il, est la situation de Mehdiya, misérable bourgade en ruines qui dresse ses murailles croulantes sur les collines dominant au sud l'embouchure du fleuve Sebou. A première vue, la position géographique de Mehdiya semble privilégiée et des plus intéressantes, tout à fait identique à celle des plus grands ports de France, tous situés à l'embouchure d'un fleuve ou à proximité de plaines fertiles. Ainsi, Mehdiya semble pouvoir être appelée à un avenir considérable si les produits agricoles de la riche vallée du Sebou, si le transit vers Fez et Meknès viennent converger dans l'estuaire de son fleuve. Après avoir connu des jours de prospérité sous l'émir Yacoub-el-Mansour, puis au temps des Portugais au xv⁰ siècle, Mehdiya est aujourd'hui une simple casba en ruines renfermant à peine 300 habitants logés surtout dans des huttes de chaume, une ville abandonnée depuis l'interdiction du trafic avec la mer.

« Dans quelle mesure la situation nautique de Mehdiya, c'est-à-dire les conditions de sa barre de sable, les profondeurs d'eau de l'estuaire maritime, les fonds et les hauteurs de crue du fleuve Sebou, les possibilités d'établissement d'un port de mer, viendra-t-elle modifier les qualités naturelles de sa position géographique ? C'est un problème dont nous nous garderons bien de donner la solution, étant données les compétitions internationales qui s'exercent encore à l'heure actuelle sur les côtes du Maroc. Qu'il nous suffise de dire que ces questions relatives à Mehdiya, et aussi celles de la navigation du fleuve Sebou jusqu'à mi-route de Fez, ont été longuement étudiées et complètement élucidées par une mission maritime au cours des voyages périlleux et des levés aventureux accomplis de 1905 à 1907, parfois sous le feu des indigènes et malgré leur hostilité. »

Deux mots encore sur la navigabilité du Sebou ; on a vu que M. l'ingénieur Pobéguin, membre de la mission Dyé, l'avait constatée depuis le gué de Mechra-el-Ksiri, à la rencontre de la route de Fez à Larache, jusqu'à l'embouchure,

soit une longueur de 150 kilomètres environ.
Depuis, il est vrai, en mai 1911, au moment où
la colonne Moinier cherchait à assurer ses ravitaillements, un canot à vapeur, sous le commandement de l'enseigne de vaisseau Carsalade, fut
arrêté par un haut fond à soixante kilomètres
de Mehdiya. Mais en décembre 1911 et janvier
1912 un canot automobile a pu remonter jusqu'à proximité de Fez. C'était, il est vrai, dans
la période des hautes eaux. Quoi qu'il en soit, il
ne paraît guère douteux que le Sebou, moyennant peut-être quelques aménagements peu coûteux, soit accessible toute l'année à des remorqueurs et chalands à fond plat, ne calant que
60 et 70 centimètres d'eau. C'est l'opinion de
M. le professeur Gentil.

Telle est la région marocaine proposée comme
champ d'expérience de colonisation socialiste.
Nulle autre n'est plus riche, mais nulle ne présente d'obstacles plus grands à la pénétration et
à l'établissement des Français. Par des efforts
puissants et méthodiques on peut en tirer un
parti merveilleux ; mais en procédant par la voie
anarchique qui a prévalu jusqu'à ce jour, on
irait au devant d'un lamentable échec dont les
conséquences, au point de vue national, pourraient être graves.

CHAPITRE XII

L'œuvre à accomplir.

Les grands travaux publics indispensables à la mise en valeur du domaine socialiste de la région du Sebou, et qui doivent être exécutés simultanément avec la plus grande activité au début de notre établissement, sont :

Le port de Mehdiya ;

Les chemins de fer et les routes ;

Les canaux de navigation, d'irrigation et de drainage de la plaine.

Il est à remarquer que la plus grande partie de ces travaux sont d'intérêt général marocain et d'intérêt français, autant et plus peut-être que d'intérêt local.

La distance de Mehdiya à Fez, en effet, n'est guère plus des deux tiers, à vol d'oiseau, de celle de Tanger à Fez; elle est de moins des deux tiers si l'on tient compte du détour que doit faire la voie ferrée partant de Fez sur Tanger, pour éviter le massif montagneux des Djebala. De plus, l'amélioration de la navigation du Sebou, la création, dont il sera parlé tout à l'heure, d'un canal navigable qui serait, à travers la merja des Beni-Hassen, la corde de l'arc allongé que décrit ce fleuve, ferait de Mehdiya le débouché naturel de Fez et de Meknès.

La France n'aura aucun intérêt à diriger le trafic de ces villes et de leur région sur Tanger, port d'un caractère international, compris dans la zone espagnole, et où l'Espagne, quoi que nous fassions, gardera toujours une grande place. Elle aura toutes les raisons possibles, au contraire, pour favoriser Mehdiya où nous serons bien chez nous, et sur laquelle les transports seront plus rapides et moins coûteux. L'économie de transport sera surtout énorme pour les marchandises lourdes qui emprunteront la voie fluviale.

La France doit donc faire de Mehdiya son grand port marocain en négligeant Rabat, très inférieur à tous les points de vue. Par conséquent la ligne ferrée Fez-Meknès-Rabat, devrait devenir la ligne Fez-Meknès-Mehdiya. Cependant, si on tenait à desservir Rabat, rien ne serait plus facile que d'aboutir également à Mehdiya par un embranchement qui traverserait la forêt de Mamora.

L'examen technique des travaux nécessaires pour faire de Mehdiya un grand port accessible en tous temps aux navires d'un tonnage moyen ne saurait entrer dans le cadre de cet ouvrage. La possibilité en est reconnue; cela suffit. Disons seulement que les travaux d'aménagement de l'estuaire ne paraissent pas devoir être coûteux à cause de l'existence d'un fond de roches qui émerge à marée basse le long des deux rives du fleuve et qui permettrait d'élever facilement des quais, accessibles en haute mer, avec trois mètres de profondeur, en attendant qu'on étudie la création d'un bassin à flot. Le port devrait naturellement être muni de tout l'outillage nécessaire au déchargement des navires qui, au lieu de rester comme aujourd'hui en rade à deux kilomètres de l'embouchure, pourraient pénétrer dans l'estuaire.

Le charbon anglais embarqué à Cardiff, qui est à la fois un centre minier et un port de

premier ordre, débarqué sur les quais de Mehdiya, serait aussi bon marché qu'à Tanger, meilleur marché qu'à Alger, Marseille et Barcelone.
Mehdiya pourrait ainsi devenir une grande ville
industrielle en même temps qu'un entrepôt commercial d'une importance considérable.

La France s'est engagée envers l'Allemagne
à ne construire aucun chemin de fer avant la
ligne Tanger-Fez; mais, comme on l'a dit plus
haut, elle peut en créer d'autres en même temps

La ligne Fez-Tanger traversera d'ailleurs le
territoire de colonisation socialiste, du col de
Zegotta au Loukkos, sur une longueur d'une
centaine de kilomètres.

Quant à la ligne Fez-Meknès-Rabat, elle traversera également, sur une longueur de 120 à
140 kilomètres, la partie sud du domaine socialiste. Si cette ligne est maintenue, malgré
les excellentes raisons qui devraient faire préférer le Fez-Meknès-Mehdiya, un embranchement devra être créé de Mehdiya pour aller la
rejoindre en traversant la forêt de Mamora et
en remontant probablement la vallée de l'Oued
Tiflet. La création de cet embranchement ferait
disparaître tous les inconvénients de la ligne
Meknès-Rabat, puisque les marchandises à destination de Mehdiya y arriveraient tout aussi directement; d'autre part, elle mettrait en valeur
le plateau des Zemmour qui est une région intéressante.

Dans tous les cas, une ligne directe Mehdiya-
Salé-Rabat, le long de la côte atlantique, qui

coûterait peu de frais d'établissement, sera indispensable. Elle serait tout à fait urgente si le
chemin de fer Meknès-Rabat était abandonné.

Une autre ligne devrait raccorder Mehdiya à
la ligne de Fez-Tanger, en amont d'El Ksar el
Kebir en traversant la plaine entre le Sebou et la
merja Ras-ed-Dora. Elle mettrait en valeur une
riche région agricole et assurerait les communications rapides avec Tanger. Il est probable
que la France créera plus tard la ligne Rabat-
Casablanca. On irait donc directement de Tanger à Casablanca par El Ksar el Kebir, Mehdiya
et Rabat.

Outre ces lignes d'intérêt général et à voie
large, le pays devrait être sillonné de petits chemins de fer et tramways à voie étroite pour assurer l'écoulement économique et rapide des
produits du sol.

Le réseau à voie large, en y comprenant toutes les lignes mentionnées ci-dessus, aurait donc
une longueur totale d'environ 450 kilomètres. Ce
n'est pas beaucoup, en somme, pour une surface de 13 à 14,000 kilomètres carrés. L'Egypte,
pour une superficie agricole de 33,000 kilomètres carrés, moins du triple par conséquent, possède 2,270 kilomètres de voies ferrées, exploi-
tées par l'Etat, plus 1,100 kilomètres exploités
avec la garantie de l'Etat. Nous resterions donc
encore bien en arrière.

Et de plus, l'Egypte a le Nil ! Mais rassurons-
nous : le domaine socialiste pourra avoir aussi

un réseau de navigation qui ne le cédera à aucun autre.

Avec quelques travaux d'aménagement et d'entretien, le Sebou sera évidemment une voie de communication excellente. Comme son cours est très lent, il décrit des boucles très allongées dans la partie inférieure de son cours. M. Pobéguin en cite une qui a une longueur de six kilomètres et se referme presque, formant un isthme de 200 mètres seulement. Il est évident que par la suite on créera quelques canaux pour éviter ces détours.

La merja des Beni-Hassen occupe la plus grande partie de la plaine sur la rive gauche du Sebou. Elle reçoit les affluents de ce fleuve: oued R'dom, oued Beht, oued Tiflet, et ne les lui rend qu'incomplètement et seulement dans la saison des pluies. Si l'on a retenu ce détail curieux que les berges du fleuve sont plus élevées que le reste de la plaine, on conçoit que la merja forme ainsi une vaste cuvette sans écoulement, sauf lorsqu'elle commence à déborder pour s'être trop remplie.

Il suffit évidemment de tracer au fond de la merja, dans la direction de l'est à l'ouest, au nord de Lalla-Ito, un canal aboutissant des deux côtés au Sebou pour assurer l'écoulement permanent des eaux qui forment marécage. En donnant aux berges de ce canal la hauteur convenable, en créant deux écluses aux points où il joint le Sebou, et s'il y a lieu, quelques autres écluses sur sa longueur, on peut, à raison des faibles déclivités de la plaine, faire servir ce canal à la fois de collecteur de drainage, de canal d'irrigation et de navigation. Il serait alimenté non seulement par le Sebou sur lequel serait sa prise d'eau d'amont, mais en outre par les rivières qui se jettent actuellement dans la merja des Beni-Hassen : oued R'dom, oued Beht, oued Tiflet, lesquelles apporteraient leurs eaux au canal qu'elles ne dépasseraient pas.

La partie inférieure de ces rivières, en amont du canal, n'a qu'une pente insignifiante; chacune d'elles serait facilement canalisée ; quelques écluses permettraient même de faire remonter assez haut la ligne navigable; on aurait ainsi des canaux de pénétration très précieux pour l'évacuation des produits de la forêt de Mamora et de l'agriculture.

M. Pobéguin a reconnu l'existence d'une *ghfeïra* mettant en communication, dans la saison des pluies, la merja Ras ed Dora avec le bas Sebou; il suffirait de l'approfondir et de la munir d'une écluse pour en faire un canal. La merja Ras ed Dora, comme celles de Zerga au nord et des Beni-Hassen au sud, se comble de plus en plus par l'apport du limon des rivières. Il paraît établi que tous ces marécages formaient jadis un vaste lac; la lagune Zerga n'est séparé de Ras ed Dora que par un seuil peu élevé, de quelques kilomètres de longueur; les deux merja communiquent même dans la saison des pluies; rien de plus facile donc que de les relier par un canal. On aurait ainsi une ligne navigable d'une centaine de kilomètres, que prolongerait encore la canalisation du lit inférieur de l'oued Segmet et de l'oued Drader.

Tous ces travaux devraient être établis de façon à pouvoir combler peu à peu par le colmatage les parties basses de toutes ces merja en n'y laissant subsister que la ligne des canaux. On utiliserait pour cette opération la différence de niveau de plus de trois mètres que produit le flux et le reflux de la mer ; quand les eaux boueuses auraient déposé leur limon, on ouvrirait les écluses à marée basse, on laisserait écouler les eaux claires, on refermerait les portes, on remplirait de nouveau les bassins d'inondation et ainsi de suite. Ce colmatage méthodique accélèrerait beaucoup le travail de la nature et il est permis de prévoir que les tristes marécages actuels seraient remplacés, dans quelques années, par une plaine fertile.

Les routes, dans le domaine socialiste, seront d'une création et d'un entretien difficiles: le sol est marécageux en plaine et fréquemment sablonneux au sud, dans la région de Mamora. On ne rencontre pas un caillou sur de grands espaces. Dans la partie montagneuse, il y a bien des rochers calcaires durs, mais le sol, formé surtout d'argile glissante, se prête mal à l'empierrement. Il est donc probable qu'on ne s'attachera pas beaucoup à développer le réseau routier et qu'on le remplacera par de nombreuses voies ferrées étroites qui rendront de plus grands services.

Après l'assainissement et l'irrigation de la plaine basse, il faudra arroser également les parties plus élevées. Dans bien des cas, de simples dérivations établies en amont seront suffisantes; pour la plaine d'altitude moyenne, la création d'un grand barrage sur le Sebou, à la hauteur du Tselfat, pourra être nécessaire. Des barrages moindres pourront être établis dans les hautes vallées. Une étude complète et approfondie de l'hydrographie de la région est évidemment indispensable pour déterminer exactement les travaux à entreprendre. Quant à l'ordre de leur exécution, il sera réglé par le degré de leur utilité.

Ce qui apparaît à l'examen sommaire de la configuration du pays et de ses ressources en eau, c'est que 5 à 600,000 hectares peuvent être irrigués. Cette superficie représente à peu près le quart des terres cultivées en Egypte. Ainsi, c'est une petite Egypte qu'on peut créer dans la région du Sebou, et quand on connaît la richesse de la terre des Pharaons, on se fait une idée de l'intérêt d'une œuvre analogue, quoique de proportions réduites, au Maroc.

Le Sebou, d'après les évaluations connues, aurait en hiver un débit égal au cinquième de celui du Nil dans la période d'inondation. Or, une quantité immense de l'eau du Nil arrive à la mer sans avoir été absorbée par l'arrosage et l'évaporation. De plus, il ne pleut à peu près pas en Egypte; les crues du fleuve sont causées par les pluies abondantes qui tombent sur les hauts plateaux d'Abyssinie; c'est donc l'irrigation artificielle seule qui pourvoit aux besoins de la végétation, tandis que dans la région du Sebou l'eau pluviale y concourt dans une large mesure. Le Nil, en Egypte, n'a pas d'affluents, alors qu'une innombrable quantité de rivières, de ruisseaux et de sources descendent dans les plaines marocaines surtout au nord de l'Atlas.

Il ne semble donc y avoir aucun doute sur la possibilité d'arroser 5 à 600,000 hectares sur les 13 à 1,400,000 composant le domaine socialiste.

Or, l'Egypte, sur une surface quadruple, exporte annuellement pour plus de 650 millions de francs de coton, graines de coton et autres produits agricoles. Sa population est de 480 habitants par kilomètre carré cultivé, ou 339 par kilomètre carré y compris le sol non cultivé, alors que la Belgique, le pays le plus peuplé d'Europe, n'a que 187 habitants par kilomètre carré. Et cependant, c'est à l'Angleterre que va la plus grande partie de la richesse produite par l'agriculture égyptienne: le malheureux fellah, courbé sous le joug du grand capital britannique, est réduit à recevoir, comme rémunération de son travail, le cinquième seulement de la récolte qu'il a arrachée au sol ! Il vit dans la misère au sein de l'opulence qu'il crée. Quelle supériorité morale aurait au Maroc la civilisation française à base socialiste qui ne mettrait le pays en valeur que pour donner le bien-être à tous ses colons, en leur répartissant intégralement les fruits de leurs efforts !

Et quelle supériorité matérielle aussi, dans ses méthodes et dans ses résultats ! Contrairement à sa réputation, l'agriculture égyptienne est arriérée à beaucoup de points de vue ; elle excelle seulement pour l'irrigation; les drainages laissent souvent beaucoup à désirer et l'emploi des engrais naturels ou artificiels y est presque nul. Jadis, l'inondation suffisait à ramener la fertilité de la terre épuisée; aujourd'hui, on y substitue de plus en plus l'irrigation qui est loin de donner les mêmes résultats comme apport de principes améliorants. On peut faire beaucoup mieux au Maroc, avec des chefs instruits, expérimentés, énergiques, et des travailleurs libres, intelligents, fiers de contribuer à une grande œuvre, heureux de l'aisance qu'elle leur apportera, forts parce que bien nourris et bien soignés, au lieu des tristes fellahs résignés à leur servitude plusieurs fois millénaire, mais peu encouragés à travailler pour enrichir des maîtres qui ne leur laissent pas de quoi manger.

Si l'Egypte, d'ailleurs, est aujourd'hui un Pactole pour les capitalistes qui en détiennent le sol et les trafiquants qui en vendent les produits, elle n'a pas été créée par les libres initiatives individuelles qui nous sont tant vantées. M. Julien Barois, ingénieur, qui l'a bien étudiée et lui a consacré un important ouvrage: *Les Irrigations en Egypte,* dont la dernière édition, parue en 1911, est particulièrement intéressante, le déclare formellement: « L'irrigation, dit-il, n'est pas une œuvre individuelle. Depuis la plus haute antiquité en Egypte, et de nos jours, *c'est le gouvernement qui fait tout et qui doit tout faire* ». Quelle justification plus complète peut trouver le projet de colonisation socialiste au Maroc, où l'irrigation est le point de départ de toute entreprise agricole !

Ce n'est pas d'ailleurs en Egypte seulement que le gouvernement prend l'initiative des travaux d'irrigation; c'est partout ! L'Angleterre leur a consacré un milliard deux cents millions dans l'Inde; la Hollande a couvert Java d'un magnifique réseau de canaux d'irrigation où la répartition de l'eau bienfaisante est assurée par de nombreux et importants travaux d'art. L'infériorité de la France à cet égard est absolument honteuse. De bons Français pourraient-ils donc refuser à la colonisation socialiste le moyen de relever le prestige national ! On ne peut parler de Java sans évoquer l'idée du jardin colonial de Buitenzorg, une des merveilles du monde, qui n'est pas seulement une création admirable, mais aussi le moteur essentiel, par les études et les essais qui y sont faits, du progrès agricole dans la grande île. On va voir que l'équivalent peut être établi au Maroc.

On a parlé plus haut du jardin de l'Aguedal, vaste parc établi à Meknès par le sultan Moulaï Ismaël, contemporain de Louis XIV, dont il avait d'ailleurs voulu devenir le gendre, et qui, jaloux d'égaler en splendeur le Roi-Soleil dont le nom rayonnait alors sur le monde entier, avait voulu faire de Meknès son Versailles. Rien ne fut épargné pour créer un véritable Eden dans le goût oriental, c'est-à-dire plein d'ombrages et d'eaux vives. Cette magnifique création n'a pas péri, mais dans quel état de délabrement est-elle tombée faute d'entretien ! Tous les voyageurs le constatent et le déplorent.

La restauration de l'Aguédal s'impose et c'est une des œuvres les plus urgentes à exécuter, non pas, bien entendu, pour faire passer le luxe avant l'utilité, mais pour tirer parti des travaux de clôture, d'irrigation, de défrichement, d'aménagements, qui y ont été accomplis et des vastes bâtiments qui y existent en vue d'y établir à peu de frais le grand établissement agronomique central du Maroc entier.

L'Aguedal remplit toutes les conditions nécessaires pour une telle destination, et il est assez vaste pour que les cultures à y introduire, harmonieusement combinées avec les plantations anciennes, n'en altèrent ni le caractère, ni la beauté, tout en occupant la place qu'elles réclament.

Dans tous les pays du monde, mais surtout dans les pays neufs et plus particulièrement encore dans les pays chauds, l'agriculture doit marcher la main dans la main avec la science. Ses méthodes doivent être déterminées rigoureusement par la voie expérimentale.

S'agit-il de livrer une terre à la culture ? On doit d'abord l'analyser, connaître les éléments qu'elle renferme et ceux qui lui manquent, afin de la compléter par des amendements si c'est possible, de l'améliorer par des travaux spéciaux, et de diriger sa production dans le sens le mieux adapté à sa nature.

Va-t-on y semer du blé ? Il s'agit de choisir d'abord la variété qui y réussira le mieux, puis dans cette variété les plus beaux grains, dont le rendement sera toujours très supérieur à celui des grains médiocres.

Il faudra savoir ensuite quels éléments cette récolte aura enlevés à la terre en azote, en phosphore, en potasse, sous quelle forme et dans quelle proportion il faudra les lui restituer.

Le Maroc consomme beaucoup de sucre qu'il tire de l'étranger et peut facilement produire lui-même. Emploiera-t-il pour cela la canne à sucre qui réussit admirablement en Egypte ou la betterave, qui a fait ses preuves en Algérie ? Et quelles variétés de cannes et de betteraves sont à préférer ? Quels soins spéciaux réclame leur culture au Maroc ?

Mêmes questions pour le coton: Faudra-t-il choisir les variétés américaines arbustives et vivaces ou les variétés égyptiennes herbacées et annuelles ? Dans quelles conditions cette culture pourra-t-elle être tentée avec le maximum de chances de succès ?

Ce n'est là qu'une infime partie des problèmes agricoles qui se posent au début d'une colonisation. Chaque végétal en particulier exige les études les plus complexes. Et l'élevage du bétail, le choix des races, leur amélioration, la création et l'amélioration des pâturages ?... Et l'horticulture, si intéressante, si variée, si utile !...

Il ne suffit pas d'aborder ces problèmes théoriquement. Il faut faire entrer dans la pratique immédiate les solutions reconnues les meilleures, par exemple faire venir de tous les bouts du monde les meilleurs reproducteurs, les meilleures graines, les meilleurs plants, se procurer les engrais ou assurer leur fabrication, créer des pépinières des meilleures espèces végétales à cultiver, organiser la sélection des semences sur toute la surface du pays afin de ne mettre en terre que les plus belles et de vendre les autres, s'informer des initiatives qui se produisent en matière d'outillage ou de procédés agricoles, sur toute la surface du globe, les expérimenter et les appliquer si elles donnent de bons résultats.

Pour atteindre ce but si important et si vaste, il faut d'abord centraliser les connaissances scientifiques déjà acquises, les compléter par celles qui se manifestent au jour le jour, les répandre parmi le personnel agricole par un enseignement gradué.

L'établissement agronomique qui répondra à des besoins aussi divers sera, on le conçoit, la colonne vertébrale de la colonisation au Maroc; tout marchera par son impulsion éclairée.

Il devra comprendre, en premier lieu, un musée botanique et géologique; en deuxième lieu, une bibliothèque qui recevra les principales revues et ouvrages agricoles des régions du monde où l'on fait de bonne agriculture, tout d'abord des Etats-Unis d'Amérique, dont la région californienne en particulier, qui a un climat assez analogue à celui du Maroc, a pris un épanouissement merveilleux grâce à l'agriculture scientifique, puis de l'Angleterre et des colonies anglaises, de l'Australie notamment, pays de températures extrêmes et de sécheresse, d'Egypte, de Malte, d'Italie, etc.

Il comprendra aussi un vaste laboratoire dont le rôle essentiel n'a pas besoin d'être indiqué, un cours d'enseignement supérieur, une ferme-école pour les praticiens, des champs d'expérience, des pépinières, des stations de reproducteurs, des magasins, des ateliers, tous les accessoires en un mot que comportent ces divers services et le personnel nécessaire pour en assurer le fonctionnement.

Rien de pareil n'existe en Algérie : MM. Trabut et Marès le constatent tristement dans les ouvrages cités plus haut ; nos autres colonies ne sont pas mieux partagées; mais on trouve des établissements de ce genre en Angleterre et en Amérique. Celui de Kew, aux environs de Londres, est justement célèbre dans le monde entier par son importance, la perfection de son organisation et la valeur des savants qui y sont attachés. Ce n'est pas pour prétendre qu'ils sont supérieurs aux maîtres de notre Muséum d'Histoire Naturelle; mais ceux-ci font de la science pure ; les Anglais font de la science appliquée.

La colonisation socialiste s'honorera hautement et honorera la France en créant à Meknès, dans le jardin de l'Aguedal, et cela graduellement, bien entendu, mais dès le début de son œuvre, un magnifique centre agronomique qui pourra plus tard rivaliser avec celui de Kew.

Il y aurait quelque puérilité à vouloir déterminer d'avance d'une façon précise la marche de l'œuvre colonisatrice. Néanmoins, pour bien la faire comprendre, il est nécessaire d'en indiquer sommairement les modes essentiels et les diverses phases.

Le premier point sera de désarmer les défiances des indigènes et d'entrer en rapports suivis avec eux. Beaucoup de tact sera nécessaire pour atteindre ce but, car il ne faudrait pas exagérer les amabilités et les prévenances, de peur de les voir interprétées comme faiblesses et payées en arrogance et en dédain. Dans notre action, nous devrons toujours faire sentir la forte main de la France et affirmer sa volonté. Un commandement ferme, net, concis est le meilleur moyen d'obtenir l'obéissance. Il ne faudra jamais avoir l'air de consulter les indigènes sur ce que nous aurons à faire à leur égard, ni le discuter avec eux; ils ne comprennent pas que le chef prenne l'avis de ses subordonnés ; c'est à lui de donner ses ordres; telle est leur mentalité. Mais avant de prendre une mesure, il faudra bien se renseigner sur les conséquences qu'elle pourrait avoir. En d'autres termes, sans accorder voix consultative aux indigènes, il faudra être assez bien fixé sur leurs mœurs, leurs traditions, leurs sentiments, pour ne rien faire qui puisse les froisser. Ce sera évidemment une tâche délicate, surtout dans la période initiale; il n'en faut pas cependant exagérer les difficultés; quelques erreurs ne la compromettraient pas.

Nous devons dire très haut que nous apportons la paix, que nous la voulons pour nous, que nous la voulons pour les indigènes, et que nous ne souffrirons pas qu'ils se pillent et s'assassinent entre eux. Nous ajouterons que nous ne troublerons pas nos protégés dans leurs croyances, que nous ne porterons la main ni sur leurs biens, ni sur leurs personnes, que nous les garantirons contre les exactions du maghzen, qu'ils n'auront plus à craindre d'être *mangés* par les méhallas, que nous leur assurerons les bienfaits de l'assistance médicale, gratuite pour les pauvres, que nous ouvrirons partout des comptoirs commerciaux où ils pourront vendre et acheter facilement et dans de bonnes conditions.

Ces déclarations, nous devrons les faire aux chefs et aux notables des tribus lorsque nous leur rendrons visite; nous devrons même en faire l'objet d'une sorte de proclamation écrite en arabe, dans le style musulman, que nous imprimerons et enverrons à toutes les personnalités influentes en leur recommandant de la faire connaître, que des hommes à nous liront et commenteront sur les marchés.

En conséquence, nous imposerons aux chefs,

sous leur responsabilité personnelle et sous la responsabilité collective des tribus, de placer des gardes ou *assès* sur les routes pour en assurer la sécurité, de prendre toutes les mesures nécessaires pour que Français et Musulmans puissent circuler partout, même isol'ment, même avec des marchandises, sans être inquiétés, et si des infractions étaient commises, de nous livrer les coupables dont nous ferions bonne justice.

Ces mesures d'ordre rencontreront bien quelque résistance; mais comme au fond elles répondent au désir de la grande majorité de la population indigène, si nous les maintenons avec fermeté, on s'y pliera et une ère nouvelle luira dès ce moment sur ces pays dévastés par l'anarchie et la violence. Le rétablissement de la sécurité provoquera immédiatement un réveil de l'activité et un accroissement du bien-être.

On s'exagère volontiers les obstacles que le fanatisme religieux pourra nous opposer. Ce qu'on prend pour du fanatisme est souvent de la xénophobie, due à d'anciennes injustices restées dans le souvenir des indigènes. Beaucoup d'observateurs qui ont sondé l'âme musulmane estiment qu'elle est loin d'être aussi réfractaire qu'on le croit communément à notre civilisation.

« Le Coran, dit le docteur Samné-Bey (*La France au Maroc*), ne s'oppose pas au progrès... L'Arabe est humain, intellectuel... Les Musulmans sont capables d'une civilisation raffinée... L'Islam est la seule religion vraiment démocratique, le véritable socialisme rêvé par les théoriciens. »

Ceci est peut-être un peu exagéré ; mais il faut en retenir quelque chose.

Le docteur Samné-Bey insiste avec raison sur les bons résultats qu'on peut attendre de l'assistance médicale, aux bienfaits de laquelle les indigènes se montrent très sensibles. Les principales maladies qui les éprouvent : l'ophtalmie purulente, le typhus, les fièvres paludéennes et la syphillis exigent surtout une hygiène très stricte ; on arrivera à les combattre très efficacement par la création de nombreuses cliniques et dispensaires d'une installation peu coûteuse. Des doctoresses pour soigner les femmes seront particulièrement bien accueillies et seront très utiles à notre influence. « C'est en bienfaiteurs, conclut le docteur Samné-Bey, que nous devons approcher les indigènes et non en conquérants ». Toute la politique indigène de la colonisation socialiste est dans cette ligne.

Pour en finir avec ce qui concerne les indigènes, rappelons ce qui a été dit plus haut qu'en aucun cas nous ne les déposséderons de leurs terres par la force. Nous occuperons les propriétés du maghzen, les biens habous, les terres mortes, c'est-à-dire incultes, qui ne sont à personne ; pour les autres, nous traiterons de gré à gré, selon des modalités diverses ; une de celles qui seront fréquemment employées consistera à nous faire céder une partie de la propriété des indigènes en échange du droit à l'irrigation pour l'autre partie. De tels marchés seront toujours acceptés par eux avec empressement.

Il ne semble pas qu'il y ait grand' chose d'intéressant à faire au début à Salé ou à Ouezzan, si ce n'est d'y ouvrir des comptoirs commerciaux. A Meknès, en outre de la création de notre centre agronomique et d'un comptoir commercial, on pourra établir une fabrique d'huile qui, par des procédés d'extraction supérieurs à ceux des indigènes, assurera à ceux-ci un écoulement rémunérateur et régulier de leurs olives, tout en réalisant de sérieux bénéfices. Disons de suite qu'à chacun de nos comptoirs commerciaux sera annexé un dispensaire et que des hôpitaux seront créés par la suite dans les principaux centres de population. Des asiles de nuit recevront les voyageurs pauvres et des vivres leur seront distribués. Ce sera une bien faible dépense pour un grand effet moral. La pratique de l'hospitalité, ce devoir sacré de tout bon musulman, nous élévera beaucoup à leurs yeux.

C'est à Mehdiya que devront converger les efforts. Les premiers colons qui y arriveront, en petit nombre, d'ailleurs, seront obligés de vivre sous la tente; ils comprendront surtout des maçons, des charpentiers, des bûcherons, et leur premier soin sera d'édifier quelques bâtiments en pierre et terre qui offriront un abri plus confortable. La forêt de Mamora fournira tout le bois nécessaire pour la charpente; au besoin la couverture sera également en bois. Aussitôt

après, il faudra songer à élever des constructions plus vastes et plus solides. On créera des
tuileries-briqueteries et des fours à chaux dont
le calcaire sera fourni, s'il n'en est pas découvert de carrières plus rapprochées, par le Tselfat,
et transporté par bateaux sur le Sebou. La
vieille enceinte de Mehdiya sera alors restaurée;
l'intérieur des murs débarrassé des cases et des
immondices qui l'encombrent (on logera les indigènes dans des maisons en pierre et en terre
qu'on construira pour eux dans un quartier
spécial, hors des murs) ; on y établira des égouts
dont l'écoulement fertilisera la plaine; bref, on
créera, sur un plan d'ensemble préalablement
établi, une ville riante et saine, dont la partie
supérieure, sur la colline et du côté de la mer,
servira à l'habitation, tandis que la plaine au
bord du fleuve sera réservée aux docks, aux entrepôts de marchandises, aux établissements industriels qui, plus tard, la couvriront au loin.

En attendant l'étude approfondie des moyens
d'utiliser les forces hydrauliques, des machines à vapeur seront installées pour pourvoir aux
premiers besoins. Elles fourniront la force motrice qui sera distribuée par des dynamos. On
assurera ainsi l'éclairage électrique de la ville et
du phare à créer et l'alimentation en eau qui
sera amenée au moyen de pompes élévatoires.
On actionnera aussi les divers ateliers indispensables à l'existence des habitants et au développement de la colonisation.

L'industrie s'établira au fur et à mesure

des besoins, et en tenant compte des facilités qu'on aura à lui fournir les matières premières. On aura d'abord une boulangerie pour faire le pain avec des farines achetées, puis une minoterie pour convertir le blé en farine; puis une fabrique de pâtes alimentaires, de fécule, d'amidon, une biscuiterie, etc. On recevra d'abord les pièces de fer et de fonte finies; puis on aura un atelier de mécanique et une forge, puis une fonderie; on réparera d'abord, puis on fabriquera l'outillage agricole; les ateliers de mécanique étendront constamment leur outillage et leur fabrication; avec la tuilerie-briqueterie, on aura une fabrique de poterie commune, plus tard une faïencerie, une verrerie; la scierie mécanique fournira du bois d'œuvre aux ateliers de menuiserie, d'ébénisterie, de charronnage, de tonnellerie, de construction de bateaux; les vêtements et les chaussures seront d'abord importés, puis confectionnés avec les tissus et le cuir provenant de l'extérieur, en attendant la création de la grande industrie qui les fournira; on fabriquera de l'huile d'olive et de coton, du savon, des bougies, du chocolat, des confitures, des sirops, de la bière, de la glace; on créera une corderie, une imprimerie, d'abord lithographique, puis plus complète.

L'exploitation de la forêt de Mamora en vue de la production du bois d'œuvre, du bois de chauffage et du charbon nécessaires à la nouvelle ville sera faite avec la plus grande prudence, sous la surveillance de forestiers professionnels;

on enlèvera d'abord les arbres dépérissants et morts, on ménagera les jeunes sujets, on procèdera par coupes d'aménagement, on imposera de sévères précautions contre les risques d'incendie; un chemin de fer à voie étroite sommairement établi à titre provisoire permettra le transport économique des arbres abattus jusqu'à Mehdiya.

Répétons ici qu'aucune difficulté n'est à prévoir pour le recrutement des colons au fur et à mesure des besoins; dans les conditions où sera créée la colonie, c'est-à-dire par une organisation d'ensemble, il y aura toujours du travail pour les ouvriers. Quand on n'aura pas de commandes pour les besoins présents, on produira d'avance pour les besoins à venir. Ainsi, le chômage étant toujours évité, l'administration ne prendra pas un engagement téméraire en garantissant un salaire à son personnel pour tous les jours ouvrables, ou encore en les payant au mois. Et si, en même temps, elle assure leur nourriture, leur habillement, leur logement à forfait, à des prix modérés fixés d'avance, si elle leur garantit l'assistance médicale et pharmaceutique, le paiement de leur salaire les jours de maladie, si elle organise des distractions pour leur rendre la vie agréable, elle aura toujours plus de bras qu'elle n'en pourra employer. Encore cette énumération ne comprend-elle que les avantages immédiats, bien inférieurs à ceux dont bénéficieront les travailleurs au fur et à mesure du développement de la colonisation socialiste.

Pendant que des centaines d'ouvriers travailleront gaiement à l'édification de la future grande ville de Mehdiya, des ingénieurs de l'hydraulique agricole, des ingénieurs agronomes et des ingénieurs des mines se livreront à une étude complète des ressources de la région et prépareront le plan d'ensemble de sa mise en valeur. L'exécution de leur projet sera rendue facile par les ressources industrielles qui auront été accumulées à Mehdiya.

Mais avant d'entreprendre les grands travaux, on pourvoira au plus pressé par des mesures de fortune. Ainsi, on établira un service de batellerie sur le Sebou et un service postal par *rekkas* (courriers indigènes) entre les différents points du territoire occupé. La poste aux pigeons, essayée avec succès au Maroc entre Tanger et Fez par le commandant Larras, pourra aussi être employée jusqu'à l'installation de la télégraphie sans fil qui, par la suite, rattachera à Mehdiya les villes et les villages de l'intérieur.

On commencera alors à créer des factoreries ou comptoirs commerciaux qui seront en même temps des centres d'exploitation agricole, sur tous les points facilement accessibles et présentant des ressources suffisantes pour alimenter le trafic, notamment le long du Sebou où ces établissements deviendront des escales pour les bateaux. On choisira toujours des endroits sains et un peu élevés. Chaque factorerie sera un véritable *bordj* ou fort, car le meilleur moyen de ne pas induire les Beni-Hassen et leurs congénères en tentation de pillage sera de se placer à l'abri de leurs coups de main. On réunira à l'intérieur d'une enceinte, formée d'un simple mur crénelé, les entrepôts de marchandises, les bâtiments d'habitation pour le personnel, un hôtel-restaurant confortable pour les voyageurs, les granges pour les récoltes et les écuries pour le bétail. Tous les habitants seront armés et une sentinelle veillera chaque nuit à la sûreté commune. Le marché sera tenu à l'extérieur des remparts sous des abris un peu éloignés, où se trouvera également le dispensaire. Ainsi, sans interdire trop rigoureusement aux indigènes l'entrée du bordj, ce qui serait paraître les craindre, on les tiendra le plus possible au dehors. A l'extérieur également sera le jardin potager arrosé à l'aide de moteurs à vent si les eaux d'irrigation n'y arrivent pas naturellement.

L'enceinte de chaque station et les bâtiments qu'elle renfermera seront établis de façon à pouvoir être prolongés avec un minimum de frais au fur et à mesure que des agrandissements deviendront nécessaires; on peut prévoir en effet que chacune d'elle sera l'amorce d'un village et parfois même d'une ville.

Mehdiya sera l'entrepôt central des marchandises achetées ou destinées à la vente.

Autour de Mehdiya et de toutes les stations commerciales, on constituera et on mettra en valeur un domaine agricole destiné à s'étendre de plus en plus. On commencera par les cultures vivrières, afin d'assurer le plus tôt possible l'approvisionnement des colons par les ressources locales. On s'occupera ensuite des cultures industrielles.

Les plus belles vaches achetées des indigènes seront conservées pour le lait et la reproduction, ainsi que quelques taureaux de choix. Le pacage ne leur fera pas défaut; on obtiendra rapidement des trèfles, des luzernes, des vesces, des betteraves, du maïs, pour améliorer leur alimentation. Dès qu'on en aura réuni à Mehdiya un assez grand nombre, avec une nourriture suffisante, on créera une beurrerie centrifuge et une fromagerie, dont les résidus, joints à ceux des cuisines et de la minoterie, permettront d'élever des porcs.

Le poisson sera une précieuse ressource: il est surabondant dans le Sebou, dans la merja Ras ed Dora et sur les côtes. Quelques barques de pêcheurs opérant au large par le beau temps et dans le fleuve les jours de grosse mer, en pourvoieront la table des colons. Plus tard, on organisera la grande pêche sur les côtes de la Mauritanie, notamment aux environs du banc d'Arguin et de la baie du Lévrier. Cette région est reconnue aussi poissonneuse que le banc de Terre-Neuve. M. Gruvel, maître de conférences à la Faculté des sciences de Bordeaux, qui l'a étudiée, écrit: « Toute la région comprise entre le cap Blanc et Dakar est uniformément riche en poissons de toutes espèces.... Outre le gros poisson qui doit être salé et séché, on trouve encore des soles énormes et du mulet qui pourraient être transportés en France à l'état frais dans des frigorifiques..... On trouve aussi d'excellentes langoustes qu'on pourrait également transporter en France dans des bateaux-viviers à vapeur... On pourrait confectionner des conserves d'excellentes sardines... Tout le poisson de rebut capturé pourrait servir à la fabrication de l'huile, du guano, de la colle de poisson ». M. Gruvel ajoute que la bonne qualité et la bonne conservation du poisson ont été reconnues par des expériences ; mais la pêche ne devrait pas se faire, comme à Terre-Neuve, sur de petits bateaux d'une soixantaine de tonneaux. Il faudrait employer de grands bateaux à vapeur du type moderne, munis de l'outillage et de l'agencement les plus perfectionnés.

On peut compter que la colonisation socialiste ne négligera pas cette branche d'exploitation.

Même avant la mise à exécution complète du plan général d'aménagement des eaux, on commencera les cultures industrielles sur les terrains qui deviendront disponibles ; le sisal américain réussira fort bien sur les collines sablonneuses du littoral. Le long des plantations, un chemin de fer agricole à voie étroite ou un transporteur aérien, analogue à ceux employés par les Américains aux îles Hawaï pour la même culture, assureront l'écoulement rapide et économique des feuilles récoltées sur l'usine de défibrage établie à proximité.

De vastes cultures de betteraves ou de cannes

à sucre (selon les résultats des expériences comparatives) alimenteront une sucrerie établie au milieu d'elles. On verra plus tard à étendre encore ces cultures et à créer une raffinerie.

Les plantes à parfum qui donnent d'excellents résultats en Algérie, notamment dans la Mitidja, ne pourront que réussir mieux encore au Maroc. Elles seront distillées sur place.

On n'aura garde de négliger le coton qui, s'il réussit, comme tout permet de l'espérer, sera la fortune de la région; lui aussi comportera l'adjonction d'usines d'égrenage.

La ramie, le lin, pourront, si les résultats sont satisfaisants, être introduits dans les cultures. Le tabac y prendra sûrement une grande place dès qu'on aura déterminé les régions qui lui conviennent le mieux; la sériciculture sera essayée; le riz réussira presque sûrement dans les terrains marécageux qui bordent la lagune Ez-Zerga, que la salure du sol rendrait sans doute impropres à d'autres cultures.

Il est peut-être superflu d'indiquer ici que l'agriculture socialiste sera intensive et soumise à un assolement régulier. Le coton, s'il est annuel, la betterave, le tabac, etc., y entreront comme têtes d'assolement sur fortes fumures; le blé suivra, puis les légumineuses. On peut attendre des récoltes de blé presque sans égales de la plaine du Sebou, dont la nature argilo-calcaire convient si admirablement à cette céréale, lorsque cette plaine sera bien cultivée.

Un vignoble sera planté aussitôt qu'on aura

déterminé la région et le terrain qui y sont les plus propres; il sera augmenté dans la proportion de l'accroissement de la population, de façon à pourvoir toujours largement aux besoins de la colonie socialiste et s'il y a lieu aux demandes du surplus du Maroc, sans jamais chercher à faire concurrence au vignoble français et algérien. Inutile d'ajouter que les caves seront agencées et outillées de façon à réduire au minimum la manutention, à assurer l'extraction complète du moût, à obtenir la meilleure qualité de vin, à utiliser intégralement les marcs et les lies.

Parfois on pourra, eu égard à la douceur du climat, à la qualité du terrain, à l'abondance de l'irrigation, demander à la terre deux récoltes par an comme on le fait en Basse-Egypte sur la moitié environ des surfaces cultivées; la vesce, la moutarde, le maïs, le sorgho, qui végètent très rapidement conviendront comme cultures complémentaires.

Mais pour cette production intensive, il ne faudra pas compter longtemps sur la remarquable fertilité du sol; elle pourra suffire pendant quelques années; puis il sera nécessaire d'employer les engrais. A ce moment, la colonie socialiste disposera d'une quantité de bétail proportionnelle à l'étendue de la surface qu'elle aura mise en valeur, et d'une tête par hectare au moins. Et comme ce bétail vivra à l'étable, au moins pendant la nuit, le fumier ne manquera pas. Quant aux engrais chimiques, si l'on peut organiser de grandes pêcheries sur les côtes mauritaniennes, le poisson de rebut donnera un guano très riche en azote et en phosphore ; il existe, paraît-il, un gisement de salpêtre dans le bassin de l'oued Segmet ; mais son importance est inconnue ; il pourrait, s'il était suffisant, donner de l'azote et de la potasse ; les algues de l'Océan, les détritus agricoles et industriels, les eaux impures des égouts, soigneusement recueillis, apporteraient leur contingent de fertilité. Resterait la question des phosphates. On ne peut dire s'il en existe sur le territoire de colonisation socialiste. D'autre part, il serait inadmissible d'en passer par les prix scandaleusement majorés du trust des phosphatiers. On peut espérer acquérir une concession en Algérie ou Tunisie, transporter économiquement le phosphate à Mehdiya par voie de mer, et le convertir en superphosphate au moyen de l'acide sulfurique ; cet acide sera facilement fabriqué sur place, les pyrites étant abondantes au Maroc. Par ces moyens ou par tous autres que l'expérience révélera, la colonie socialiste sera en mesure de répandre abondamment les engrais de toute nature et de conserver au sol toute sa fertilité. Son agriculture sera un témoignage vivant de la supériorité de l'organisation socialiste.

Dès que les pépinières de l'Aguedal, et d'autres au besoin, commenceront à fournir les premiers plants, on plantera tous les ans des arbres de toutes essences ; on plantera le long des chemins, le long des fossés, le long des cours d'eaux, le peuplier, le saule, le frêne, l'ormeau, le bambou ;

dans les jardins potagers, en lignes, comme brise vent, le roseau, le cyprès ; dans les vergers l'oranger, le mandarinier, le grenadier, le citronnier, le néflier du Japon, le poirier, le pêcher, le bananier, etc, etc.; sur les pentes des collines l'olivier, le caroubier, le figuier, le cactus inerme, l'acacia, etc. On n'oubliera pas les beaux arbres d'agrément, platanes, sycomores, mimosas, araucarias, casuarinas, etc. Par contre, on fera sans doute peu de place au laid eucalyptus qui n'a pas justifié les espérances des Algériens.

Avec le bambou, le roseau, le saule-osier, on fera de la vannerie; le bambou sera précieux aussi pour la fabrication des meubles et pour d'autres usages; le frêne, l'ormeau, l'acacia et certains peupliers fourniront un bon bois de charronnage. Le bananier, l'oranger, pourraient prendre de grands développements ; on aura en France un débouché presque illimité de leurs fruits qui y seront transportés économiquement par les frigorifiques de la colonie. On poussera les indigènes à tirer parti de leurs palmiers nains en attendant qu'on les arrache, en nous en apportant les feuilles pour la fabrication du crin végétal qui servira lui-même à produire de la brosserie et de la sparterie. Bref, aucune ressource ne sera négligée.

Les Zemmour commencent à exploiter les lièges de Mamora; ils le font naturellement très mal. On leur apprendra à démascler les arbres par les bonnes méthodes et tout en leur laissant une part du produit, nous retirerons de cette immense forêt des revenus énormes, mais qui se feront attendre une dizaine d'années. Naturellement on organisera l'industrie du liège à Mehdiya et on ne vendra le liège brut que le moins possible.

Telle sera la première phase de la colonisation socialiste; dans la deuxième, elle étendra encore son industrie de façon à fabriquer elle-même presque tous les objets et substances dont elle aura besoin. Des filatures et des tissages de coton et de laine utiliseront au moins une partie de la matière première du pays et auront un débouché dans le Maroc tout entier; l'industrie du bois sera très étendue. On créera l'industrie du fer et de l'acier avec du minerai qu'on trouvera bien sans doute au Maroc, sans être forcé de subir les conditions du trust international. A ce moment, les ateliers de constructions mécaniques prendront un grand développement et produiront toute la grosse machinerie, la chaudronnerie; les fers à constructions, le matériel de transports, locomotives, wagons, rails, etc.; on aura des chantiers de constructions pour les navires et des formes de radoub pour leur réparation. Le port aura été agrandi, approfondi, muni d'un bassin à flot et d'un outillage perfectionné; il pourra recevoir les bateaux de fort tonnage; les grands courriers de l'Océan viendront y faire escale, s'y ravitailler, y refaire leur provision de charbon, y amener les milliers de touristes qui accourront de tous les points du monde pour admirer les merveilles de la colonisation socialiste. Bien entendu celle-ci aura sa propre flotte de paquebots, de cargo-boats, de bateaux pêcheurs grands et petits, qui ne le cédera en rien à celles des premières nations maritimes du monde sous le rapport du confortable et de la perfection nautique à tous les points de vue. Ses frigorifiques porteront la viande abattue, le poisson frais, les fruits, les primeurs en France, en Angleterre, en Belgique, en Allemagne, etc.

Des suintements de pétrole existent au sud de la forêt de Harrette. On pratiquera des sondages sérieux pour reconnaître l'importance de la nappe souterraine qui les alimente, et si elle est réelle ce sera une branche d'industrie nouvelle qui sera précieuse aux points de vue de l'éclairage et de la force motrice. Le pétrole remplacera partiellement la houille anglaise et suppléera à l'insuffisance probable des forces naturelles.

On tannera les peaux; c'est là une industrie très ancienne au Maroc; les chênes dépérissants de Mamora fourniront le tannin; on fabriquera du papier, sinon avec du bois qui sera peut-être longtemps rare, du moins avec des fibres végétales qui en donneront une qualité bien supérieure; on aura des usines de faïencerie, de céramique, où l'on s'efforcera de retrouver les procédés des artistes musulmans du moyen âge, de verrerie fine et de cristallerie, des manufactures de tapis, art essentiellement marocain, des fabriques de conserves alimentaires, de produits chimiques, de poudre, de noir animal, etc., etc.

Dans cette deuxième phase, l'agriculture achèvera la conquête du sol par les procédés qui ont été indiqués aux chapitres précédents. Arrachant partout les mauvaises broussailles, plantant des arbres fruitiers ou forestiers utiles; captant et distribuant l'eau des sources; retenant les terres ébouleuses ; arrêtant l'érosion des torrents; reconstituant le sol là où il a été dévasté; demandant à chaque coin de terre les produits qu'il est apte à donner et n'en laissant aucun en friche.

Faut-il ajouter que, dès le début, la plus parfaite hygiène sera établie et maintenue; que l'instruction sera organisée au fur et à mesure des besoins; qu'enfin les préoccupations d'art, forcément négligées les premières années, se feront par la suite une place grandissante. Dans cet ordre d'idées, on peut envisager la restauration de la ville et du palais de Meknès qui, pour compléter l'analogie avec celui de Versailles, pourra devenir un superbe musée; les fouilles des emplacements des villes romaines, l'encouragement aux arts industriels indigènes si intéressants, notamment par les facilités données à l'écoulement de leurs produits.

La colonie socialiste réunira alors toutes les branches de l'activité humaine qui existent dans les nations les plus civilisées.... pas tout à fait toutes, cependant: on n'y trouvera ni Bourses, ni établissements financiers, ni hommes d'affaires, ni fabriques d'alcool !.... Et la preuve sera faite ainsi que l'on peut s'en passer.

Vingt ou trente ans suffiront pour accomplir cette œuvre gigantesque, sans précédent dans les fastes de la civilisation, et d'une portée sociale plus haute que tout ce qui aura été tenté jusqu'à ce jour. Il y aura à ce moment, sur le territoire socialiste, un million de Français et cinq cent mille indigènes, vivant fraternellement côte à côte, tous libres, tous heureux, dans le bien-être du présent et la sécurité de l'avenir.

Il ne restera plus aux peuples attardés dans la barbarie capitaliste, qu'à suivre ce grand exemple; ils n'y manqueront pas.

Nul homme raisonnable et éclairé ne pourra soutenir que ce vaste programme ait le moindre caractère chimérique: il se borne, en effet, à emprunter les méthodes techniques employées déjà par le régime capitaliste là où elles ont atteint leur plus haut degré de perfection, et à en faire un tout bien coordonné, ce qui accroît encore leur efficacité dans une large mesure. Une entreprise de colonisation à base capitaliste intelligemment conçue ne procéderait pas autrement. Elle ne différerait de la colonisation socialiste que sur les points suivants: elle ne ferait que le plus facile de la tâche et arrêterait son développement à la limite où l'emploi de ses capitaux cesserait d'être suffisamment rémunérateur; elle exploiterait son personnel au lieu de le faire profiter des progrès accomplis; elle distribuerait à ses actionnaires les bénéfices réalisés au lieu de les consacrer au bien-être des travailleurs et à l'extension de l'œuvre. Nous lui serions donc toujours égaux et souvent supérieurs.

Le petit propriétaire, le petit industriel, le petit boutiquier sont, dans nos sociétés en état de perpétuelle transformation, des survivances du passé; l'avenir est aux grandes associations, disposant de capitaux considérables, achetant, produisant, vendant par grosses quantités. Qui peut songer à le nier ? N'est-il donc pas grotesque, lorsqu'on doit mettre en valeur un pays neuf, d'en confier le soin à des éléments sociaux arriérés, dépassés, impuissants ? La logique n'impose-t-elle pas l'action d'ensemble, et si on admet cette nécessité, quel inconvénient peut-on voir à ce que les profits aillent aux producteurs au lieu d'être absorbés par les parasites du capital ?

CHAPITRE XIII

Les voies et moyens.

Création d'une régie spéciale. — Son caractère légal.
— Caractère légal de son statut. — La force croissante du Parti socialiste en assurera le respect. —
Les lignes générales du statut. — Conseil de régie et directeur. — Nécessité de donner une base
stable à l'Administration. — Les colons y participeront graduellement. — Conditions de l'électorat.
— Colons stagiaires et colons définitifs. — Commission de contrôle. — Attributions du directeur.
— Armement des colons. — Subvention par annuités.

La réalisation du projet de colonisation socialiste ne présentera pas de difficultés, sauf
celles qui pourraient y être apportées par le mauvais vouloir de la Chambre et du gouvernement,
et qu'il ne faut pas prévoir *a priori*.

On a vu que les traités internationaux réservent au gouvernement marocain, c'est-à-dire au
protectorat, le droit d'administrer directement
son domaine, de le mettre en valeur, d'y exécuter
les grands travaux publics nécessaires : le recours à l'adjudication ne devient obligatoire
que si, au lieu de créer et d'exploiter par lui-
même, le gouvernement s'adresse à des entrepreneurs ou recherche des concessionnaires.

Cela étant, il suffit de charger de la mise en
valeur du domaine socialiste une régie spéciale,

instituée dans les conditions qui vont être examinées.

Une régie, son nom seul l'indique, n'est pas une entreprise particulière distincte du gouvernement marocain ; elle est une partie de lui-même ; elle n'agit que sous son autorité et au moyen des ressources qu'il lui fournit. On a donné, en France, le nom de régies intéressées à des Sociétés commerciales chargées de l'exploitation d'un service public, par exemple l'éclairage, et qui ristournent une partie de leurs bénéfices à la ville avec laquelle elles ont traité. Dans ce cas, il y a bien deux êtres collectifs séparés : la ville qui concède et la Société qui accepte la concession. Mais dans la régie pure, c'est la ville qui administre, par ses employés, selon le mode qu'elle fixe elle-même ; il n'y a pas de concessionnaire, et c'est dans ces conditions que doit être organisée la régie du domaine socialiste marocain.

Le gouvernement marocain n'a pas à aliéner ses biens ; il n'a pas à les donner à ferme ; il se borne à les administrer.

Si l'on emploie le mot de régie spéciale, c'est d'abord pour la distinguer de l'administration générale du protectorat marocain qui s'étendra à tout le surplus du territoire ; c'est aussi parce que la partie destinée à la colonisation socialiste sera gérée autrement que l'autre partie.

La façon dont elle sera gérée devra être fixée au début, car du moment qu'il s'agit de l'application d'une idée, on ne peut la laisser livrée à l'arbitraire variable des hauts fonctionnaires de la Direction du protectorat ; ils pourraient y apporter des modifications qui en altéreraient gravement le caractère et pourraient même aller tout à fait à l'encontre du but originel. Sous quelle forme sera-t-elle fixée ? Si le protectorat contractait avec une entreprise privée, les engagements mutuels seraient stipulés dans un *traité* ou dans un *cahier de charges*. Il ne peut y avoir, en l'espèce, ni l'un ni l'autre. S'il s'agissait de donner des institutions à un peuple entier, on établirait une *constitution*. Comme on veut simplement organiser l'administration d'une fraction de territoire, il y a lieu d'en dresser le *statut*.

Le statut n'est pas un contrat synallagmatique ; il est donc toujours modifiable par la volonté de l'autorité qui l'a établi ; mais comme c'est une règle que cette autorité s'est assignée à elle-même en vue d'un objet reconnu d'utilité générale, elle ne peut y renoncer que pour des raisons graves, dont l'appréciation appartient aux pouvoirs publics, et spécialement à la Chambre élue par le suffrage universel.

L'obligation résultant du statut n'est donc pas matérielle, mais seulement morale. Le parti socialiste qui, d'ailleurs ne forme pas une association, au sens légal du mot, ne peut exiger qu'on prenne envers lui des engagements contractuels. Il doit s'en rapporter à la loyauté du gouvernement. Mais ceci ne peut être un sujet d'inquiétude. Les traités internationaux les mieux cimentés ne valent, à notre époque, que par les armées chargées de les faire respecter. Si le parti socialiste est assez fort pour obtenir que le statut constitutif de la future colonie lui présente toutes les garanties nécessaires, à plus forte raison sera-t-il assez fort pour le maintenir, puisque sa puissance au Parlement ne fera que s'accroître. Malheur au gouvernement de réaction capitaliste qui tenterait d'y porter atteinte et de troubler l'expérience sociale commencée ! Il ne résisterait pas au déchaînement d'opinion que provoquerait sa mauvaise foi.

Que pourra être ce statut ? Il devra embrasser bien des questions et ne pourra les régler en quelques lignes. Il paraît impossible d'en dresser un projet avant de s'être mis d'accord avec le gouvernement sur les principaux points à envisager. Mais on peut indiquer les lignes générales dont il ne pourra pas s'écarter sensiblement.

Le protectorat marocain déléguera tous ses pouvoirs administratifs, en ce qui concerne la région déterminée, à un certain nombre de régisseurs, nommés par lui, et qu'il pourra révoquer individuellement en cas de forfaiture. Ces régisseurs formeront un Conseil de régie et désigneront un directeur général qui les représentera auprès du résident de France au Maroc, chef du protectorat. Bien entendu, le choix des premiers régisseurs et du directeur sera fait d'accord entre le gouvernement et les élus socialistes au Parlement.

Les régisseurs resteront en fonctions pendant un nombre d'années à fixer, cinq ou dix ans, par exemple. Pendant cette période, s'il se produit dans son sein des décès ou des démissions, le Conseil se complètera de lui-même en présentant au gouvernement pour chaque vacance une liste de trois candidats. A l'expiration du terme fixé, le Conseil se renouvellera par voie de tirage au sort et par roulement à raison d'un membre tous les ans ou tous les deux ans, élu par les colons remplissant les conditions d'électorat déterminées.

La raison d'être de ces dispositions est facile à saisir : à l'origine, le gouvernement ne peut confier l'administration d'un vaste territoire et l'emploi des subventions qu'il y joint, qu'à des personnes agréées par lui et présentant, par conséquent, toutes les garanties qu'il a le devoir d'exiger. D'autre part, comment remettre à un premier groupe de colons, forcément peu nombreux, la direction d'une œuvre complexe, à laquelle la plupart participeront sans être à même de bien en saisir la portée, sans avoir la claire conscience du but à viser, sans posséder la compétence nécessaire pour discerner les meilleurs moyens de l'atteindre ? Dans cette phase initiale, le succès de la mise en valeur dépendra exclusivement des qualités personnelles du directeur et des régisseurs, et le maintien du caractère socialiste de l'œuvre ne sera assuré que si les hommes qui auront été choisis pour la diriger sont, en même temps que des administrateurs éminents, des socialistes convaincus ; il faudra, de plus, qu'ils aient devant eux un laps de temps suffisant pour poursuivre leur tâche, sinon jusqu'à son parachèvement, du moins jusqu'à ce qu'ils aient donné corps à l'organisation socialiste, l'esprit de suite indispensable à toute entreprise ne pouvant être bien assuré que par la stabilité de la direction.

Puis, quand les colons seront devenus nombreux, quand, par une pratique de plusieurs années, ils auront appris à connaître non seulement les principes socialistes qui seront à la base de la colonisation nouvelle, mais les conditions générales de la vie au Maroc et le caractère des indigènes, ils commenceront à participer à l'administration et, peu à peu, l'administration tout entière du domaine collectif passera dans leurs mains.

On vient de parler de conditions à remplir pour participer à l'élection des régisseurs ; voici de quoi il s'agit : quel que soit le soin apporté dans le recrutement des colons, certains d'entre eux ne justifieront pas par leur travail la bonne opinion conçue d'eux avant leur départ. Il sera donc nécessaire, avant d'admettre définitivement les nouveaux venus, de leur conférer la plénitude des droits de citoyens de la colonie socialiste, de les astreindre à un stage de deux ans au moins. Au bout de cette période, les colons déjà admis voteront sur l'opportunité de leur admission. Si leur avis est favorable et partagé par les régisseurs, l'admission sera prononcée ;

si l'avis des colons et des régisseurs est défavorable, le refusé sera rapatrié aux frais de la colonie avec un secours en argent ; s'il y a divergence entre les colons et les régisseurs, l'intéressé sera ajourné à un an. Durant les deux premières années, les régisseurs prononceront seuls l'admission. Les colons stagiaires auront droit aux mêmes avantages matériels que les colons définitifs ; ces derniers auront seuls le droit de suffrage sur les affaires de la colonie.

Outre le Conseil de régie dont il vient d'être parlé, il y aura une Commission de contrôle nommée par le protectorat et qui, sans s'immiscer dans la gestion, veillera à ce que les fonds soient bien employés selon leur destination ; elle rendra compte au résident général.

Le statut interdira rigoureusement, tant aux régisseurs qu'au gouvernement marocain, toute aliénation d'une parcelle quelconque du domaine collectif.

La nue propriété de ce domaine et des accroissements qu'il recevra restera au gouvernement marocain ; la jouissance appartiendra aux colons.

Le directeur exercera l'autorité administrative sur les colons français et indigènes dans des conditions déterminées par le statut et par délégation du résident général. Aucun fonctionnaire civil ne s'interposera entre le résident et lui, ni entre lui et ses administrés. Les magistrats seront nommés par le gouvernement marocain sur une liste de trois candidats pour chaque fonction qui sera présentée par le Conseil de régie.

En cas de troubles indigènes, le directeur aura droit de requérir les troupes cantonnées sur le territoire. Les colons formeront une milice qui recevra des armes et dont les chefs seront nommés par la régie. L'existence de cette milice rendra bientôt inutile toute occupation militaire.

Le statut déterminera le montant de la subvention à allouer à la colonie socialiste, le montant de chaque annuité, la date de son versement et les autres conditions.

Sans qu'il soit possible de préciser avant une étude sur place, on peut admettre qu'une subvention de 100 millions, à répartir sur 10 années, suffirait pour la mise en valeur du domaine collectif ; il conviendrait d'y ajouter une somme à déterminer pour l'exécution du port de Mehdiya et des chemins de fer d'intérêt général, que la colonie socialiste pourrait exécuter à forfait. Rappelons que la France donne tous les ans 83 millions à l'Algérie, et que M. Baudin, rapporteur de la Commission sénatoriale chargée de l'examen du traité franco-allemand, prévoit déjà une dépense à peu près égale pour le protectorat marocain, rien que pour parer au plus pressé ; ce chiffre s'élèvera notablement les années qui suivront, on peut en être sûr. Il n'est donc pas excessif de demander dix millions par an pour une région importante et où les dépenses de mise en valeur seront plus fortes que partout ailleurs.

Le statut n'aurait rien à régler pour les questions se rattachant à l'administration intérieure de la colonie, toute latitude étant laissée à cet égard aux régisseurs et aux colons.

CHAPITRE XIV·

Réponse aux objections des socialistes.

Difficulté de faire accepter les idées nouvelles. — Le projet se concilie avec la tactique du Parti et ne s'oppose à aucune tendance. — Une arme de plus pour la propagande. — Le projet peut être accepté par une Chambre bourgeoise. — Les critiques de Marx contre les petites expériences de socialisme utopique ne s'appliquent pas au projet. — L'école saint-simonienne. — Robert Owen et la colonie de New-Harmony. — Mauvais recrutement des colons. — Egalitarisme grossier. — On pérore, on ne travaille pas. — Echec. — Le phalanstère de Condé-sur-Vesgre. — Moyens insuffisants et direction incapable. — Autres tentatives fouriéristes. — Le familistère de Guise. — Cabet et l'Icarie. — Dans le désert. — Obstacles insurmontables. — Retraite de l'avant-garde. — Arrivée de Cabet. — L'installation à Nauvoo. — Les ressources sont infimes. — Misère des colons. — Le choléra. — Mort de Cabet. — Survivance de l'Icarie dans les plus tristes conditions. — Sa fin. — La leçon de ces divers échecs. — Un pas de plus dans l'évolution. — Sentiment et réalité.

Il est toujours difficile de faire admettre les idées nouvelles, même par les esprits les plus hardiment novateurs. Les socialistes veulent refondre entièrement la société actuelle ; mais, sans être tous d'accord sur les modalités de l'opération, sans même en avoir poussé bien loin la recherche, ils ont acquis sur cette question quelques notions générales auxquelles ils se sont habitués et qui les satisfont à peu près. Et par malheur le projet de colonisation socialiste qui vient d'être exposé, ne figure pas parmi les éventualités de réalisation qu'ils ont envisagé jusqu'à ce jour. Il se heurtera donc à des étonnements qui, dans un parti doué d'un sens critique aigu, risqueront de devenir vite des résistances.

Ce qui le sauvera, il faut l'espérer, c'est qu'il n'est en contradiction ni avec la tactique adoptée par les diverses tendances, ni surtout avec les principes fondamentaux acceptés par tous.

Il ne vient pas se dresser brusquement devant le parti en marche pour lui crier : Halte ! changement de front ! Beaucoup plus modeste, il se contente de dire aux militants : Continuez à suivre la méthode qui a vos préférences ; mais soutenez aussi une proposition qui se concilie parfaitement avec elle et qui, même si elle est repoussée, nous apporte une arme formidable de plus.

Nos écrivains, nos propagandistes, pleins de foi dans leur idéal, affirment bien haut que les temps nouveaux sont proches. Ils le désirent ardemment, ils l'espèrent un peu... au fond ils ne le croient guère... Les plus illusionnés d'entre eux ont sondé l'épaisseur de la couche de préjugés qui sépare de nous non seulement la petite bourgeoisie, mais la masse encore inconsciente du prolétariat, dont l'élite seulement suit notre drapeau, et parfois ils se sentent envahir par un découragement passager devant la difficulté de faire comprendre la doctrine socialiste, si claire dans leur pensée, à leurs auditeurs ignorants, défiants et sceptiques. Avec quelle crispation, quelle révolte intérieure du cœur et du cerveau, ils entendent, pour la millième fois, répondre à leurs lumineux exposés, à leurs convaincantes démonstrations, au milieu des rires approbateurs et incrédules : Tout ça, c'est trop beau, ça n'arrivera jamais !

Ils sentent à ce moment que la grande faiblesse du socialisme c'est de n'être encore qu'une espérance, de ne pas pouvoir montrer des résultats acquis, des preuves faites. Quelle puissance de conviction ils acquerraient soudain s'ils pouvaient répondre à leurs grossiers contradicteurs : Mais cela existe ! Dans tel pays le socialisme est appliqué et la misère en a disparu ! Ou plutôt ils n'auraient même plus besoin d'argumenter. Si le socialisme était installé sur un coin du globe, son rayonnement serait tel que la majorité des suffrages lui viendrait spontanément dans trois ou quatre nations européennes, aux Etats-Unis, en Australie, etc.

De cela, aucun socialiste ne doute ; mais beaucoup reculent devant l'impossibilité de faire accepter par un gouvernement bourgeois une expérience *loyale* du socialisme. Supposons un moment que cela soit, en effet, impossible. Est-ce une raison pour ne pas le tenter ? Nullement, car le refus qui nous sera opposé prouvera que nos adversaiares ont peur du succès de notre œuvre et détachera d'eux un nombre important d'indécis. Pour nous combattre, on nous accuse d'être des hommes de violence et de désordre, des ennemis de la France, des songe-creux repus de chimères et dépourvus de toute idée pratique, des agitateurs capables de détruire, incapables de créer. Mais si nous apportons un projet bien étudié, parfaitement réalisable, exempt de toute violence, n'exigeant même aucune dépossession par les voies légales, basé sur une organisation ordonnée et scientifique, sur la disparition de la lutte de classes, sur l'apaisement social, n'innovant pas d'ailleurs dans ses méthodes de production puisqu'il se borne à grouper ce que l'expérience a reconnu le meilleur dans le régime actuel, un projet qui soit avant tout, et par excellence, une œuvre nationale puisqu'il affermirait notre situation dans l'Afrique du Nord, nos adversaires ne pourront le repousser qu'en démasquant leurs batteries, en s'avouant les champions des privilèges du capital contre les revendications ouvrières. Ils ne pourront plus prétendre que la réalisation du socialisme est impossible; on verra qu'ils la craignent seulement pour leur oligarchie. Ils ne pourront plus dire que ce qu'ils condamnent dans nos doctrines, ce sont les excès démagogiques qu'ils nous imputent, car ils montreront qu'ils rejettent notre principe de justice lui-même. Leur résistance au socialisme, qu'ils motivaient hypocritement par l'intérêt du prolétariat lui-même, laissera apparaître sa véritable cause: la conservation de la fortune et du pouvoir à la classe capitaliste, au prix du maintien de la misère et de l'asservissement de la classe ouvrière. Ces faux patriotes sacrifieront la France pour sauver la caisse. Il nous sera facile de les accabler.

Mais il n'est pas du tout assuré que le projet de colonisation socialiste serait mis en échec. Certains militants paraissent croire que la majorité de la Chambre forme un bloc impénétrable contre lequel viennent se briser les efforts de la minorité. Ce n'est pas exact; le prétendu bloc a de nombreuses fissures ; fréquemment il s'en détache des morceaux, et la preuve c'est que la Chambre a voté nombre de lois qui sont loin d'être agréables aux détenteurs du capital. S'il n'en était pas ainsi, d'ailleurs, comment s'expliquerait-on les efforts continuels des députés socialistes pour obtenir des réformes ? Il est évident qu'on n'obtiendrait pas de cette Chambre la proclamation du socialisme en France; mais il n'est pas du tout certain qu'elle rejette une expérience localisée qui n'entraînerait aucune expropriation, et dont l'échec ne causerait aucune perte matérielle. Il est même possible que les plus acharnés de nos ennemis s'y prêtent volontiers dans l'espoir que la tentative tournera à notre confusion.

Puis il faut bien compter un peu aussi sur les impondérables: croit-on que l'acuité croissante des conflits sociaux et que le progrès continu de l'idée socialiste laisse indifférents les hommes d'Etat de la bourgeoisie ? Croit-on que l'orientation vers les méthodes révolutionnaires du prolétariat anglais jusqu'à présent si modéré, que les cent dix sièges conquis au Reischtag allemand par plus de quatre millions d'électeurs socialistes, ne sont pas des faits assez significatifs pour leur inspirer des réflexions salutaires ? Non ! ils ne sont pas assez aveugles pour se dissimuler les graves menaces de l'avenir, et pas assez fous pour rejeter sans examen un moyen inattendu d'assurer l'écoulement paisible du flot dévastateur qui vient à eux, en lui ouvrant un lit large et profond.

Mais Marx, dira-t-on dans certains milieux socialistes, a condamné le socialisme utopique qui procédait par petites expériences devant servir d'exemple ; il préconise comme moyen de réalisation, la conquête du pouvoir politique par l'action du prolétariat organisé. Oui, telle était l'opinion de Marx; et ses critiques contre le socialisme sentimentaliste étaient fondées; et la voie nouvelle qu'il a ouverte était la bonne ; seulement le projet de colonisation socialiste est en plein dans cette voie.

En effet, Marx a prévu que l'avènement du prolétariat au pouvoir serait le terme d'une longue lutte, au cours de laquelle la classe ouvrière devrait profiter de sa force grandissante pour occuper une par une les positions de la classe ennemie et en faire des points d'appui pour de nouvelles conquêtes. En même temps que l'objectif suprême, il a montré à l'armée prolétarienne, comme objectifs partiels, toutes les mesures qui pourraient augmenter sa puissance offensive.

Eh bien, la colonisation socialiste serait la plus efficace de toutes ces mesures, puisque son succès donnerait à notre propagande un élan irrésistible; et, d'autre part, sur quoi pouvons-nous compter pour l'obtenir, si ce n'est sur la force du prolétariat organisé ? N'est-il pas évident qu'un philanthrope isolé qui chercherait à faire accepter un tel projet en s'adressant au bon cœur de la bourgeoisie gouvernante ne serait accueilli, s'il parvenait même à se faire écouter, que par des railleries, tandis qu'on doit compter avec nos soixante-quinze élus, appuyés sur la formidable internationale ouvrière ?

Oui, Marx a eu raison de condamner les petites expériences de soi-disant socialisme, sur des plans éclos de toutes pièces dans l'imagination de rêveurs, obligés, disait-il, « de faire appel aux cœurs et aux caisses des bourgeois pour donner une réalité à leurs châteaux en Espagne ». Mais il n'y a aucune comparaison possible entre les expériences auxquelles Marx faisait allusion et le projet qui vient d'être exposé; on le verra par un bref historique des plus célèbres de ces expériences.

L'école saint-simonienne n'a rien fait dans cet ordre d'idées, car on ne saurait considérer comme une tentative de réalisation communiste, le petit couvent de Ménilmontant, où sous la direction du Père Enfantin, une quarantaine de disciples, revêtus d'un costume spécial, se livraient aux travaux manuels en chantant des hymnes religieux.

Les seules expériences dignes d'être examinées sont celles de Robert Owen, de Fourier, de Cabet et de leurs adeptes.

Robert Owen, riche manufacturier anglais, homme d'une haute intelligence et d'un cœur généreux, père de la coopération qu'il identifiait avec le communisme et qui le serait en effet si elle embrassait l'ensemble de la production et de la consommation, acheta en 1824 une propriété de 30,000 acres (environ 12,000 hectares) dans l'Illinois et lui donna le nom de New-Harmony. Il annonça, par un manifeste, répandu dans le monde entier, son intention d'y créer une colonie communiste et sollicita des concours.

Owen était connu et estimé; on le savait riche; son appel n'eut que trop de succès: quand il arriva à New-Harmony, il y trouva huit cents colons de tout âge et de toutes nationalités, dont beaucoup de femmes. Cette population hétérogène comprenait, dit M. Ed. Dolléans (*Robert Owen*), outre des personnalités scientifiques éminentes, des âmes inquiètes, ardentes, révoltées contre les injustices sociales, des curieux venus pour voir, quelques toqués, auteurs d'inventions fantastiques, pas mal de gens désireux de vivre sans rien faire, et un certain nombre d'aigrefins, de chevaliers d'industrie, attirés par l'espoir de dépouiller tous ces naïfs. Quelle colonisation était possible avec de tels éléments ? Owen sentit le danger; mais l'optimisme l'emporta. Il promulgua une constitution imbue des préjugés sentimentalistes de l'époque et qui n'aurait pu donner de bons résultats qu'avec des hommes parvenus d'avance à l'état de perfection intellectuelle et morale. Elle consacrait le principe de l'égalité absolue dans la nourriture, l'habillement, le logement et l'éducation, ce que Marx appelle avec raison « un grossier égalitarisme » et ce qui est bien la caractéristique de l'utopie. Naturellement, rien ne s'exécutait sans avoir été préalablement discuté et décidé par le suffrage universel.

Avec de pareilles institutions et des colons aussi peu préparés à un travail producteur, on ne pouvait évidemment rien faire de bon. La plus pure anarchie se manifesta; la plupart, voyant leur nourriture assurée par les libéralités du fondateur, et n'étant pas contraints au travail, s'empressèrent d'en laisser le soin aux plus consciencieux; chacun vivait à sa guise; aucune organisation, si ce n'est pour le plaisir et la distraction: bals, concerts, meetings. « On passe son temps, avouait le journal même de la colonie, *New-Harmony-Gazette,* à discuter des principes abstraits; on se trouve en présence, non d'ouvriers laborieux, mais d'inventeurs de systèmes; on est occupé non de la production des objets nécessaires aux besoins, mais de la recherche d'une constitution idéale ».

Naturellement, chez ces discoureurs oisifs, des

dissentiments éclatèrent; une scission se produisit et chacun tira de son côté.

En 1828, Owen dut avouer son échec et reconnaître qu'il faudrait des hommes meilleurs pour établir la communauté qu'il rêvait.

Quatre ans plus tard, Fourier créait son premier phalanstère. Hélas ! la leçon donnée par l'échec d'Owen ne l'avait pas éclairé et c'était dans des conditions plus médiocres encore qu'il allait faire son expérience; il paraissait avoir été frappé surtout de l'inconvénient de la situer dans les déserts du Far-West américain; aussi choisit-il plus prosaïquement... la Seine-et-Oise. 500 hectares, à Condé-sur-Vesgre, 485,000 francs de capital et 150 ouvriers, tels furent ses moyens d'action. C'était assez pour créer une ferme modèle, sinon une organisation socialiste. Mais il fallait un agriculteur pour la diriger et ce fut un théoricien, un abstracteur de quintessence qui fut choisi, ou ce qui est pis, plusieurs théoriciens, plusieurs abstracteurs de quintessence. Ce qui devait arriver arriva à l'heure dite: l'affaire vécut juste autant que dura le capital.

Le pauvre Fourier mourut quelques années plus tard, en 1837, sans pouvoir renouveler son expérience: il n'était pas exigeant; il ne demandait qu'un million pour créer son premier phalanstère; il ne put jamais le trouver. Son échec et ses erreurs ne doivent pas faire oublier qu'il apporta des idées géniales auxquelles, lorsqu'il se réalisera, le socialisme pourra faire de larges emprunts.

Après la mort du maître, les Fouriéristes tentèrent à plusieurs reprises de ressusciter sa conception phalanstérienne, mais ils ne parvinrent même pas à réunir les conditions déjà si insuffisantes de l'expérience de Condé-sur-Vesgre.

Ainsi, en 1844, une femme de lettres, Mme Gatti de Gamond décida un jeune Anglais philanthrope et riche, Arthur Young, à acheter de vastes terrains à Château-les-Citeaux, pour essayer d'y créer une communauté phalanstérienne. Mais comme les deux fondateurs eurent la fâcheuse idée d'en garder la direction, à laquelle l'un et l'autre étaient parfaitement inaptes, l'entreprise ne donna que de mauvais résultats.

Sous l'Empire, quelques Fouriéristes ouvrirent une souscription pour tenter encore la fortune au Texas; ils réunirent quelques fonds. M. Godin, le fondateur du *Familistère* de Guise, notamment, versa 100,000 francs. Le village de la Réunion fut créé; une fois de plus, le défaut de connaissances techniques chez les directeurs, amena la ruine de l'œuvre.

A propos du Familistère de Guise, il n'est pas inutile de remarquer qu'il constitue lui-même une sorte de phalanstère où les ouvriers de l'usine Godin vivent dans une situation évidemment meilleure que celle de la masse du prolétariat; ils participent aux bénéfices, sont logés sainement et agréablement et jouissent d'avantages variés. C'est donc jusqu'à un certain point, une expérience de fouriérisme qui a réussi. Cependant l'exemple n'a pas été suivi et il ne pouvait pas l'être, car l'instabilité des conditions économiques en régime capitaliste ne permet que rarement aux industriels de conserver longtemps le même personnel et de réaliser constamment de gros bénéfices. Quant à ceux qui les réalisent, n'étant pas des philanthropes comme André Godin, ils jugent plus pratique de les garder pour eux.

Le succès même du familistère de Guise et le fait que l'exemple n'a servi à rien justifient donc la doctrine de Marx, que le prolétariat ne doit pas attendre l'amélioration de son sort du bon cœur de ses patrons, mais de son action de classe.

Il reste à parler de l'utopie icarienne, la dernière en date, et dont la fortune ne fut pas meilleure. Les conditions matérielles misérables dans lesquelles elle est née et a végété justifient si complètement son échec qu'il est inutile de chercher à savoir dans quelle mesure les doctrines de Cabet ont pu y contribuer.

Allons en Icarie ! s'était écrié Cabet. L'Icarie, c'était le nom imaginaire d'un pays, où l'on vivrait heureux, dans les douceurs de la communauté et de l'égalité parfaite. Une foi touchante en la rénovation humaine animait les âmes en la première moitié du XIX siècle et l'on a peine à concevoir, à notre époque de scepticisme figé, à quel point le public se passionnait pour ces tentatives. Une première avant-garde de 69 militants d'élite partit pour l'Amérique le 29 janvier

1847 et fut suivie à courts intervalles de quelques centaines d'adhérents.

Cabet savait bien que sa future colonie serait installée dans le bassin de la Rivière Rouge, affluent du Missouri; un traité avec une agence d'émigration lui assurait bien une certaine superficie de terres à défricher; mais il ne savait pas au juste où elles étaient et quelles difficultés présenterait leur mise en valeur. L'avant-garde fut péniblement déçue en constatant que l'emplacement à occuper était situé à plusieurs journées de marche de la Rivière Rouge, dans un pays sans routes, où il fallait se frayer un passage avec la hache. Néanmoins, elle s'y rendit et trouva un terrain couvert de broussailles, nécessitant les travaux les plus pénibles de mise en rapport. Les pauvres colons étaient des intellectuels, des ouvriers des villes et ils durent faire le rude métier des *squatters*. Leur premier soin fut de construire des huttes de branchages ; puis ils s'escrimèrent vaillamment de la pioche et de la hache et essayèrent de labourer quelques arpents ! Les malheureux ne s'étant jamais servi d'une charrue, ne savaient même pas régler la profondeur de leurs sillons ! Le soc pénétrait si avant en terre qu'il était impossible de faire avancer l'attelage: on cassait les chaînes, on crevait les bêtes, rien ne marchait. Cette existence intolérable épuisa vite les forces des infortunés Icariens; la fièvre en fit mourir huit; quatre découragés, désertèrent; le surplus se replia sur la Nouvelle-Orléans, où arrivaient préci-

sément les autres convois d'émigrants. On juge
de la désolation générale quand l'avant-garde
raconta ses tribulations. Beaucoup se rembar-
quèrent.

Cabet, voyant l'œuvre compromise, arriva de
sa personne à la Nouvelle-Orléans. Son prestige,
ses pressants appels rallièrent 280 colons dont
les hommes formaient la moitié et on décida
d'abandonner la terre trop ingrate de la première
Icarie, pour s'établir à Nauvoo, ville créée par
les Mormons et que ces derniers étaient contraints d'abandonner par suite des persécutions
dont ils étaient victimes. La caisse de la communauté est bien légère, écrivait Cabet à un ami
de France.

En effet elle ne contenait que 70,000 francs !
C'est avec ces maigres ressources qu'il allait fal-
loir s'établir, se procurer des meubles, du matériel, etc... Ne pouvant acheter de terres, on loua
450 acres (environ 180 hectares) et quelques bâtiments inhabités. Tout était à créer, et il fallait
vivre en attendant les récoltes. On se mit à
l'œuvre avec courage, avec trop de courage peut-
être, car l'excès de travail accabla ces braves
gens; pour comble de malheur, le choléra s'a-
charna cruellement sur eux, leur tuant vingt personnes en une seule année. Leur misère était si
grande que, seize mois après l'installation, la
colonie ne possédait comme bétail que deux ou
trois vaches, insuffisantes pour alimenter les
nouveaux-nés; il fallait acheter tête par tête les
animaux de boucherie. Ce n'était pas une expé-

rience de socialisme qui se poursuivait, mais une lutte de tous les instants pour ne pas mourir de faim.

A la mort de Cabet (1856), il restait 160 colons dont le souci constant était la recherche de quelques subsides. Les souscriptions ne donnaient que des résultats insignifiants. Le budget des dépenses se montait seulement à 5,000 francs par mois, soit un peu plus de 30 francs par personne et on n'arrivait à l'équilibrer que grâce aux dons et aux prêts. Las de vivre dans un pays presque inhabité où tout leur manquait, les colons se décidèrent à revenir à Saint-Louis et ils s'installèrent dans un faubourg de cette ville, Cheltenham, sur un terrain de 14 hectares, où ils trouvèrent à se loger dans un ancien établissement de bains !... Abrégeons cette triste odyssée qui se prolongea jusqu'en 1895 avec deux autres déplacements, toujours dans la misère la plus profonde et en nombre de plus en plus réduit. La photographie des derniers survivants nous montre des vieillards à longue barbe blanche, aux traits accentués, aux yeux doux et tristes, avec des femmes et des enfants. C'étaient des sentimentalistes qui vivaient dans leur rêve de fraternité universelle en oubliant les amertumes de la réalité. Paix et respect à leur mémoire !

Ainsi toutes les tentatives de réalisations socialistes ont échoué, d'abord parce qu'elles étaient réduites à une trop petite échelle et disposaient de moyens insuffisants pour subsister, même dans leur cadre restreint, ensuite parce que les éléments humains qu'elles avaient groupés, soit comme chefs, soit comme exécutants, n'étaient nullement aptes à leur rôle de producteurs, la plupart enfin parce qu'elles ont accru à plaisir les difficultés en se plaçant dans des pays éloignés que le défaut de moyens de communication reculait encore, et où les travaux de défrichement étaient écrasants.

Leur insuccès ne prouve pas qu'il est impossible de faire mieux dans des conditions meilleures ; dans les recherches scientifiques, lorsqu'une expérience n'a pas réussi, on détermine les causes de l'échec et on la recommence en s'efforçant de les éviter. De puissants cerveaux comme Robert Owen et Fourier ont pu, dans l'ambiance idéaliste où ils agissaient, se faire illusion sur la valeur pratique de certaines idées généreuses ; tout n'était pas faux dans leurs conceptions. S'il est chimérique de compter sur le résultat d'une expérience pour amener les capitalistes à abdiquer leurs privilèges, il est permis d'espérer qu'elle ouvrirait les yeux à la fraction inconsciente du prolétariat et la déciderait à l'effort d'émancipation nécessaire.

Recommençons donc si, par la pression de nos élus sur le gouvernement bourgeois, nous obtenons au Maroc l'espace, les subsides et l'autonomie qui sont les conditions du succès. Mais, éclairés par les précédents, ne commettons pas la faute d'envoyer des intellectuels, des métaphysiciens, ou simplement des artisans de la ville là où il faut exclusivement, surtout au début, des ouvriers de la terre et du bâtiment. Gardons-nous également de verser dans les erreurs déma-gogiques qui subordonnent toute action à une délibération préalable du peuple assemblé dans ses comices, qui répartissent les fonctions d'après le principe électif et qui oppriment l'individu en imposant à tous uniformément même nourri-ture, mêmes vêtements, même logement. Le so-cialisme ne met en commun que les moyens de production et d'échange, laissant les citoyens libres de vivre comme ils l'entendent. Il est basé sur la volonté générale exprimée par le suffrage universel ; mais il n'exige pas que la souveraineté du suffrage universel s'exerce dans tous les dé-tails de l'administration, ce qui est, d'ailleurs, pratiquement impossible.

On ne brusque pas l'évolution ; c'est en em-pruntant à la société capitaliste le meilleur de son organisation et le meilleur de sa technique que nous devrons établir notre production. Il n'y aura de changé que le but, qui ne sera plus la distribution de bénéfices aux actionnaires, mais la satisfaction des besoins de tous les pro-ducteurs. Opérant dans les mêmes conditions, selon les mêmes méthodes que la société actuelle, nous n'aurons pas besoin d'éléments humains supérieurs à ceux qu'elle emploie ; nous nous passerons fort bien de l'homme parfait sans lequel les systèmes utopiques ne peuvent se sou-tenir ; l'homme tel qu'il est nous suffira, l'ou-vrier de valeur moyenne au point de vue intellectuel et moral, qu'il sera toujours facile de recruter.

Restons sentimentalistes dans notre but ; mais soyons réalistes dans nos moyens ; c'est, d'ailleurs, la caractéristique du socialisme moderne, et c'est ce qui lui permettra d'introduire le prolétariat dans la Terre promise que ses prédécesseurs n'ont pu qu'entrevoir.

CHAPITRE XV

Réponse aux autres objections.

Le consentement du gouvernement est nécessaire. — Raisons qu'il aurait de le donner. — Recherche de nouvelles formes sociales. — Pourquoi pas la forme socialiste ? — Pas de risques à courir. — Il faut opter entre la transformation pacifique et la révolution violente. — Caractère national du projet. — L'Afrique du Nord fait corps avec la France. — Il faut l'occuper fortement. — Fragilité de notre situation en Algérie ét Tunisie. — Le peuplement français du Maroc est encore plus nécessaire. — La pénétration socialiste seule vraiment pacifique.

Comme toutes les réalisations partielles qui précèdent la conquête du pouvoir, le projet de colonisation socialiste exige le consentement du gouvernement bourgeois. Sa portée ne peut être bien comprise que par des hommes d'Etat d'une grande envergure. Gambetta l'eut accepté avec enthousiasme. Nous saurons bientôt si M. Poincaré possède, avec les facultés remarquables dont il a déjà fait preuve, l'esprit large et audacieux du tribun de la défense nationale.

Qu'une vulgaire brute capitaliste, ivre de lucre et de jouissances, oppose une résistance irraisonnée à tout changement social susceptible de porter atteinte à son luxe, que par son entêtement aveugle à ne rien céder, il provoque des catastrophes, c'est l'histoire de tous les privilégiés, à toutes les époques. Mais un chef de gouvernement digne de ce nom envisage les faits d'un point de vue plus élevé. Si opposé qu'il soit au socialisme, il ne peut méconnaître que dans la répartition de la richesse sous le régime actuel, le prolétariat est gravement lésé ; que d'autre part il devient de plus en plus conscient de l'injustice qui lui est faite, et que ses revendications prendront une forme révolutionnaire si on persiste à ne pas les entendre. L'avenir est donc gros de menaces, et le mouvement ouvrier prend une ampleur telle qu'il serait enfantin de songer à l'arrêter par des répressions.

C'est pourquoi la recherche de formes sociales nouvelles s'impose aux esprits éclairés, et, de fait, tous s'orientent dans cette voie : si imparfaites, si insuffisantes qu'elles soient, les solutions mises en avant marquent toutes un effort vers un peu plus de justice sociale. Un membre éminent du ministère actuel, M. Léon Bourgeois, s'est fait l'apôtre du principe de la solidarité. Pourrait-il se refuser à lui donner une consécration ? Des sociologues recommandent la mutualité, la coopération ; d'autres, plus hardis, entrevoient la participation obligatoire des travailleurs aux bénéfices ou l'organisation obligatoire du prolétariat et du patronat en syndicats généraux, traitant les uns avec les autres par voie de contrats collectifs. Ce serait une révolution dans le droit. Le ministère Caillaux voulait créer des coopératives municipales. L'intervention de l'Etat s'étend de plus en plus, malgré l'opposition des champions raréfiés du laissez faire, laissez passer. Elle se justifie par l'extension démesurée des associations capitalistes qui, non seulement forment des Etats dans l'Etat, mais débordent par dessus les frontières et enlacent le monde entier dans leurs réseaux serrés qui étouffent la liberté commerciale, jusqu'alors loi fondamentale des rapports économiques.

Au milieu de ces tâtonnements, de ces hésitations, de ces inquiétudes, le socialisme seul apporte une claire formule de reconstruction sociale : la socialisation des moyens de production et d'échange, c'est-à-dire la coopération généralisée, c'est-à-dire le grand trust de toutes les intelligences, de toutes les activités, de tous les capitaux associés pour la satisfaction de tous les besoins, c'est-à-dire la synthèse et la fusion du mouvement ouvrier et du mouvement capitaliste, le terme naturel de leur évolution et l'apaisement social par la disparition des classes.

On a pu jusqu'à présent s'opposer au socialisme parce que le premier acte de sa réalisation était la dépossession des capitalistes, perspective peu engageante pour eux, il faut l'avouer, et qu'ensuite on se trouvait en face de l'inconnu.

Mais voici qu'aujourd'hui le socialisme se présente sous une forme acceptable et pratique : il ne veut pas toucher aux situations acquises ; il demande seulement à faire ses preuves dans un pays neuf, sans faire courir le moindre risque aux fortunes particulières ni aux finances nationales, car, à moins d'être dénué de raison, on devra admettre que le mode de colonisation exposé plus haut assurera à la subvention de l'Etat un emploi aussi fructueux pour le moins que l'argent dépensé en Algérie. Quelle objection peut-on faire à une telle expérience ? Une seule, qu'on n'osera pas exprimer tout haut : la crainte de la voir réussir.

Il est vrai que, dans ce cas, c'est à bref délai, le triomphe du socialisme dans le monde entier. Mais s'il triomphe, c'est qu'il aura démontré sa haute supériorité sur le régime actuel. Et qui donc alors pourra, au nom d'intérêts égoïstes, s'opposer à son avènement ?

Ah ! si les capitalistes n'avaient qu'à opter entre le socialisme et le *statu quo*, leur choix serait vite fait. Mais le *statu quo* leur échappe chaque jour ; celui d'aujourd'hui est déjà moins satisfaisant que celui d'hier. Que sera celui de demain ? Les événements vont se précipiter ; le déchaînement des forces aveugles, longtemps comprimées, va faire éclater la chaudière si on ne se hâte d'ouvrir une soupape de sûreté. En réalité, la bourgeoisie capitaliste n'a le choix qu'entre la révolution violente et la révolution pacifique, et les chefs du gouvernement actuel sont assez intelligents pour le comprendre.

Ce qui pèsera sans doute d'un grand poids dans leur détermination, ce sera, abstraction faite de son objectif socialiste, le caractère vraiment national de l'œuvre proposée.

L'Afrique du Nord n'a jamais été considérée comme une colonie d'exploitation ; pas même comme une colonie de peuplement ordinaire, mais comme un prolongement de la France métropolitaine. Les territoires nouveaux qu'elle ouvre à l'activité française, la situation qu'elle nous donne dans la Méditerranée, le relèvement de prestige et d'influence qu'elle nous vaut dans le monde, la sécurité plus grande qu'elle nous apporte ainsi, sont des facteurs d'une importance telle qu'il n'est pas exagéré de dire que notre existence nationale est attachée à sa possession définitive.

Or, pour nous maintenir au Maroc lorsque nous y serons installés, il ne suffira pas d'accroître, même dans une sensible proportion, les éléments français déjà établis dans les ports ; il ne suffira même pas d'envoyer des colonies importantes dans les villes de l'intérieur; il faudra occuper fortement le territoire agricole du pays. C'est au prix de sacrifices d'argent énormes et après des luttes sanglantes, que nous avons pu nous fixer en Algérie. Aujourd'hui encore, que deviendrait notre domination si nous étions obligés de rappeler en France le 19ᵉ corps d'armée ? En Tunisie, la poignée de Français qui y vit, pressée entre l'élément italien, dont la supériorité numérique est écrasante, et l'élément indigène infiniment plus nombreux encore, sent sa situation à ce point précaire, que le moindre ébranlement dans l'équilibre européen lui cause les plus vives alarmes.

Comment donc des hommes d'Etat peuvent-ils envisager sans angoisse l'avenir de notre protectorat marocain si on n'emploie pas pour l'affermir des procédés de peuplement plus efficaces que ceux qui ont laissé l'Algérie et la Tunisie vides de colons ? Qu'on ne se fasse pas d'illusions : la soumission des tribus n'est ni complète ni définitive. Vers la fin de janvier 1912, au moment où se termine ce livre, les Zemmour, malgré les rudes leçons reçues du général Moinier il y a quelques mois, viennent de se soulever inopinément et ont eu l'audace d'attaquer un de nos camps retranchés. Nous n'avons encore pas pris contact avec les farouches Berbères de l'Atlas central. Et quand nous les aurons vaincus, nous devrons compter sur de fréquents retours offensifs. Rappelons-nous le nombre de révoltes que nous avons dû dompter en Algérie, et jugeons par là des efforts et des sacrifices que nous aurons à nous imposer au Maroc, où la population, infiniment plus dense, est aussi infiniment plus belliqueuse. Voulons-nous immobiliser cinquante mille soldats au Maroc et y établir, à coup de centaines de millions, un régime de paix imposée qui sera suivi d'un soulèvement général en cas d'évacuation ? Voulons-nous y avoir une colonie de façade, sans consistance et sans autre utilité que de suer des dividendes au profit de quelques grands faiseurs d'affaires ? La question a été posée ainsi par M. Leroy-Beaulieu.

Seule la colonisation socialiste proposée peut

donner à notre occupation une base indestructible : d'abord par un peuplement intensif et rapide, dont la réalisation ne peut être contestée par aucune personne raisonnable après la lecture de ce livre, ensuite et surtout par l'esprit de justice et de bienfaisance qui caractérisera la pénétration socialiste, la seule réellement pacifique. La spoliation des indigènes est inévitable avec la colonisation individuelle; elle est impossible avec la colonisation socialiste. Nous ne ferons que du bien aux indigènes, car l'amélioration de leur sort fait partie du but socialiste au même titre que l'amélioration du sort de nos colons. Habitués à être pillés par l'Européen aussi bien que par leurs maîtres, ils nous verront évidemment arriver avec défiance ; ils mettront peut-être du temps à bien nous comprendre, et pendant cette période délicate il faudra user envers eux d'une douceur mêlée de fermeté. Mais quand la lumière sera faite dans leur esprit sur la pureté de nos intentions, quand ils auront apprécié les avantages de notre présence, leurs cœurs viendront à nous pour ne plus s'en détacher. Et d'ici là, ne l'oublions pas, notre milice coloniale, qui s'élèvera, au bout de quelques années, à cent, puis deux cent mille hommes bien armés, bien entraînés, bien acclimatés, connaissant à fond le pays, dispensera la France des sacrifices d'une occupation militaire qu'après quatre-vingts ans de conquête, elle doit maintenir en Algérie.

Ceux que la haine et la peur du socialisme empêcheraient de donner leur adhésion à un projet d'un intérêt national aussi évident, seraient mal venus ensuite à reprocher aux socialistes d'être de mauvais Français.

Janvier 1912.

TABLE DES MATIÈRES

L'ÉMANCIPATRICE, 3, RUE DE PONDICHÉRY, PARIS (XVe) — 3206-1-12.

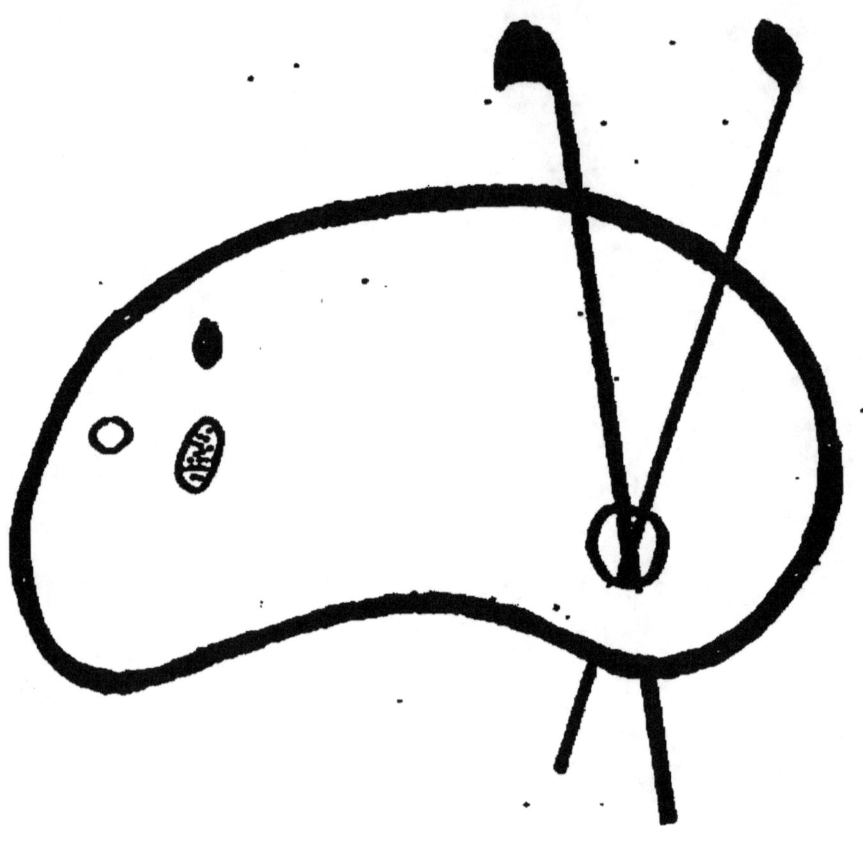

ORIGINAL EN COULEUR
NF Z 43-120-8